TAGES

Volume 5

Formazione

Claudia Di Matteo

Annamo

te porto da 'ndo stai a
'ndo voi arrivà

Il coaching in business

Eclypsed Word

Editing e impaginazione: R. D. Hastur

Copertina: Davide Romanini

ISBN: 978-88-6817-038-7

Pubblicato da **Eclypsed Word**

Marchio di **Kreattiva Edizioni**
Via Primo Maggio, 416, 41019, Soliera (MO)
Tel. +39 3316113991 +39 3392494874
Cod. Fisc. 90038540366
Partita IVA 03653290365

Questo testo è dedicato a tutte le donne eccellenti della mia storia,
a tutte quelle che incontrerò

e agli uomini veri,
che esistono ancora e sono meravigliosi.

Siate dei numeri Uno,
professionisti e protagonisti di una vita eccellente,
come Voi.

Buon Coaching a Tutti.

Claudia di Matteo

L'autore

Dr. Claudia di Matteo

Business e Life-Coach e Trainer in Asia e Australia.

Coach, Trainer e Counsellor specializzata in PNL (Programmazione Neuro Linguistica) con i più grandi formatori in USA, Europa ed in Oriente.

Ha ideato e condotto, con notevole successo, numerosi corsi di Autostima, Motivazione, Leadership, Team Building e Public Speaking nelle principali città europee ed americane, così come in Oriente, dove ha scelto di vivere da molti anni.

Opera mensilmente con grande riscontro anche nelle capitali Australiane, oltre a lavorare a tempo pieno su territorio asiatico con corsisti e coachee di ogni nazionalità, insegnando in 6 lingue.

Si occupa con passione di "Sviluppo Personale e Professionale" e di "Percorsi di Formazione su misura" ed è, soprattutto, una portatrice sana di energia, entusiasmo, positività e, a parere di chiunque la abbia conosciuta, dotata di una eccezionale, immediata e profonda empatia.

Durante il primo decennio della sua carriera professionale si è occupata di comunicazione, marketing e relazioni pubbliche internazionali in tutta Europa.

Dal 1999 si dedica allo studio e alla pratica del Coaching e al dare sempre il meglio di sé come Trainer, per questo mestiere si è trasferita in USA per studiare con i più grandi maestri e poi in Estremo Oriente per apprendere le tecniche più innovative e ricercate, per poter essere sempre aggiornata e dare sempre il meglio a chi la segue e ne apprezza la evidente competenza ed eccellenza.

In Asia è il riferimento per gli espatriati di ogni nazionalità che seguono con lei seminari di gruppo e coaching personale per il superamento dello shock culturale, religioso, politico e di diversa struttura sociale.

È stata riconosciuta, da anni, come la miglior trainer per il ricollocamento in realtà internazionali completamente diverse.

Ha ideato e condotto per anni il corso "Without Limits" per la crescita personale.

Segue con profondo interesse il continuo apprendimento, il miglioramento e l'esercitazione della Programmazione Neuro Linguistica, formandosi e specializzandosi con i migliori docenti mondiali, ottenendo riconoscimenti come "Coaching con PNL applicato all'eccellenza", "Counselling Umanistico Integrato" , "Master NLP for Trainers e Counsellors", "Master Coach in PNL".

Segue regolarmente corsi di aggiornamento in PNL e Coaching, alcuni dei quali anche in Italia, con Canale Formazione e Max Formisano Training.

Importanti le sue collaborazioni, attraverso redazionali, per pubblicazioni mensili di formazione professionale e rubriche settimanali di crescita personale, dalla rivista di Canale Formazione alla rivista My Advice, Spazio Oltre e numerose altre.

Ghost writer, da decenni, per alcune penne importanti del settore, è nota per essere il Life Coach dei VIP del panorama italiano lavorativo e di molti nomi noti del jet set televisivo e cinematografico.

In lingua italiana ha auto-pubblicato *"PNL per Donne"*, l'unico disponibile sul mercato per questo specifico target, edito anche in audiocorso.

Contatti:

e-mail: internationaltrainersclaudia@gmail.com

Whatsapp: +393920277104

Instagram: Claudia dMT

Pinterest: Claudia dMT

Facebook: Claudia Lalla DMt

Introduzione

Il coaching è uno strumento di sviluppo professionale che aiuta ogni individuo a prendere consapevolezza dei propri punti di forza e delle aree di progresso, stimolando la ricerca di soluzioni volte al miglioramento del proprio percorso professionale.

È un supporto eccellente per tutti i liberi professionisti e per tutte le aziende che operano nel campo della gestione delle risorse umane.

Il coaching è un modo di fare formazione mirato, con un'oculata attenzione alle esigenze espresse dalla persona e dall'organizzazione nella quale essa si trova adoperare.

Il coaching professionale è una relazione che si stabilisce fra coach e cliente, per aiutare quest'ultimo ad ottenere risultati ottimali sia nel contesto personale che lavorativo, attraverso la metodica del personal business coaching.

Nel business coaching il punto focale è la vita professionale e le sue connesse sfide: la performance, la carriera, la leadership e le responsabilità; pertanto diventa un aiuto necessario per i vertici aziendali che mirano al miglioramento delle proprie prestazioni ed al raggiungimento degli ambiti traguardi.

In questo testo affrontiamo l'argomento attraverso tre sezioni principali: cosa e' il coaching, come funziona ed il coaching in azione.

Lo faremo analizzando la teoria e la pratica, le tecniche ed i consigli, faremo con te un vero e proprio lavoro di business coaching specifico per il management.

In breve, analizzeremo il significato, i contenuti e le priorità di applicazione del coaching, tratteremo il personal coaching così come il coaching per i team, scoprendone tutti i segreti, per arrivare a comprendere come il coaching si colloca eccellentemente all'interno dello sviluppo organizzativo di un'azienda vincente.

Il coaching si può condurre su singole persone, su gruppi, così come sull'intera azienda, per elevare il livello di performance di un'intera struttura. Nel primo caso si vuole migliorare la motivazione ed affinare le abilità sia comunicative che di gestione delle emozioni, sviluppare doti di leadership; invece, lavorando su un gruppo si mira a condividere la missione aziendale e la cultura dell'impresa, lo sviluppo delle capacità comunicative empatiche e si allena il fronteggiamento tempestivo ed efficace delle situazioni di emergenza .

Il coaching è sempre orientato all'azione, al risultato, mai focalizzato sul problema.

Il metodo si avvale di una serie di discipline, tra le quali emerge brillantemente la PNL, fondata negli anni 70 allo scopo di studiare l'influenza del linguaggio sul comportamento umano; analizzando i diversi livelli della comunicazione, la programmazione neurolinguistica identifica le strategie esterne alla base del pensiero, delle emozioni e dei comportamenti, individuando in questa maniera quelli più efficaci. La sinergia della PNL a supporto del coaching consente di conoscersi meglio, di definire correttamente la direzione da dare alla propria vita professionali, permette di comunicare in maniera persuasiva, di sviluppare le proprie potenzialità, acquisire padronanza sulle proprie emozioni ed accrescere le proprie abilità relazionali.

Pur spiegando la nascita e la storia di questa metodica e fornendo una panoramica generale sul coaching, ho cercato di dare a questo testo un carattere pratico e proporre tecniche facilmente applicabili. Ho, quindi, affrontato gli aspetti pratici ed organizzativi del percorso, trattato gli strumenti operativi e le varie fasi di intervento, nonché fornito esempi reali, esperienze, testimonianze ed esercizi molto pratici.

Tra i miei obiettivi principali vi e' quello di consentire ad ogni manager ad essere coach di sé stesso e dei propri collaboratori, affinché questi possano superare i propri limiti e barriere e sviluppino al massimo le loro prestazioni e capacità, lo ho fatto presentando modelli di coaching applicabili in ogni realtà professionale, illustrandone le tecniche e spiegando come utilizzarle.

Le organizzazioni attente danno molto rilievo allo sviluppo delle risorse umane e promuovono un'interazione costante tra i manager ed i loro collaboratori, ricorrendo frequentemente alla tecnica del business coaching, che risulta fondamentale per alzare lo standard delle performance, promuovendo lo sviluppo professionale e parallelamente allenando le persone alle attività richieste nella loro professione. Apprendere questa metodologia, consente di fare un salto di qualità nella propria professione e nell'affrontare le nuove sfide professionali, prendendo coscienza delle proprie potenzialità e scoprendo strumenti eccellenti, con la conoscenza, sempre a disposizione di ognuno di noi.

Il coaching, mettendo in primo piano la relazione tra l'individuo ed il suo contesto, aiuta chi ne usufruisce ad essere consapevole di sé, degli equilibri e delle dinamiche in azione nel suo luogo di lavoro, permettendogli così di muoversi con più flessibilità in ogni situazione professionale.

Parte I

Il Coaching: cos'è

Capitolo 1

Il Coaching

1 – Il coaching

Tutti sentiamo parlare continuamente di sviluppo personale, ma questo, praticamente, in cosa consiste? Si tratta sostanzialmente dello sviluppo dei potenziali umani; possiamo dire che sviluppare potenziali umani significa fare un percorso di apprendimento per conoscere meglio se stessi, vincere i propri dubbi ed iniziare a credere, veramente, in se stessi e nelle proprie risorse.

Spesso si ha paura di tutto quel che non si conosce, si diffida dell'ignoto: come potremmo avere piena fiducia in noi stessi e nei nostri potenziali, se non ci conosciamo abbastanza? Non potremo mai stimare noi stessi senza una vera consapevolezza dei nostri mezzi.

Noi siamo ciò che sino ad oggi abbiamo imparato e potremmo essere in futuro tutto quello che saremo pronti ad apprendere. Il nostro unico limite e' nella conoscenza, non nella potenzialità.

> *"Non esistono limiti alla mente, se non quelli che noi stessi le imponiamo." Napoleon Hill*

All'interno dello sviluppo personale, il coaching si finalizza alla scoperta ed alla gestione degli aspetti intangibili della realtà, come l'atteggiamento mentale, le proprie credenze, gli stati d'animo ed il nostro pensiero.

Ad esempio, in tanti anni di esperienza, abbiamo accertato che un'efficace gestione degli stati d'animo, apre la strada ad eccezionali percorsi tecnici per migliorare la leadership, la motivazione, il rendimento, la comunicazione e la vendita; per questa ragione e' evidente che la scoperta e la gestione efficace di questi aspetti, si trasforma nella concreta realizzazione dei propri obiettivi personali e professionali.

Il coaching e' una professione giovane, che si è affermata negli Stati Uniti all'inizio degli anni '90, ma le sue origini possiamo rintracciarle molto indietro nel tempo, infatti il coaching ha radici culturali antiche, risalenti addirittura alla maieutica socratica.

Il coaching applicato al mondo del lavoro nasce pero' circa 25 anni fa in America ed è stato sviluppato proprio dall'osservazione degli allenatori sportivi e delle difficoltà che questi avevano nel far superare ai loro campioni gli ostacoli, non tanto quelli esterni, quanto quelli interni. Ricercatori ed esperti di formazione, svilupparono cosi' un metodo in grado di apportare un effettivo sostegno al mondo del lavoro; era evidente, infatti, che sia i dipendenti che i dirigenti avevano necessità di acquisire una nuova consapevolezza nelle proprie capacità, per gestire più facilmente cambiamenti aziendali, risorse e relazioni.

Il coaching è, in effetti, un processo di scoperta ed apprendimento erogato attraverso quell'approccio maieutico che già era stato insegnato da Socrate oltre 2000 anni fa, ma che per ragioni varie, tra le quali l'evoluzione della filosofia, si era smarrito nel corso dei secoli. All'inizio il coaching è stato accolto con molta curiosità, che poi si è trasformata in euforia e questo fece pensare ad una moda momentanea; oramai, dopo 25 anni, possiamo essere certi che il metodo non e' solo una moda, infatti è sempre più utilizzato nel business a tutti i livelli ed ha ampiamente dimostrato, in tutto il mondo, la sua validità ed efficacia.

Sono riconoscibili elementi del coaching gia' agli inizi del Novecento, nell'opera di Alfred Adler, medico e psicologo austriaco, che, si distaccò dal movimento freudiano; Adler riteneva che ogni persona sviluppa una propensione nella vita, per mezzo della quale cerca perennemente di superare i propri limiti. Adler credeva fermamente che ogni individuo è creatore ed artista della sua stessa vita, pertanto frequentemente incoraggiava i suoi pazienti a stabilire obiettivi e pianificare la vita, al fine di migliorare il loro futuro. Possiamo dire che Adler fondò la psicologia individuale.

Anche Jung, nella prima metà del secolo scorso, con gran parte dei suoi interventi sul concetto di individuazione del sé, incoraggiava i suoi pazienti a vivere coscientemente le loro vite ed a sfruttare i propri talenti, assecondando le predisposizioni naturali. In questo filone un contributo interessante è stato quello di Maslow, che, a differenza degli altri psicoanalisti, non studiava le nevrosi e le psicosi, ma bensi' le persone sane, che tendevano verso l'accrescimento di sé ed il proprio sviluppo personale.
Esattamente come suggerito da Maslow, il coaching non si fonda sulla cura di patologie, ma sullo sviluppo e la realizzazione di persone sane, attraverso l'espressione piena di tutte le potenzialità individuali; questa tecnica, in linea con gli insegnamenti di Maslow, si occupa del futuro, a differenza della psicoterapia che, puntualmente, analizza il passato alla ricerca delle cause di mancanze e conflitti.

Nel coaching, lo sviluppo poggia su obiettivi, desideri, sogni e progetti da attuare nel futuro e sul raggiungimento di questi, infatti, in ogni seduta di coaching, il futuro è il tema centrale di ogni attimo nel presente. Ogni persona ha un suo obiettivo assolutamente personale, individuale ed irripetibile perché ogni essere umano è unico, pertanto ogni seduta di coaching e' esclusiva ed irripetibile, sempre al passo con la realizzazione individuale, esattamente come la vive e costruisce il cliente stesso.
Il coach, a differenza di altre figure professionali, non vuole insegnare, ma vuole consentire al cliente di realizzare le sue potenzialità, fornendogli un ambiente in cui possa rintracciare la sua ricchezza interiore; la tecnica, fondamentalmente, serve a tirare fuori da ognuno di noi, il proprio esclusivo potenziale individuale.

"Butta via la paura, conta sulle risorse che hai dentro di te, abbi fiducia nella vita ed essa ti ricompenserà! Tu puoi piu' di quanto tu creda!"
R. W. Emerson

Il coaching è un atteggiamento, è un comportamento estremamente valido con molte applicazioni nel campo sia professionale che personale, e' un processo attraverso il quale un professionista, il coach, aiuta il cliente, il coachee, ad identificare e definire con precisione i propri obiettivi professionali e personali e ad attivare le risorse necessarie per trasformare quegli obiettivi in realtà, più velocemente e facilmente di quanto potrebbe mai riuscire a fare da solo. Attraverso il coaching, il cliente diventa capace di esprimere pienamente e completamente le proprie risorse, superare quelli che riteneva essere i propri limiti, massimizzare le proprie performance ed avere maggiore successo nella sua vita professionale e personale.

Possiamo definire il coach come un professionista del cambiamento, il cui scopo è risvegliare la tua grandezza, illuminare il tuo scopo e massimizzare il tuo potenziale; in pratica è un partner che ti aiuta ad essere il meglio di ciò che puoi essere e a rimanere concentrato per arrivare esattamente dove vuoi arrivare; e' un aiutante che ti assiste nell'identificare i tuoi traguardi piu' significativi, nell'ideare piani d'azione ed efficaci strategie per permettere di trasformare le sfide in opportunità, superare le tue convinzioni limitanti e trasformare i tuoi obiettivi in risultati reali.

Il coaching è una tecnica efficace
finalizzata al miglioramento della performance,
attraverso lo sviluppo delle potenzialità personali

Questa tecnica, nata per incrementare la performance sportiva, grazie a Sir John Whitmore si afferma soprattutto nelle aziende, negli Stati Uniti ed anche in Europa.

Sir John Whitmore, attraverso la "Performance Consultants", la sua società di consulenza, dimostro' che il principio del coaching poteva essere applicato validamente anche in ambiti extra sportivi, avendo constatato lo straordinario impatto che questo potesse avere sul raggiungimento dei risultati in generale.

Withmore affermò che l'obiettivo primario era quello di migliorare la performance, ma il punto era soprattutto in che maniera si riesce a raggiungere questo scopo; ossia, lo sforzo del coaching si concentra "sul modo" e non sull'oggetto, cioè sulla tecnica che permette di raggiungere l'obiettivo e non sull'obiettivo stesso. Quindi il coaching è una modalità con cui si giunge all'obiettivo, un sistema operativo logico, caratterizzato da precisi processi e regole stabili, che consentono di conseguire il risultato desiderato. In conclusione, il coaching è un metodo che non definisce gli obiettivi dell'azione, ma è la strategia per conseguirli, è quindi uno strumento di apprendimento, perché consente di apprendere un metodo di azione.

Partendo proprio da questo studio, Whitmore sviluppò il primo modello di coaching che riassunse con l'acronimo G.R.O.W. : Goal (obiettivo), Reality (realta'), Options (opzioni) e Will (volonta'), che ancora oggi è un valido modello di riferimento riguardo al coaching.

Whitmore fu' uno dei primi coach a strutturare in maniera così chiara, un modello a fasi che potesse essere utilizzato sia nel Corporate Coaching che nel Coaching Individuale. Il suddetto modello è strutturato nelle sopracitate quattro fasi sequenziali:

1.   *Goal*, gli obiettivi

L'intervento di coaching va strutturato partendo da ciò che si desidera raggiungere, ossia dagli obiettivi. E' frequente che il cliente giunga dal proprio coach con le idee molto confuse: vuole migliorare o risolvere qualcosa, ma non sa spiegare esattamente cosa. Tramite domande specifiche ed approfondite, sin dal primo incontro, il coach aiuta il cliente a definire gli obiettivi da raggiungere, questo e' il passo prioritario necessario per raggiungere il traguardo.

2.   *Reality*, la realtà, ossia la situazione attuale

Compresi in maniera chiara i propri obiettivi, diventa necessario analizzare accuratamente la situazione in cui si trova il cliente: le sue risorse, i soggetti coinvolti o da coinvolgere, per operare il cambiamento, e quanto altro. Anche su questo fronte, si lavora in maniera sistemica, non si lavora sul comportamento sbagliato o negativo, ma sul comportamento da raggiungere, che viene inserito nella situazione attuale, cioè nella vita del cliente.

Si esplora la realtà, senza mai farsi influenzare da pregiudizi, opinioni personali ed interpretazioni; lavoro che deve svolgere un professionista esperto, perché, in quanto esseri umani, è molto facile tendere a generalizzare, semplificare e rimuovere diversi aspetti della realtà che ci circonda; ciò conduce ad una visione parziale e soggettiva della realtà che viviamo, rendendoci così molto meno efficace nel raggiungere i risultati a cui miriamo. Il coach sa bene che in ogni persona vi sono le risorse necessarie a realizzare ciò che desidera, con questo presupposto conduce il suo cliente (o coachee), a guardare innanzitutto dentro se stesso, a ritrovare autostima, a valorizzare le proprie conoscenze e competenze, perché, molto frequentemente, i limiti alla nostra realizzazione sono limiti imposti da noi stessi, quindi dalla nostra mancanza di consapevolezza.

Il coach aiuta il coachee a ritrovare la fiducia in se stesso, presupposto indispensabile per intraprendere qualsiasi azione di cambiamento.

3. *Options*, le opzioni

Presa coscienza della realtà che ci circonda, possiamo esplorare le nostre possibilità effettive, gli ostacoli che esistono, le risorse su cui possiamo contare e quelle che invece ci mancano, le opportunità che abbiamo e quelle che dobbiamo creare.

4. *Will*, l'azione

Questo è il momento di entrare in azione: stabilito il percorso da seguire, è ora di partire, con piani d'azione molto precisi, assolutamente mirati e sempre congruenti con il nostro obiettivo finale.

Queste quattro fasi, insegnano ad automatizzare un metodo che, se utilizzato su base regolare, porta a risultati molto significativi.

Come sappiamo, non esistono fallimenti ma solo risultati; ciò significa che ogni azione ha conseguenze che, indipendentemente dalla loro natura, sono utili strumenti attraverso i quali formiamo l'esperienza, quindi dobbiamo considerare i nostri errori come preziose occasioni di apprendimento.

È evidente che più scelte abbiamo, più possibilità di successo avremo.

Per questa ragione la Pnl, di cui ci avvaliamo nel nostro mestiere, sollecita sempre a sviluppare nuove alternative, nuove modalità di comportamento, nuove possibilità di scelta; il coach conduce il coachee a valutare il maggior numero di alternative possibili, aiutandolo ad aprire la sua mente attraverso prospettive non considerate precedentemente, soprattutto quando la rigidità di comportamento e di pensiero lo allontana costantemente dai risultati desiderati.

Il coaching diventa uno strumento per accrescere la produttività all'interno di un'azienda, in quanto, ad esempio, migliora la relazione con i collaboratori, facilita il raggiungimento degli obiettivi, promuove lo sviluppo di piani d'azione e quindi si rivela utile nel rapporto con il mercato, come la fidelizzazione del cliente, conducendo ad un sensibile incremento del volume di vendita. Questo strumento, nato quasi per caso come incontro tra scienza dello sport, psicologia, sociologia, pedagogia, filosofia e formazione, si dimostra talmente efficace, che si diffonde a macchia d'olio ed in pochi anni viene adottato dalla maggior parte delle imprese, non grazie ad un abile politica di marketing o come conseguenza di notevoli scoperte scientifiche, ma bensi' esclusivamente per merito dei clienti soddisfatti che hanno divulgato i vantaggi di questa tecnica, pertanto il coaching deve il suo successo al passaparola poichÈ sono stati, e sono tutt'ora, proprio i clienti, ovvero i coachees, a pubblicizzarlo, a creare ed ampliare sempre più' il mercato.

A differenza della psicanalisi che propone il raggiungimento dei risultati in tempi lunghi, (a volte infiniti!), il coaching si impone di apportare benefici constatabili in tempi brevi predeterminati. Stabilire a priori i tempi è una regola fondamentale per un coach, è parte integrante del contesto organizzato dal coaching con il cliente, proprio al fine di fare un lavoro stimolante e ben finalizzato. Le persone prendono consapevolezza delle risorse che hanno a disposizione quando si concentrano e pensano in un tempo ben determinato, non astratto, indeterminato o eterno, cosi' imparano a smettere di rimandare, procrastinare ed arrivano, entro la data stabilita, a produrre l'idea migliore. Negli Stati Uniti il coaching nasce soprattutto come tecnica per la lo sviluppo personale e, partendo dai leader politici, inizia poi ad essere utilizzato da chiunque nei piu' svariati campi come nel fitness, nello studio, nei rapporti di coppia e tra genitori e figli, nelle relazioni d'amicizia ed anche nella finanza e nella professione, dove promuove eccellentemente la produttività.

Il coaching promuove il miglioramento della performance
e della produttività,
fa emergere il meglio degli individui e dei team,
migliora le relazioni interpersonali
e aumenta la qualità della vita degli individui che se ne avvalgono.

Considerando il fatto che ogni persona possiede la capacità di risolvere problemi, che la possibilità di agire è già all'interno delle potenzialità di ogni individuo, se costui decide consapevolmente, elaborando le proprie motivazioni e rappresentandole come obiettivi da raggiungere, si creano i presupposti per trasformare i pensieri in azioni in grado di modificare se stessi e l'ambiente che ci circonda.

"I limiti del mio linguaggio
costituiscono i limiti del mio mondo"
Ludwig Wittgensteinc (tractatus logico-philosophicus 1922)

In ogni momento della propria esistenza, ogni persona può ritrovare in sé il suo potenziale ed ampliare notevolmente le proprie conoscenze e competenze, alzando così notevolmente la qualità della propria vita. Il coaching è fondamentalmente uno strumento di orientamento professionale con fini estremamente formativi, un modello interattivo che ha consentito negli ultimi decenni di ottenere risultati ottimali sia in termini di performance che di qualità della vita.

Ad esempio, nel coaching organizzativo, l'attività è orientata al miglioramento continuo perché attiva tutte le energie personali e stimola un'alta attenzione alle proprie necessità professionali.

In Italia si è sentito parlare di "coaching" come un nuovo servizio di consulenza dal 2000, nonostante questo, sono ancora molte le persone che non ne conoscono veramente il fortissimo potenziale; quando, per comprenderlo, basterebbe considerare il fatto che l'intelligenza conduce ad una mobilitazione delle competenze e, quando questa è distribuita ai componenti di un'organizzazione, diventa intelligenza collettiva, quindi un processo di crescita continuamente e notevolmente valorizzato.

La globalizzazione ha modificato ogni realtà locale, nuovi eventi economici, politici e sociali si verificano in ogni luogo e si ripercuotono in ogni parte del mondo, pertanto le organizzazioni debbono essere capaci di adattarsi alle richieste dell'utenza, che sono in continuo cambiamento;

È proprio qui che diventa indispensabile quel valore aggiunto nella politica di gestione del personale, ed è rappresentato appunto dalla capacità di apprendimento, dalla valorizzazione dei potenziali innovativi, dalle abilità relazionali ed è proprio in questa nuova strategia di formazione che il coaching si dimostra la soluzione perfetta per affrontare il cambiamento subito dal mercato del lavoro dopo l'apertura delle frontiere perché consente di sostenere la concorrenza internazionale.

"Non c'è nulla di immutabile, tranne l'esigenza di cambiare"
Eraclito

Il coaching rientra in un'ottica nuova, pone l'enfasi sulla formazione dei manager, ma va molto oltre la formazione di base, perché riesce a personalizzare il processo formativo per poter realizzare un vero programma di miglioramento.

In ogni punto del mondo, ad ogni manager, viene chiesto di far di più con meno tempo, meno denaro e meno personale ed il coaching è lo strumento che aiuta i leader a fronteggiare con competenza le nuove sfide, sfruttando le singole esperienze di ognuno per migliorarle in funzione di risultati più efficaci ed efficienti.

Il coaching dei nostri giorni è in grado di coniugare l'uso di strumenti estremamente innovativi ed efficaci, in maniera economica ed in tempi brevi, difatti è frequente fare coaching on-line e si prevedono percorsi formativi gestiti a distanza, risparmiando quindi una notevole quantità di denaro e di tempo.

Grazie all'opera del coaching, i manager ed i leader sono in grado di utilizzare le tecniche necessarie per migliorare le proprie competenze organizzative, vengono stimolati affinché possano emergere tutte le loro potenzialità professionali e personali ed imparano ad essere completamente autonomi, aiutati dal coach che è, senza dubbio, l'esperto di relazioni su misura per liberare le potenzialità di un individuo, riducendo gli ostacoli interni.

" Non esistono tribù senza leader,
come non esistono leader senza tribù"
Seth Godin

Possiamo affermare che il coaching è quello strumento che aiuta il passaggio culturale da uno stile di direzione gerarchicamente intesa come era in passato, ad una leadership partecipata, dove ogni persona all'interno dell'organizzazione diventa protagonista consapevole delle sue potenzialità, pronta a mettere in atto comportamenti attivi nei confronti del proprio lavoro. Ogni cliente dopo il percorso è capace di gestire se stesso, le proprie azioni e quelle degli altri, sa sostenere la sua motivazione, facilitare l'apprendimento ed orientare le risorse umane verso le responsabilità e la conoscenza.

È uno strumento eccellente sia per la singola persona che per i gruppi, affinché possano orientarsi verso il percorso funzionale alla piena realizzazione delle proprie capacità, sempre in sintonia con i propri valori ed i propri principi. Il coaching è un percorso formativo a misura di uomo per realizzare tutte le sue risorse e si muove attraverso conoscenza, obiettivi, motivazione, innovazione, impegno, e versatilità.

Al momento è piuttosto difficile stabilire dati attendibili riguardo al numero di coaches esistenti, anche perché spesso sotto questa definizione si raccolgono anche trainer e consulenti; nel 2002 la Harvard Business Review, sosteneva l'esistenza di oltre 10,000 coach attivi nel mondo, mentre attualmente solamente negli Stati Uniti i coach sono già oltre 16,000. Nel nostro paese, il numero di coach è notevolmente inferiore rispetto alla Gran Bretagna ed la Francia: per circa 1000 coach francesi sono registrati circa 100-150 coach italiani.

Il coaching è una professione riconosciuta in tutto il mondo, che si avvale di oltre 30.000 professionisti, di cui circa 18,8% specializzati nel business coaching, il 18,3 nello sviluppo della leadership, il 15,7% nel personal coaching. Il mercato globale del coaching genera solo in USA circa 1,5 miliardi di dollari, e, ad oggi, è il metodo piu' efficace per sviluppare il potenziale degli individui, per raggiungere obiettivi specifici, difatti, come pubblicato dal Financial Times: la formazione migliora la produttività mediamente del 22% mentre il coaching raggiunge l'88%.

Al momento e' piuttosto difficile stabilire dati attendibili riguardo al numero di coaches esistenti, anche perche' spesso sotto questa definizione si raccolgono anche trainer e consulenti; nel 2002 la Harvard Business Review, sosteneva l'esistenza di oltre 10,000 coach attivi nel mondo, mentre attualmente solamente negli Stati Uniti i coach sono già oltre 16,000. Nel nostro paese, il numero di coach e' notevolmente inferiore rispetto alla Gran Bretagna ed la Francia: per circa 1000 coach francesi sono registrati circa 100-150 coach italiani.

Il coaching è una professione riconosciuta in tutto il mondo, che si avvale di oltre 30.000 professionisti, di cui circa 18,8% specializzati nel business coaching, il 18,3 nello sviluppo della leadership, il 15,7% nel personal coaching. Il mercato globale del coaching genera solo in USA circa 1,5 miliardi di dollari, e, ad oggi, e' il metodo piu' efficace per sviluppare il potenziale degli individui, per raggiungere obiettivi specifici, difatti, come pubblicato dal Financial Times: la formazione migliora la produttività mediamente del 22% mentre il coaching raggiunge l'88%.

2 – Coaching e PNL

In Italia le scuole di coaching seguono soprattutto l'indirizzo della programmazione neurolinguistica o quello dell'analisi transazionale.

Personalmente faccio coaching avvalendomi della PNL, che ritengo essere uno degli strumenti educativi più validi per permettere alle persone di diventare più efficaci, perché consente di effettuare cambiamenti profondi e duraturi, velocemente e facilmente.

"Dobbiamo diventare il cambiamento che vogliamo vedere"
Mahatma Gandhi

Per semplificare, la Programmazione Neurolinguistica ci insegna come utilizzare meglio i nostri pensieri e le nostre emozioni per arrivare ai risultati desiderati, in sostanza, ci indica come fare ciò che funziona e smettere di fare quel che non funziona.

Sinteticamente, la PNL, definita lo studio dell'eccellenza umana, concerne la maniera in cui le persone apprendono, comunicano ed evolvono.

Questa, e' in grado di fornirci i metodi e gli strumenti necessari per codificare, modificare, trasferire e guidare la percezione ed il comportamento, ci consente di scoprire cosa facciamo quando agiamo al nostro meglio, in maniera da poter replicare quel modo di essere, in diversi ambiti, ogni volta che lo desideriamo, inoltre, ci permette di esplorare come pensano ed agiscono le persone di successo cosi' da poter eccellere nei loro settori, in modo da poter utilizzare noi stessi quei programmi mentali, per riprodurre i medesimi risultati straordinari.

Applicare la PNL al coaching consente di ottenere i migliori risultati infatti l'atteggiamento, i modelli e le abilità di questa, sono una delle risorse più importanti di cui si avvale il coaching per essere veramente e profondamente efficace.

La PNL e' un atteggiamento di curiosità riguardo a ciò che è possibile, è mirata alla soluzione per realizzare le nostre idee e conseguire i nostri obiettivi; e' il desiderio di apprendere continuamente qualcosa di nuovo attraverso le persone, le sfide e la vita stessa.

I presupposti stessi della PNL hanno un ruolo fondamentale nello stabilire un'efficace cornice di coaching, perché permettono sia al coachee che al coach di conseguire più facilmente i risultati desiderati.

È proprio seguendo questi presupposti che diventa naturale avere l'atteggiamento dei grandi coach e si può consentire al cliente di valutare personalmente se stesso e il contesto.

Insieme, cliente e coach, esplorano le strutture mentali che supportano o bloccano la crescita personale ed il conseguimento dei risultati.

I presupposti fondamentali della PNL sono:

1. La mappa non è il territorio, ossia ogni persona crea la sua realtà e vive nel suo unico modello del mondo; le persone reagiscono basandosi sulle loro mappe interiori e non sulla vera realtà oggettiva.

2. Modificare il processo con il quale sperimentiamo la realtà è più efficace che cambiare il contenuto della nostra esperienza della realtà.

3. Non esistono fallimenti ma solo feedback, perché tutti i risultati ed i comportamenti sono insegnamenti preziosi.

4. Le persone hanno già all'interno di loro stesse, ogni risorsa necessaria per produrre il cambiamento.

5. Vi è un'intenzione positiva in ogni comportamento, c'è un contesto nel quale ogni comportamento ha valore.

Il coach professionista esperto in PNL, ha precise capacità e specifiche competenze che gli consentono di ottenere risultati eccezionali ed in breve tempo:

Sa entrare da subito in sintonia con le persone e creare relazioni efficaci.

Sa ascoltare empaticamente ed attivamente e sa leggere ogni sottile segnale non verbale all'interno della comunicazione.

Conosce bene ed utilizza con precisione estrema, i modelli linguistici che facilitano il cambiamento di convinzioni limitanti e l'accesso a nuove risorse.

Comunica efficacemente a diversi livelli, riconosce precisi schemi di linguaggio verbale, non verbali e paraverbale, genera sempre potenti domande strategiche che permettono di ampliare i limiti che ogni cliente tende a darsi da solo.

Comprende profondamente le dinamiche degli stati emozionali e mentali ed i fattori che contribuiscono a crearli, sa guidare nel modificare e dirigere questi stati nei modi più utili ed efficaci per il cliente.

E' esperto nell'identificare, codificare e trasferire al suo cliente strategie di eccellenza e di successo.

Ciò che costituisce la PNL sono fondamentalmente modelli che permettono di riprodurre e sviluppare le capacità che le persone di successo creano nei piu' vari settori. Vi sono alcuni eccezionali modelli della PNL che moltiplicano enormemente l'efficacia del coaching, producendo risultati potenti e duraturi, questi sono:

1.   Strategie per identificare, modificare e replicare l'eccellenza di un comportamento di successo.

2.   La linea del tempo per accedere a risorse personali, integrare nuovi apprendimenti e comportamenti e creare nuove direzioni.

3.   Posizioni percettive per sviluppare nuove prospettive ed imparare a mettersi veramente nei panni degli altri.

4.   La ristrutturazione per generare nuovi pensieri, significativi e potenzianti.

5.   Il Metamodello per estrarre informazioni importanti e comunicare con precisione ed efficacia.

6.   Il modello di Milton per attingere a risorse inutilizzate e creare nuove, preziose possibilità.

7. I metaprogrammi per individuare le leve decisionali e motivazionali più efficienti.

8. Le sub-modalità per creare rapidamente cambiamenti profondi e stabili nel tempo.

9. L'ancoraggio per accedere velocemente a stati fisici, mentali ed emozionali di eccellenza.

10. I livelli logici per individuare il livello di intervento più appropriato ed efficace in maniera rapida.

11. I giochi di parole, per facilitare il cambiamento in maniera conversazionale.

12. Gli obiettivi ben formulati per definirne di specifici, realizzabili e motivanti.

Indubbiamente, un buon coach deve avere la \capacità di riflettere su se stesso, deve sapersi mettere in discussione, essere una persona coerente ed essere in grado in atto il suo sapere, il "saper fare", ma soprattutto il suo "saper essere", caratterizzato da una profonda curiosità verso il comportamento umano, empatia sincera, limitazione dei pregiudizi, una costante capacità di auto-osservazione ed auto-ascolto; poiché per costruire un rapporto empatico con un'altra persona è necessario costruirlo con noi stessi, quindi, entrare in rapporto con noi stessi, richiede di poter creare uno stato mentale positivo, quindi, saper equilibrare la sinergia tra un buon dialogo interno, la propria immaginazione e le proprie sensazioni fisiche.

Perché questo avvenga, è necessario che si abbia la consapevolezza di quello che accade dentro di noi; è quindi importante saper indagare in profondità su noi stessi e sulle nostre relazioni.

A questo scopo si rivelano di notevole supporto le domande profonde definite dal metamodello; queste, aiutano a vincere le semplificazioni che normalmente facciamo quando parliamo o ragioniamo.

Le semplificazioni consistono nelle "generalizzazioni", ossia mettere tutte le cose sullo stesso piano, nelle "cancellazioni", ossia notarne solo un aspetto e nelle "distorsioni", vale a dire confondere tra loro cose diverse e trarne una conclusione affrettata senza dei dati validi ed oggettivi.

Esempi di questo tipo di domante, sono:

1. Dovrei farlo... "Cosa accadrebbe se non lo facessi?"
2. Questa riunione mi ha innervosito... "Cosa esattamente della riunione ti ha innervosito?"
3. Non è possibile... "Cosa lo impedisce?"
4. Non ha mai funzionato... "Ma proprio mai, mai?"

Il coaching, come la PNL, ci trasporta dallo stato attuale allo stato desiderato, generando un ponte, costruito proprio con le risorse della persona stessa.

Questo passaggio frequentemente coinvolge il cambio di credenze e di atteggiamenti, aumenta la motivazione e la consapevolezza e permette di mettere a fuoco la situazione attuale.

I cambiamenti piu' significativi e duraturi sono quelli che avvengono dentro di noi e si manifestano poi, di conseguenza, all'esterno. Certamente il cliente, deve partecipare attivamente e responsabilmente, perche' per promuovere dei costruttivi cambiamenti, innanzitutto bisogna volerlo, e sapere come avere l'opportunità per effettuarli ed essere pronti a impegnarsi veramente per ottenere il risultato desiderato.

*"Non è la specie più forte a sopravvivere
e nemmeno quella più intelligente,
ma la specie che risponde meglio al cambiamento"*
Charles Darwin

Il cliente, supportato dal suo coach, approda ad un'analisi della situazione attuale, fissa un obiettivo ben formulato e mette in atto un piano d'azione per raggiungere la situazione desiderata.

Come gia' detto, la definizione di coaching è legata per tradizione allo sport; il coach sportivo e' l'allenatore per eccellenza, colui che accompagna il singolo atleta oppure la squadra ad un livello di performance ottimale attraverso la guida, il mentoring o la sponsorship.

Fondamentalmente il coaching aziendale o privato, svolge le medesime funzioni, infatti, il coach viene spesso definito allenatore mentale, motivatore, facilitatore di cambiamenti e cosi' via.

Esattamente come un allenatore, il coach si mette a fianco del cliente, mai davanti a lui, rendendolo consapevole delle proprie risorse e, nel minor tempo possibile, estremamente autosufficiente.

"Non è mai troppo tardi per diventare quello che vuoi essere"
George Eliot

3 - Compiti e capacità del coach

Il compito del coaching è quello di stimolare il cliente a individuare nuove soluzioni alle proprie problematiche, monitorandone la realizzazione effettiva, è quindi, senza dubbio, un processo di crescita orientato all'azione.

Un incontro di coaching è, fondamentalmente, un impegno che il cliente prende con se stesso; il suo coach non è un terapeuta ma un partner della crescita personale e professionale, e, naturalmente, il rapporto esclusivo e di fiducia che si crea fra il coach ed il suo cliente, garantisce l'efficacia e la specificità del processo, oltre che, naturalmente, la totale riservatezza di ogni contenuto.

Il coach è sempre una persona capace, in maniera eccellente, nella preziosa arte di ascoltare. Ascoltare non significa udire, significa mettere da parte schemi mentali, giudizi, pregiudizi e stereotipi, accogliere ed apprezzare l'originalità e l'esclusività di ogni singola persona che si ha di fronte. Bisogna dedicare al nostro interlocutore un ascolto concentrato ed empatico, ponendo domande aperte e costruttive, ossia dobbiamo ascoltare attentamente l'altro, anche e soprattutto in tutto ciò che non viene detto, ma anche ascoltare sapendo appunto evitare pregiudizi automatici ed istintivi.

L'ascolto "doc" si ottiene facilmente ed istintivamente quando si possiede la capacità di essere rapiti dal fascino originale di ogni singola persona, è poi necessaria la capacità di accogliere l'altro e costruire un clima empatico e fare della relazione di coaching una relazione unica.

Quindi il coach non è un professionista esperto solamente in metodi applicabili nei contesti organizzativi, ma necessita di una conoscenza di molto più ampio respiro: è senza dubbio una persona in grado di fare una buona analisi tramite le giuste domande, dispone di numerose tecniche e strumenti, sa bene come sapere, saper fare e sapere essere il miglior ascoltatore, in considerazione del primo assioma della comunicazione umana: "Non si può non comunicare."

Questo ci fa riflettere sul fatto che la comunicazione esiste sempre, a prescindere, anche quando non vogliamo farlo affatto, sempre e comunque, ognuno di noi comunica.

Tutto è comunicazione, incluso il silenzio e l'immobilità, nfatti tramite esse comunichiamo, ad esempio, il nostro non voler comunicare. Partendo da questo presupposto diventa estremamente rilevante imparare a comunicare bene e senza alcun dubbio, una delle competenze fondamentali della comunicazione umana è certamente l'ascolto.

Esistono tre diversi livelli di ascolto: l'ascolto passivo, l'ascolto selettivo e l'ascolto attivo.

L'ascolto passivo è caratterizzato dalla mancanza di interesse e di volontà di partecipazione alla comunicazione di chi ascolta. Solitamente questa l'esperienza, lascia colui che ci parla estremamente insoddisfatto e frustrato.

L'ascolto selettivo è caratterizzato dal fatto che chi ascolta, rimane fermo sulla sua personale mappa del mondo, senza entrare nella mappa di chi sta parlando. Sostanzialmente, si effettua un filtraggio di tutto ciò che l'altro ci dice, escludendo tutto quello che non corrisponde al nostro sistema di valori. Questo tipo di ascolto è quello più diffuso nelle relazioni interpersonali, normalmente si riceve la sensazione di sentirsi ascoltati ma non capiti veramente, non compresi del tutto.

Infine abbiamo l'ascolto attivo, detto anche ascolto empatico.

Questo è caratterizzato dal fatto che la persona che ascolta, cerca di vedere le cose con gli occhi di chi parla, cioÈ si mette veramente nei suoi panni, cerca di comprendere la mappa del mondo dell'altro. L'ascoltatore presta la sua attenzione su cosa viene detto, ma anche su "come" ogni cosa viene detta, ossia si presta estrema attenzione alla parte emozionale della persona. Si rimane attenti a tutta la comunicazione verbale e non verbale, alle pause, volume, ritmo e tono della voce, al linguaggio del corpo, alla postura, al respiro ed all'espressione del viso.

La persona che viene ascoltata tramite l'ascolto attivo, si sente compresa completamente nelle sue richieste e nelle sue necessità ed è estremamente gratificata dall'attenzione che gli viene prestata.

In assenza di questo tipo di ascolto, è impossibile creare un costruttivo rapporto di coaching ed una comunicazione efficace.

Soprattutto nella professione di coach, la capacità di accogliere le informazioni dal nostro interlocutore in maniera empatica, senza esprimere giudizi e l'abilità di cogliere tutti i significati presenti all'interno della comunicazione, senza interporre filtri personali, è assolutamente vitale. Ogni persona attribuisce alle parole un suo significato ed un proprio valore, in funzione delle proprie conoscenze, convinzioni, credenze, esperienze ed istruzione, che sono poi tutti quegli elementi che costituiscono la sua personale mappa del mondo.

Sottolineati i compiti di un coach, veniamo adesso a definirne le capacità.

Il coaching è il crocevia dove si incontrano coach e cliente, all'interno di una relazione esclusiva e privilegiata, basata innanzitutto sulla volontà.

Se non c'è volontà da parte del cliente di impegnarsi veramente in un percorso di coaching, se egli non intende intraprendere sinceramente dei cambiamenti, è inutile illudersi, il lavoro del coach non potrà portare i suoi benefici, non darà i frutti attesi, indipendentemente dalle sue capacità.

Durante le sessioni di coaching, il bravo professionista ascolta empaticamente e fà domande specifiche affinché il cliente sia stimolato ad esplorare nuove possibilità, sia spronato ad uscire dalla sua zona di comfort, ad osservare altre prospettive della sua situazione attuale.

Le domande poste dal coach non sono mai domande chiuse, ossia del tipo che richiedono un "sì" o un "no" come risposta, al contrario, sono sempre aperte per stimolare affermazioni spontanee del cliente; queste domande, solitamente, portano nuovi ed ottimi spunti di riflessione. Fondamentalmente si esplora profondamente se stessi, si scoprono nuove possibilità, si individuano le barriere, si decide come attuare i cambiamenti necessari a raggiungere i propri obiettivi personali e professionali.

Sappiamo bene che non possiamo raggiungere nuove destinazioni percorrendo sempre le medesime strade, quindi, per ottenere risultati diversi, dobbiamo adottare necessariamente comportamenti diversi; il coaching viene in aiuto per trovare la nuova via, una diretta e strategica autostrada, che porta al traguardo desiderato. Il coach non ci mostra la direzione però deve essere capace di accompagnarci e sostenerci durante tutto il viaggio.

Questo tipo di percorso trasmette molta sicurezza al coacee, perché attraverso una maggiore consapevolezza di sé, si rinforzano eccezionalmente le proprie capacità di affrontare nuove sfide e la volontà di intraprendere dei cambiamenti; è questa la vera chiave del successo del coaching.

"La frase più pericolosa in assoluto è: abbiamo sempre fatto così"
Grace Hopper

Ognuno di noi, sia nella vita professionale che privata, ha delle questioni da risolvere, decisioni che rimandiamo, cambiamenti importanti da affrontare che richiedono un impegno ed un'attenzione speciali; è esattamente in quei momenti che rivolgersi ad un coach diventa la scelta ideale, perché il coach è la persona che ci aiuta a pensare in maniera mirata, a sciogliere i nodi, individuando la giusta strada per te, ti sostiene, accresce la motivazione necessaria per attuare tutti i cambiamenti indispensabili, è il tuo allenatore ed il tuo tifoso più entusiasta e ti porta a raggiungere rapidamente il tuo traguardo.

Fra i numerosi significati della parola "Coach", il più noto è senza dubbio quello legato all'ambiente sportivo dove il termine identifica appunto "l'allenatore" di una squadra o di un atleta ed è infatti proprio dal contesto sportivo che nasce quello che oggi chiamiamo "coaching professionale" o "business coaching". Ai nostri giorni il coaching viene utilizzato dalle organizzazioni per permettere ai loro professionisti di apprendere e sviluppare nuove competenze; gli individui oppure le squadre che scelgono di essere accompagnati da un coach, lo fanno per aumentare le proprie performances, raggiungere nuovi obiettivi ed arrivare a risultati di eccellenza. Il coaching è una tecnica che insegna ed allena a rompere le abitudini che non ci consentono di realizzare il nostro pieno potenziale, inoltre ci pone al timone della nostra vita, permettendoci di dare il meglio di noi stessi e ci consente di comprendere in cosa siamo veramente speciali.

Potremmo paragonare il coaching ad una guida turistica, che ti affianca nel viaggio partendo da dove sei (nelle tue risorse, competenze e motivazione) per aiutarti ad arrivare dove vuoi andare (ai tuoi obiettivi professionali, aziendali e personali) accertandosi che tu sia ben equipaggiato, con motivazioni, risorse, competenze nuove o migliorate, per poter affrontare il viaggio con successo.

Il coaching è uno dei più efficaci metodi di intervento in formazione, per il cambiamento nei processi aziendali e per la crescita delle persone, è sostanzialmente un processo trasformativo della consapevolezza professionale e personale, per la crescita e la scoperta di sé.

Le diverse forme in cui viene adottato questo metodo, come l'executive coaching, il life coaching, il carrier coaching, il coaching creativo, eccetera, mirano fondamentalmente al raggiungimento degli obiettivi, all'elevazione degli standard di performance ed a procurare una formazione che renda l'organizzazione, oppure la persona, autonoma nel procedere e capace di usufruire degli strumenti e dei metodi più opportuni, individuati tramite la stessa.

Il coaching è soprattutto crescita, trasformazione, cambiamento, in tutti quegli aspetti della vita della persona che ancora non hanno raggiunto livelli soddisfacenti.

Il coaching è un processo attraverso il quale si aiutano le persone, i gruppi o i singoli individui, ad arrivare ai massimi livelli nelle proprie performance; ciò si ottiene attraverso il potenziamento delle risorse, sia interne che esterne e l'eliminazione delle interferenze, anche quelle, sia interne che esterne.

Per interferenze intendiamo tutti quei sabotaggi mentali che, più o meno inconsapevolmente, mettiamo in atto noi tutti; queste, anche se esterne a noi, possono essere influenzate dal nostro comportamento.

Le risorse esterne sono date da strumenti, persone, denaro e tutto quello che può essere d'aiuto nel raggiungimento dei nostri obiettivi.

Quelle interne, sono invece le nostre qualità più funzionali rispetto al nostro obiettivo. Spesso siamo capaci di cose eccezionali ma, frequentemente, non ce ne rendiamo conto ed è per questo che le nostre risorse vanno potenziate con delle tecniche specifiche, che il nostro coach utilizzerà, al fine di mostrarci di cosa siamo realmente capaci.

Quando ci blocchiamo su un problema, solitamente non riusciamo a vedere tutto ciò che ci offrono le nostre risorse, che siano queste esterne o interne. Il coaching si mette a fianco del cliente e lo aiuta a diventare consapevole delle proprie risorse, mettendo in atto un vero e proprio processo rigenerativo e rendendolo, nel minor tempo possibile, estremamente autosufficiente, cioÈ capace di totale indipendenza e autonomia, che rimarranno in possesso del cliente anche in futuro, così sarà in grado di affrontare in maniera più efficace ogni situazione ventura.

Ciò significa mettersi alla prova, conoscersi concretamente, sperimentarsi, imparare diverse cose di sé.

Quest'apprendimento rimarrà del cliente e nel cliente, per sempre, e sarà molto utile anche quando il coaching sarà terminato; si impara come si pensa e quante cose eccezionali possiamo produrre utilizzando bene pensiero, risorse e potenzialità; questo è un patrimonio eccezionale che resterà preziosamente per sempre con il coachee, anche quando le sedute di coaching saranno terminate da tempo. è per questo motivo che il coaching, a differenza di molte terapie di altro tipo, non solo non dà dipendenza, ma anzi, rende estremamente più autonomi e forti.

Il coach deve avere la capacità di sostenere il cliente nell'identificazione dei propri obiettivi, nel passaggio dallo stato attuale allo stato desiderato e con il suo lavoro lo deve accompagnare lungo il cammino: per questo si definisce "percorso di coaching", quello attraverso il quale, oltre ad individuare la meta, si sceglie il percorso, gli strumenti e le risorse opportune per raggiungerla. Il coach evita di dare consigli, di dire "come fare" o "cosa fare", non fornisce suggerimenti né pretende di conoscere il lavoro del proprio cliente meglio di lui, per questo si differenzia dal lavoro dello psicologo, in quanto non lavora sul disagio ma sui punti di forza del cliente. Se e quando il coaching lavora sul passato del cliente, lo fa esclusivamente per ricercare le risorse che gli hanno, precedentemente, permesso di cogliere successi nei vari contesti della vita, in modo che queste possano essere adottate per concretizzare l'obiettivo presente.

Personalmente, utilizzo un tipo di coaching finalizzato ad allenare in maniera estremamente creativa le persone, le organizzazioni ed i gruppi; in breve, attraverso uno specifico percorso i coachee apprendono, elaborano e sperimentano in maniera estremamente personale, come diventare ottimi coach di se stessi.

Parto dal presupposto che ogni cliente possiede in sé le risorse necessarie per realizzare gli obiettivi desiderati ed è sempre lui a scegliere cosa vuole ottenere, partendo dalla definizione dello stato che vuole raggiungere; il mio lavoro è quello di ascoltare empaticamente ed osservare attentamente, di offrire il mio contributo con domande strategiche e personalizzate, mirate ad espandere la consapevolezza, per promuovere l'azione.

Faccio tutto ciò con strumenti e tecniche pratiche, adattabili in tutti i contesti, sia privati che professionali.

Definirei questo approccio un metodo, più di sviluppo e di crescita che di lavoro, perché dà l'opportunità di ampliare la propria mappa del mondo, di conoscere meglio gli altri ma anche e soprattutto se stessi e di imparare ad utilizzare tecniche e metodologie predisposte per l'abbattimento delle proprie convinzioni limitanti.

Troppo spesso utilizziamo solo una minuscola parte delle risorse della nostra mente, perché non conosciamo fino in fondo la loro potenza, ma, soprattutto, per mancanza di metodo. Con il coaching si conoscono e riconoscono le proprie risorse e si impara come organizzarle secondo criteri specifici in base alle varie e personali esigenze del momento.

Quando la persona a cui faccio coaching si sente notevolmente arricchita nel suo modo di essere, cambia il suo modo di affrontare gli impegni e le sfide, aumentano le sue potenzialità e le capacità di uscire da ruoli rigidi e limitanti.

"Cambiando il modo di fare le cose abituali,
permetti che un nuovo uomo cresca dentro di te"
Paolo Coelho

Un coach sa bene che ogni persona conosce ogni risposta, per questa ragione, pone al suo coachee, sempre e solo domande specifiche, quelle che gli consentono di trovare le risposte giuste dentro sé. Potremmo dire che il coach ha la capacità di illuminare gli angoli bui dentro noi, proprio quelli dove sono nascoste le nostre potenzialità, quelle da noi dimenticate; è un allenatore della nostra mente e potremmo anche definirlo un facilitatore del successo personale.

Considerando il fatto che la vera chiave del successo è nella coerenza fra azioni e convinzioni, il coach ti permette di creare una mappa della tua realtà facendo un bilancio dei tuoi punti di forza e delle tue zone bisognose di miglioramento, stimolandoti a fare azioni concrete per ottenere miglioramenti molto specifici.

Il tuo coach è un professionista in grado di affiancarti, ispirarti e sostenerti nell'azione, che dispone degli strumenti per aiutarti a raggiungere i tuoi obiettivi, che prende a cuore proprio come se fossero i suoi. è una persona che ti aiuta a costruire un progetto, formulare un obiettivo, acquisire sicurezza interiore, attraverso la consapevolezza delle tue azioni, del tuo modo di fare e del tuo modo di essere e ti guida nel compiere le scelte più importanti.

Il coaching non ha nulla a che vedere con qualsiasi forma di terapia, non si occupa di problematiche psicologiche né di patologie, infatti il coach non prescrive trattamenti ed utilizza metodiche orientate al risultato e mai centrate sul problema, al contrario, la focalizzazione è sempre sulla soluzione, proprio per incentivare lo sviluppo di nuove strategie di pensiero e di azione.

"Cavilla i tuoi limiti e, senza dubbio, ti apparterranno"
Richard Bach

Il coach lavora su diversi livelli della vita delle persone; ambiente, comportamento, capacità, valori e convinzioni ed identità; io, ad esempio, utilizzo una metodica di lavoro basata sulla percezione individuale, attraverso domande dirette, finalizzate a far emergere la consapevolezza, offro il mio aiuto a trovare le risposte del cliente e per il cliente, all'interno il cliente stesso.

Frequentemente mi capita di cogliere la grandezza nel mio interlocutore e dargli la concreta possibilità di riuscire ad immaginare veramente cosa potrebbe raggiungere: è veramente emozionante rivelare al cliente le sue possibilità, mostrandogli chi è e di cosa è capace, facendogli comprendere che può ottenere tutto ciò che desidera. Quest'accesso alle potenzialità della persona, a mio parere, è l'effetto più evidente ed entusiasmante del coaching individuale. Il cliente impara ad utilizzare al meglio le proprie capacità mentali e comportamentali, sviluppando le sue abilità ed attivando le sue risorse.

Ogni coach deve senza dubbio possedere un'eccellente capacità comunicativa e relazionale, entusiasmo, passione e grande energia. Sono fermamente convinta che ogni persona abbia diritto alla realizzazione dei propri obiettivi personali, così, quotidianamente, attraverso la PNL ed il coaching, ho la chance preziosa di potenziare ogni individuo con immediatezza ed efficacia, provando ogni volta, per esperienza diretta, la grandiosità di questi metodi e principi.

Vi sono numerosi imprenditori e professionisti, molto capaci dal punto di vista tecnico e professionale, che non riescono a far andare avanti i loro business come desidererebbero: i motivi possono essere molteplici, ad esempio, la lentezza nel prendere decisioni efficaci o un basso livello di motivazione che porta facilmente ad emozioni negative, come il sentirsi sopraffatti, il timore di fare o evitare errori, il lavorare troppo ma con poca qualità.

In moltissime aziende, vi è una carenza di organizzazione del lavoro con conseguente perdita di tempo, un basso livello di leadership, un clima aziendale stressato e poco produttivo, poca comunicazione e collaborazione tra le persone e poca attitudine al problem solving. Sono, quindi, moltissime le situazioni in cui risulta evidente la difficoltà di mantenersi sul corretto percorso e ciò, molto frequentemente, impedisce di proseguire verso gli obiettivi.

La difficoltà maggiore per l'azienda, come per il professionista, è quella di avere l'impressione di non raggiungere mai gli obiettivi di performance che si vorrebbero raggiungere.

Ciò porta inevitabilmente una serie di spiacevoli conseguenze:

dall'imprenditore che non può più fare liberamente il suo lavoro e deve risolvere l'inefficienza dei suoi subordinati, alla cattiva gestione del tempo che può causare difficoltà nelle relazioni con i clienti che subiscono ritardi e minore qualità nell'erogazione del servizio o del prodotto, così si giunge ad un abbassamento del livello di fiducia da parte degli stessi che iniziano, inevitabilmente, a servirsi dalla concorrenza. In tutti questi frangenti è estremamente utile farsi affiancare da un bravo coach in un percorso mirato di business coaching.

Avrai compreso che il coaching non si basa sul trasferimento di conoscenze da un coach esperto ad un cliente passivo ma è sempre tagliato su misura, pertanto non ha mai soluzioni pre-pronte; la tecnica aiuta le persone a cambiare, a trasformarsi in ciò che veramente desiderano essere, aiutandole a superare cattive abitudini, comportamenti sbagliati, convinzioni limitanti e meccanismi d'ostacolo alla crescita, che impediscono di raggiungere gli obiettivi ambiti; il fulcro è sempre l'azione, i risultati sono sempre misurabili, ma soprattutto, affinché un percorso di coaching sia efficace, è necessario che il cliente si assuma sempre la responsabilità dei risultati finali.

4 - I destinatari

Il coaching ha oggettivamente un'infinità soggetti che da esso possono trarre notevoli benefici, tra questi vi sono coloro che ambiscono a migliorare le proprie potenzialità, che desiderano superarsi e crescere, che hanno cambiamenti da concretizzare, obiettivi da raggiungere e tutti gli individui che vogliono sviluppare ed utilizzare meglio la propria capacità e creatività.

Il coaching non è mai necessario quindi non è mai indispensabile, è semplicemente un'eccezionale opportunità di sviluppo, un'opzione validissima, un'ottima possibilità ed è sempre una scelta libera e cosciente. Un coach non interpreta le tue dinamiche inconsce, non offre un sapere che manca, non cura né prescrive farmaci; ciò che invece fa, è migliorare la tua performance e la tua capacità di conseguire il risultato desiderato.
Il suo compito è aiutarti a comprendere non solo dove sei e dove vuoi andare veramente, se la destinazione prescelta è in sintonia con i tuoi valori, le tue convinzioni e le tue aspirazioni, ma ancor più importante, ti aiuta a comprendere se sei pronto a correre il possibile rischio di ritrovarti ad essere una persona diversa da quella che eri alla partenza del viaggio, sempre più completa e migliore, ma comunque, diversa.

Il metodo è anche di forte sostegno per coloro che hanno bisogno di sviluppare nuove forme di competenza, nelle fasi cruciali di ridefinizione di carriera, nel cambiamento dei mercati, del business ed anche dei propri valori. Questo strumento è prezioso anche in tanti altri contesti professionali, ad esempio, quando è indispensabile tornare in campo in prima persona, prendere decisioni audaci, cambiare i propri valori, reinventare il business, cambiare modi di agire e mentalità, aggiungere inventiva, reattività ed energia o creare una squadra unita che mira l'eccellenza.

In questo testo ci proponiamo di fornire le stesse informazioni, le medesime nozioni ed i collaudati ed efficaci metodi pratici ed esercizi, che utilizziamo abitualmente, da tanti anni, con i nostri clienti, per consentirti di migliorare da subito le tue performance personali e professionali.

Lo facciamo con l'obiettivo di prepararti e stimolarti, per consentirti di imparare a stabilire le priorità ed i traguardi, sapere identificare i tuoi talenti, imparare a delegare, saperti concentrare sulle cose veramente importanti, per poter stabilire azioni e miglioramenti specifici, dandoti modo di misurare l'efficacia di questo metodo, nel tempo.

Riassumendo, possiamo dire che il business coaching è un processo interattivo personalizzato, all'interno del quale, il professionista ed il suo coach, proseguono insieme verso gli obiettivi stabiliti; è una tecnica di evoluzione comportamentale attraverso la quale si accrescono le proprie competenze; è una costruzione sistematica di soluzioni rivolte al raggiungimento del traguardo, attraverso strategie orientate alle prospettive professionali; è un insieme di attività che possiamo paragonare alla formazione su misura, guidate sempre direttamente dal coachee che è sempre l'unico protagonista dell'avventura verso il successo.

Fondamentalmente, la nostra professione è rivolta a coloro che, con il nostro supporto, sono chiamati ad individuare in prima persona soluzioni personalizzate, noi siamo solo uno strumento nelle loro mani, uno strumento che consente di portare a casa il risultato, come l'allenamento è per il pugile.

Ripeto che tra i compiti del coach non vi è il fornire risposte al cliente, proprio perché questo lavora sul presupposto che ogni persona ha già all'interno di sé la soluzione migliore.

Utilizzando un metodo quasi socratico, il coach esperto seleziona e propone quelle specifiche domande che procurano le risposte giuste all'interno di un processo già in corso, a dimostrazione di questo notiamo come il cliente, nel momento in cui decide di affidarsi ad un coach, ha già fatto il primo passo, cioÈ ha già preso la decisione di crescere, di evolvere, pertanto il coaching è utile a tutti coloro che sentono l'esigenza di ottenere dippiù dalla propria vita, tanto in ambito professionale che personale, ma non sanno da dove partire per ottenere questi risultati.

5 - Coaching privato e professionale

Esistono diversi tipi di coaching ma per semplificare, possiamo dividere la metodica in due grandi categorie: business coaching e life coaching.

Il primo lavora sullo sviluppo professionale delle persone, sempre in linea con gli obiettivi dell'azienda ed agisce sulla qualità della comunicazione interna ed esterna, sulla consapevolezza, sulla pianificazione di una strategia efficace per mantenere alta la competitività rispetto al mercato, sui cambiamenti organizzativi, sui cali di performance, sulla motivazione e così via.

Il secondo è dedicato alle tematiche personali, cioÈ mette in contatto la persona con le proprie emozioni, anche indipendenti dalla professione.

Solitamente ci si rivolge al life coaching in un momento di passaggio della propria vita, quando c'è da prendere decisioni significative o quando si sono persi di vista i propri obiettivi.

Questo tipo di coaching si rivela estremamente utile per le persone che ritengono di vivere una vita lontana dai propri valori o dalla propria identità, oppure nei momenti in cui si ritiene di meritare di più dalla propria vita, quindi il metodo è finalizzato alla risoluzione di contesti privati e personali.

Proprio in questi anni il business coaching risulta validissimo all'interno del nostro sistema economico, che sta attraversando una fase di crescente e profonda instabilità, con ripercussioni sull'organizzazione aziendale e sulla vita professionale di ogni persona, perché colma la necessità, per l'organizzazione, di adottare strumenti di supporto che consentano di beneficiare del cambiamento, anziché di subirlo.

Oggi più che mai, si evidenzia la necessità di "saper essere" in luogo all'ormai scontato "saper fare".

Io, personalmente, sento sempre l'impellente necessità di migliorare, di studiare, di imparare, di crescere, di confrontarmi con me stessa e con gli altri professionisti, per apprendere nuove tecniche e metodologie da applicare continuamente alla mia attività professionale, perché sono molto cosciente della grande responsabilità della mia "mission" che è, evidentemente, quella di contribuire, in qualche maniera, a migliorare la qualità della vita personale e professionale delle persone che si rivolgono a me in qualità di coach.

Continuo senza interruzione a studiare, a formarmi, ad aggiornarmi, a specializzarmi, lo faccio costantemente e regolarmente, perché ritengo sia necessario seguire percorsi formativi di alta specializzazione e penso sia indispensabile investire sulla propria crescita, tanto professionale quanto personale.

Ritengo che ogni professionista di questo settore debba avere non solo le giuste competenze professionali, ma anche tutte le competenze di comunicazione efficace e di gestione delle relazioni. La formazione è un percorso indispensabile di arricchimento continuo ed è un rilevante momento di confronto con se stessi e con gli altri, per questo credo che ogni professionista chiamato a svolgere la mia professione, abbia il profondo dovere di continuare ad imparare e migliorare, ogni giorno.

So che in molti, erroneamente, ritengono che la formazione e l'aggiornamento siano necessari solo a quelle categorie professionali, quali, medici, scienziati, ricercatori, avvocati o ingegneri; personalmente ritengo che ogni giornata della nostra esistenza sia formazione, che ogni pensiero ed azione ci possano formare e le persone che si occupano di coaching sono in assoluto tra i primi a doverlo fare costantemente, regolarmente e con tutta la passione e l'interesse possibili. C'è sempre moltissimo da imparare, la mia è una professione entusiasmante e deve essere caratterizzata da una costante attività di crescita, senza sosta e senza fine: il miglioramento non ha mai termine, non ha mai pause, è continuo, è un dovere ed anche un diritto, crescere costantemente, ma è anche un enorme gioia ed è molto gratificante crescere aiutando gli altri a farlo a loro volta.

"L'istruzione e la formazione sono le armi più potenti
che si possano utilizzare per cambiare il mondo"
Nelson Mandela

Capitolo 2

Il Coach: chi è

1 – La sua mission

Il coach professionista è un esperto dei risultati, perché ha ricevuto una formazione precisa per ciò che riguarda i processi coinvolti nel raggiungimento degli obiettivi.

Il percorso per il business inizia col far emergere la visione del futuro professionale desiderato, successivamente si prosegue ponendo domande dirette e molto precise, estremamente orientate, il tutto ascoltando sempre il coach in maniera attiva.

"Non ho mai insegnato nulla ai miei studenti; ho solo cercato di metterli nelle condizioni migliori per imparare"
Albert Einstein

Nel proprio cliente, si identifica e si segnala ogni piccolo cambiamento, si analizzano i segnali già esistenti, si evidenziano le sue potenzialità, gli elementi più carenti ed i punti di forza, perché   riconoscerli li renderli più apprezzabili, poi si pianificano strategie ed azioni da attuare in tempi   tempi concordati e si mantiene viva la collaborazione lungo tutto il percorso verso gli obiettivi designati.
L'obiettivo di ogni coach professionista è, evidentemente, quello di far

ottenere ai suoi clienti un notevole e duraturo miglioramento nelle prestazioni, stimolarli affinché siano loro stessi a generare le soluzioni; per questa ragione il metodo è ricco di vantaggi eccezionali rispetto alle altre tecniche di insegnamento, perché il cliente si assume la responsabilità del cambiamento e lo governa in prima persona, ne è quindi l'unico protagonista.

Al cliente vengono dati molti spunti di riflessione e questo, quando è conscio delle risorse che possiede, diviene capace di sviluppare il proprio modello di apprendimento, nonché prende coscienza che i risultati raggiunti sono la diretta conseguenza dell'elaborazione delle sue personali strategie.

Tutto ciò si verifica perché il coaching è una disciplina estremamente pratica, che si basa proprio sull'acquisizione di responsabilità da parte del cliente, la definizione, precisa anche in termini di tempo, di obiettivi ben formati ed il compiere azioni concrete che portano al raggiungimento degli stessi.

"Fissare obiettivi è il primo passo necessario per trasformare l'invisibile in visibile"
Anthony Robbins

Il coach guida il cliente nel rimanere concentrato sull'obiettivo, così da fargli acquisire la consapevolezza delle proprie capacità, delle proprie risorse e dei risultati che via via questo aggiunge, ottenendo quindi dal coachee un cambiamento vero, stabile e duraturo.

Non si danno consigli né si assegnano compiti, anzi, frequentemente il coach non è neanche competente nella materia specifica su cui il cliente sta lavorando e si limita ad essere un professionista del cambiamento, capace di far muovere il proprio cliente dallo stato attuale allo stato desiderato.

Questa figura possiede elementi distintivi da altri professionisti che ruotano intorno alle aziende.

Il formatore, ad esempio, è un professionista che condivide il proprio sapere e la propria competenza con i suoi allievi, il coach non lo fa ma si adopera perché il cliente tragga dalla sua propria esperienza le risorse necessarie in funzione del suo obiettivo finale.

La formazione e ' un percorso che si intraprende per imparare una professione, per essere pronti a entrare o rientrare nel mondo del lavoro, riqualificandosi.

In alcuni casi, per formazione, si intende l'acquisizione di strumenti e metodologie atte a migliorare solo le prestazioni professionali. Il business coaching è invece rivolto agli individui e considera la persona in maniera totale, sia personalmente che professionalmente, insegnando come raggiungere risultati specifici, misurabili. Il processo è veloce ed i benefici durano nel tempo.

Il consulente è un esperto di una specifica materia, svolge un'analisi e suggerisce soluzioni da applicare ad uno specifico problema.

Il coach si differenzia molto anche da questo, perché non è suo compito suggerire soluzioni, ma lo è fare in modo che sia il cliente ad analizzare il contesto ed a fare emergere le sue personali nuove soluzioni.

La consulenza aziendale interviene sulla riprogettazione e sul miglioramento dei sistemi, processi e strategie d'organizzazione ed ha un approccio che considera la persona all'interno del contesto in cui opera.

Il coach interviene sul singolo individuo o su piccoli gruppi, migliorando le competenze e le performances, per raggiungere uno specifico obiettivo con successo misurabile.

Il coaching presta attenzione all'equilibrio tra ambito professionale ed ambito personale, affinché il cliente, con soddisfazione ed entusiasmo, possa dare il meglio di sé in entrambi gli ambiti.

Sono molte le persone che associano l'idea del coach a quella del consulente, sbagliando, perché, mentre il consulente fornisce risposte circoscritte al campo di sua competenza, il coach pone domande specifiche per far giungere il cliente alla risposta più giusta.

Ribadiamo che il coach non è e non fa il lavoro di uno psicologo, quest'ultimo si occupa maggiormente di passato, di patologie ed è incentrato sul problema; al contrario, il coach si occupa di presente e di futuro, di obiettivi ed è incentrato sulla soluzione, sul risultato, infatti il coaching non è assolutamente una terapia e riguarda, invece, il raggiungimento degli obiettivi ed il miglioramento dei risultati.

Il coach non è neanche un motivatore, sebbene, ovviamente, faciliti il processo di motivazione, perché spinge a trovare dentro ognuno la motivazione per passare all'azione ed il cliente è sempre nuovamente motivato a motivare tutto il suo gruppo.

Molte persone identificano erroneamente il coaching con la PNL, ritenendo che le metodiche si equivalgano.

Chiarisco che Il coaching è una metodologia volta al raggiungimento degli obiettivi; la PNL fornisce gli strumenti per raggiungere l'eccellenza, anche migliorando la comunicazione ed insegnando a formulare correttamente gli obiettivi; un valido coach può quindi vantaggiosamente utilizzare gli strumenti della PNL per aiutare il cliente a raggiungere propri obiettivi, ma ciò avviene stabilendo un percorso di coaching personalizzato; la PNL non parte dalle caratteristiche del cliente perché insegna modelli validi per tutti gli individui, senza fare distinzioni.

Proseguendo nell'evidenziare le differenze tra coach ed altri professionisti analizziamo la figura del mentore; questo è un esperto a cui si affianca una persona in modo che quest'ultima acquisisca competenza attraverso l'imitazione e la prova diretta, inoltre, supervisionata.

Il coach non è invece un modello da imitare, non è migliore del cliente nel suo campo, il suo compito e fornire stimoli, in luogo all'esperienza diretta sul campo, per spingere il coachee ad individuare nuove strategie d'azione ed ad analizzare i risultati ottenuti mettendole in pratica.

Si equivoca talvolta anche sulla figura del counselor, confondendolo con il coach, invece il primo svolge un compito più simile a quello dello psicologo, sebbene avvalendosi di tecniche diverse.

Il counselor è un professionista che interviene per risolvere un disagio psicologico della persona, il coach non interviene nella sfera emotiva e non risolve disagi: il suo compito è allenare il cliente al raggiungimento dei risultati da questo ambiti.

Il coaching in l'Italia è una disciplina in forte crescita se pur relativamente giovane, infatti si sta sviluppando velocemente per la concretezza e l'effettiva misurabilità degli obiettivi che i clienti, tramite il suo utilizzo, raggiungono e di cui, anche le aziende, hanno una palesemente preso atto.

Questa disciplina è sofisticata perché ha a che fare con la vita privata e professionale delle persone, con le loro aspirazioni ed emotività, la loro intelligenza ed i dubbi personali, quindi il professionista deve essere estremamente preparato ed è saggio che ogni coacee si riproponga di selezionare personalmente il proprio coach, vagliando solo validi professionisti.

2 – Le competenze

Il coach deve possedere competenze integrate e coordinate che possiamo suddividere in strumenti operativi e specifiche competenze; le seconde permettono di utilizzare i primi nella maniera più efficace.

Gli strumenti operativi sono:

1.   **L'uso approfondito e consapevole delle domande:** attraverso queste, profonde ed opportune, il coach riesce ad aiutare il proprio coachee a mettere in luce tutti gli aspetti di ogni questione da affrontare ed a trovare tutte le risorse necessarie.

2.   **L'utilizzo di modelli per l'analisi delle situazioni:** frequentemente le situazioni si presentano complesse e sovrapposte; il coach deve avere la capacità di utilizzare diversi modelli di analisi, come quello dei livelli logici, che aiuta a ridurre la complessità ed a scomporre le questioni in elementi fondamentali, così da poter operare su questi con gli strumenti più adatti.

3.   **L'uso di tecniche di *problem solving* e *problem setting*:** il problema va compreso e definito per poter essere risolto. Il coach utilizza strumenti che permettono la generazione, la valutazione e la scelta di varie alternative per poter procedere verso l'obiettivo.

È poi indispensabile che un coach utilizzi i suoi strumenti con creatività, sensibilità ed empatia. Pertanto è necessario che il professionista sia capace di un'attenta osservazione, quindi, di una valida calibrazione ossia che possieda il saper cogliere ogni minimo cambiamento nella comunicazione verbale, non verbale e paraverbale del suo interlocutore. Infine, senza dubbio un buon coach deve essere dotato di una sana curiosità verso le persone, le loro motivazioni ed i loro comportamenti, deve essere una persona estremamente creativa, che sa trovare soluzioni anche dove sembrerebbero del tutto assenti, deve avere un atteggiamento positivo e di fiducia verso le persone e verso la vita, quindi credere nelle loro capacità di crescere e migliorare e deve saper sempre trovare le risorse necessarie per il miglioramento.

Il professionista capace deve essere estremamente distante da errori che rischierebbero di bloccare drammaticamente ogni forma di coaching, come per esempio:

1.   Sostituirsi al coachee e attribuire a se stesso ogni cambiamento del cliente.

2.   Dare giudizi e valutazioni o, ancor peggio, sovrapporre i propri valori a quelli del cliente.

3.   Essere autoritari nei confronti del cliente, mentre la relazione di coaching è sempre una relazione paritaria ed equilibrata.

4.   Voler essere a tutti i costi simpatico ed amico del cliente, errore che potrebbe rendere meno professionale ed anche troppo manipolabile la relazione.

5.   Assumersi la totale responsabilità, mentre invece deve esserci sempre un'equilibrata corresponsabilità; il coach deve sempre agire in maniera etica e professionale, ma il cliente ha la totale responsabilità sulla propria vita.

6.   Ritenere che nel business coaching o nel corporate coaching, sia necessario essere esperti nel campo di attività del cliente: è certamente utile conoscere gli aspetti necessari dell'organizzazione aziendale, ma in verità, il coach non agisce sul contenuto, bensì sul processo.

7.   Ritenere che ogni incontro debba necessariamente concludersi con un cambiamento visibile ed evidente; considerando il fatto che ogni cambiamento ha ritmi diversi, particolari, soggettivi ed irregolari, non è possibile stabilirlo in base al numero degli incontri: per esperienza posso affermare che, alcune volte un incontro di coaching può condurre a fasi riflessive e di revisione della propria vita, che, non sempre, si esternano con comportamenti e manifestazioni di soddisfazione e gioia, anzi, tutt'altro, non è frequentissimo, ma capita.

Tra le competenze chiave del coach vi sono:

1.   **La conoscenza delle linee guide di etica e le norme professionali**, saper comprendere bene ciò che viene richiesto nella specifica interazione di coaching ed il concordare con il cliente il processo da attuare, in termini di relazione, accertandosi che ci sia armonia tra il proprio metodo di coaching e le necessità specifiche del cliente.

2.   **Stabilire la relazione**, cioè la fiducia e la confidenza con il cliente, creando sicurezza ed un ambiente favorevole che produca continuo rispetto e fiducia reciproca, ciò significa avere vero interesse per il benessere attuale e futuro del proprio cliente, essere persone integre e oneste e mantenere le proprie promesse, rispettando sempre le percezioni del cliente ed il suo modo di essere.

3.   **Avere la capacità di porre domande potenti**, che rivelano le informazioni necessarie affinché ci sia il massimo beneficio nel rapporto fra coach e cliente; essere capaci di comunicare in modo efficace e con un linguaggio che abbia un impatto positivo sul cliente, inoltre un coach deve essere in grado di creare consapevolezza, oltre al raggiungimento dei risultati.

"Il segreto per vincere è una gestione costante e attenta"
Tom Landry

Il coach deve essere un professionista che, senza dubbio, deve saper progettare le azioni e creare le opportunità per l'apprendimento, nel cliente.
Deve pianificare e stabilire gli obiettivi, gestire i progressi e le responsabilità, mantenendo sempre l'attenzione su ciò che è importante per il cliente e lasciando a questo sempre la libertà e la responsabilità di agire.
Dovendo scegliere il proprio coach, personalmente consiglio di guardare oltre le apparenze, oltre i titoli, le specializzazioni e la sede di esercizio,

elementi rilevanti, ma molto meno del cercare di comprendere se il professionista a cui s'intende rivolgersi sia una persona che, oltre a conoscere le dinamiche delle imprese, sia preparata profondamente alla comprensione dell'animo umano e dotata di forte empatia, capacità di ascolto e profondo rispetto per le persone.

3 - Le caratteristiche

Per potersi definire un ottimo coach, bisogna avere determinate caratteristiche, è, ad esempio, necessario avere uno spontaneo interesse verso gli altri e la capacità di generare cambiamenti, bisogna saper incoraggiare e motivare, tenere sempre a bada il proprio ego, posizionare sempre le persone prima dei risultati, rappresentare un modello per gli altri, saper ascoltare ciò che non viene detto, essere obiettivi, sapersi astenere dal muovere critiche e qualora sorgesse la necessità di farne, queste devono sempre essere costruttive, infine, si deve essere una persona estremamente integra. La relazione con il proprio coach è unica e stimola il cliente a dare il meglio di sé, ad essere consapevole delle proprie capacità e dei propri limiti, a sviluppare tutte le sue potenzialità inespresse, per il raggiungimento degli obiettivi, elemento cardine del coaching.

Nessuna tecnica può rivelarsi utile se non supportata da una relazione competente e produttiva, diventa quindi fondamentale l'intesa, per usare un termine proprio della proprio della PNL, e necessario che vi sia "rapporto" per fornire l'energia e la motivazione indispensabili a disegnare un valido programma di azione volto al raggiungimento dei obiettivi preposti.

Un coach oltre a "saper fare", deve anche "saper essere" e deve trasmettere questa qualità al suo coachee, quindi ritengo necessario per il professionista essere dotato di consapevolezza, autostima, un forte equilibrio interiore, capacità di automotivazione, molta fiducia in se stesso e negli altri, intelligenza sociale ed una visione sistemica.

In pratica è fondamentale essere sinceramente interessati alle altre persone ed anche assertivi, affidabili, disponibili, positivi, flessibili, coerenti con se stesso e con il prossimo, onesti, attenti, pazienti, riservati ed efficienti.

Il coach è sostanzialmente un facilitatore dei processi decisionali e lavora principalmente avvalendosi di domande: queste, devono essere "di qualità" ovvero capaci di attivare nel cliente ragionamenti e soluzioni innovative verso i propri obiettivi.

Le domande del coach sono molto strategiche e sempre utilizzate secondo una ben precisa metodologia di intervento; queste delineano i segni del cambiamento negli schemi comportamentali del coach, che è chiamato da subito ad agire in prima persona, a camminare sulle sue gambe.

Il coach, partendo dal presupposto che ognuno possiede in sé tutte le risorse e le potenzialità per raggiungere i propri obiettivi e realizzare i propri desideri, sa bene che ciò che conta è sapere come fare, cioè come strutturare un piano di azione strategico.

Questo metodo su basa proprio sul "come fare" e non sul "che cosa" fare.

Il coach, insieme al cliente, elabora la strategia e spinge questo a definire il piano d'azione migliore in funzione degli obiettivi da realizzare.

Per fornire un sintetico esempio pratico: il cliente ha i suoi obiettivi, come possono essere ad esempio, avviare un'attività in proprio oppure acquisire maggior sicurezza,; il coach lo conduce a fare chiarezza, a definire gli obiettivi in maniera corretta; a questo punto si vanno a comprendere le variabili problematiche che accompagnano la situazione, si valutano le alternative possibili, tutte le opzioni, si definiscono le risorse necessarie, interne ed esterne al cliente, si stabilisce un criterio di valutazione dei risultati intermedi e finali, quindi si viaggia insieme verso il traguardo fissato.

4 - Il dialogo tra coach e coachee

Il rapporto professionale con il cliente inizia fissando alcuni incontri individuali vis a vis, poi si decide insieme, in maniera molto libera e flessibile, se proseguire il lavoro iniziato attraverso email o per telefono.
La stessa metodica viene utilizzata in azienda per gestire i rapporti tra manager, coach e coachee. Io personalmente, ritengo che il coach debba lavorare con il telefono solo a piccole dosi e prediligo gli incontri di persona oppure le comunicazioni epistolari, perché scrivendo, per il coachee, è più facile aprirsi liberamente rispetto alla comunicazione telefonica, più veloce ma meno riflessiva e a volte un po fredda.

Stabilire quanti incontri sono necessari è in funzione dei desideri e delle esigenze del cliente; solitamente si fanno tra i 6 ed i 10 incontri di persona in circa quattro mesi, poi si analizzano i risultati e si decide insieme se concludere o fare qualche altro incontro, in funzione delle esigenze soggettive. In alcuni contesti professionali abitualmente programmo tre o massimo quattro incontri dedicati ogni anno, che usualmente si rivelano più che soddisfacenti, a meno che non vi siano esigenze specifiche.

Gli incontri iniziano ponendo una serie di domande. L'unica vero impegno richiesto al cliente è la volontà di raggiungere i propri traguardi, mentre a tirargli fuori energie e capacità per portare a termine il percorso pensa il coach.
Importante è che poi il cliente onori gli impegni presi insieme.

Il rapporto tra cliente e professionista è sempre altamente confidenziale ed estremamente riservato; certamente può accadere che gli obiettivi di business debbano essere condivisi, specialmente quando essendo l'azienda a pagare è ovvio che i suoi rappresentanti vogliono esser emessi al corrente dei risultati prodotti dalla loro spesa, ma i contenuti delle fasi attraverso le quali si passa per raggiungere gli obiettivi, resteranno sempre confinati tra coach e coachee.

Il coach deve essere sempre molto puntuale manifestando così il rispetto del tempo degli altri, sembrerebbe un particolare piccolo ma è invece estremamente rilevante. Del resto la puntualità in ambito professionale dovrebbe sempre essere data per scontata, salvo le dovute eccezioni che confermano la regola, perché a tutti può capitare una volta un imprevisto.

È poi piuttosto difficile stabilire se sia più opportuno avere un rapporto formale oppure una relazione più vicina, ad esempio dandosi del "tu", poiché ogni persona ha le proprie modalità interattive quindi, come coach, io mi adatto al contesto, mi adeguo sempre all'interlocutore e lascio che sia lui a stabilire il livello di confidenzialità che vuole applicare con me, durante il nostro percorso di coaching.

Tutto dunque dipende dalle persone, dalle situazioni e dal proprio stile di coaching; ritengo che non ci siano regole fisse e raccomandazioni speciali, ma che sia saggio semplicemente avere empatia e del sano buon senso.

È molto importante far presente al proprio cliente che la responsabilità delle decisioni prese, delle azioni avviate e degli obiettivi stabiliti è sempre a suo carico, il coachee deve aver ben chiaro che il coach accompagna ma non guida; questo è un passaggio molto importante da sottolineare.

Il buon coach sa sempre riconoscere le capacità e sviluppare le competenze del suo cliente, sa aiutare le persone a trasformare se stesse ed a riformulare il loro modo di essere, di pensare e di agire, per raggiungere più elevati livelli di performance e far emergere il meglio da ciascuno.

"Tu puoi, credi, tutto è possibile a chi crede"
Sacre Scritture

Riporto di seguito un esempio di domande solitamente utilizzate nelle sedute di coaching, che possono essere:

Sull'equilibrio:

☐ Che cosa significa equilibrio per te?
☐ A cosa dici si, a cosa dici no?

Sull'autostima:

☐ Che effetto vuoi avere sulle persone che incontri?
☐ Dove vuoi essere fra 10 anni?

Sulla gestione del tempo:

☐ Cosa che ti impedisce di avere fiducia in te stesso?
☐ Qual sono le tue migliori 10 qualità?

Sulle ambizioni personali ed il lavoro:

☐ Che cosa vorresti imparare?
☐ Com'è la tua giornata di lavoro ideale?:
☐ Cosa vorresti esattamente di più dal tuo lavoro?
☐ Cosa hai da offrire?
☐ Quali sono le tue qualità ed i tuoi punti di forza?

Sulla realizzazione dei propri sogni:

☐ Come sarai tra 10 anni, se non avrai provato a realizzare il tuo sogno?
☐ Cosa significa per te, realizzare questo sogno?
☐ Che cosa temi?
☐ Di cosa hai bisogno?

Capitolo 3
In Azienda

1 - La leadership

I leader sono le persone che, con efficacia, efficienza e velocità, sanno guidare un cambiamento in maniera coerente. Senza leadership non può esserci crescita né successo e più che mai nei momenti di grandi cambiamenti, di emergenze improvvise e di periodi di crisi.

Quando si attua un cambiamento in azienda, il leader ha già pensato ad modello completamente diverso da quello preesistente; infatti uno dei suoi compiti è formulare scenari plausibili per gli anni futuri. La globalizzazione impone di pensare in maniera diversa rispetto al passato, i vecchi schemi che sino a ieri funzionavano bene, oggi sono spesso inadeguati. Le tecniche di programmazione neurolinguistica sono sempre più materia di studio dei corsi di leadership e costituiscono un prezioso aiuto per velocizzare l'acquisizione di nuovi modelli professionali.

> *"Abbiate la pazienza di ascoltare*
> *fino a quando le persone troveranno la soluzione giusta"*
> *Mary Kay Ash*

Nel mio lavoro di business coach, ritrovo diversi e variegati corsi sulla leadership aziendale, ma contemporaneamente riscontro anche una notevole mancanza di leader capaci di attuare cambiamenti in azienda e questi ultimi sono veramente necessari per competere in questo mondo che muta drasticamente e rapidamente le regole del gioco a cui si era abituati.

La metodica del business coaching supporta in maniera specifica le differenti tipologie di leadership, per rafforzare le competenze, far emergere le doti naturali del leader, attirando la sua attenzione sugli aspetti del percorso da intraprendere e sollecitando la pianificazione, sempre nel rispetto etico della personalità e dell'identità del cliente.

> *"È la qualità della leadership, più di ogni altro fattore,*
> *che determina il successo o il fallimento*
> *di qualsiasi organizzazione"*
> *Fred Fiedler e Martin Chemers*

Proseguendo, il coaching è estremamente utile:

□ Per le persone in cerca di lavoro o che vogliono cambiarlo;
□ Per orientarsi nel mercato e rafforzare le proprie capacità di gestire colloqui di selezione e prove di gruppo;
□ Per i manager che incontrano difficoltà nelle presentazioni in pubblico, nei rapporti con i collaboratori, nella gestione del tempo, nelle negoziazioni, per tutti quei manager che debbono sviluppare abilità specifiche di ruolo;
□ Per la gestione del business ed il raggiungimento dei risultati attesi;
□ Per gli imprenditori che devono cambiare mentalità per essere al passo con i tempi eper i loro figli nella fase di inserimento in azienda e in occasione dei passaggi generazionali.

Fondamentalmente fare coaching significa realizzare un progetto di crescita insieme al cliente, progetto in cui quest'ultimo arriva ad essere autonomo nella gestione delle competenze e delle qualità acquisite.

Il metodo aiuta gli individui a scoprire le potenzialità e, nel farlo, ad espandere le personali possibilità, spingendoli ad operare al limite ed al di fuori dei limiti del loro potenziale. Attraverso la motivazione e l'ispirazione, il coaching incoraggia una crescita costante e permette alle persone di accedere meglio alle proprie potenzialità ed a raggiungere risultati migliori in minor tempo, le allena a vedere i propri confini in modo diverso ed a modificarli, spostandoli più in là Vivendo un percorso di coaching, modifichi l'opinione sulle possibilità di cui disponi nella vita e ciò condiziona enormemente ed i tuoi comportamenti ed i risultati che ottieni, così ritrovi sicurezza in te ed attivi ogni risorsa necessaria al conseguimento dei risultati che vuoi raggiungere.

Il coaching permette di acquisire la consapevolezza di avere le risorse interiori necessarie, di poter superare i limiti di percezione che ci hanno bloccato sino ad un dato momento, impedendoci di scoprire le nostre effettive potenzialità. Perché ogni persona è molto di quello che crede di essere!

Durante il percorso si acquisiscono molte capacità di fare, si impara a guidare una squadra, a vincere lo stress ad ottenere eccellenza nei risultati.

L'executive business coaching consente al manager ed all'imprenditore, in un mercato in continuo cambiamento, di destreggiarsi e prendere le decisioni più adeguate al momento, agli eventi ed alla situazione che incontrano.

Si impara a farlo rapidamente, tornando in campo in prima persona e sfruttando la potenza dell'intuizione ed avendo il coraggio di accettare anche qualche eventuale errore lungo il percorso. In questo tipo di coaching il punto focale è mantenere l'attenzione sulle priorità di sviluppo, senza farsi distrarre dal sistemare errori compiuti nel passato.

In questa forma di coaching si adotta una formula one to one, che rende l'imprenditore, il manager, l'unico protagonista del processo.

Questa tecnica dà enormi vantaggi anche all'azienda all'interno della quale il vostro cliente opera, come imprenditore o manager; infatti il suo applicarsi accelera il processo di creatività ed innovazione, inventiva il cambiamento, promuove il sostegno e la crescita delle persone chiave, in grado di esercitare un potente impatto sui risultati di business e sull'intero clima organizzativo.

Nella nostra storia professionale, abbiamo lavorato con così tante persone che volevano dare una svolta la propria esistenza e produrre il vero cambiamento; abbiamo sperimentato e testato numerose tecniche diverse, sino ad arrivare a comprendere con attenti studi, osservazioni e ricerche quali fossero quelle più efficaci, quelle veramente in grado di produrre un risultato duraturo in maniera sistematica.

Abbiamo avuto incontri estremamente gratificanti con tante persone che sono tornate ad essere completamente padrone della propria vita, quindi, questo testo è un invito verso quell'avventura eccezionale, che è la scoperta meravigliosa di un te stesso eccellente, che non finirà più stupirti ed entusiasmarti.

Durante il nostro percorso professionale abbiamo ascoltato ed osservato moltissimi amministratori delegati, manager, dirigenti ed imprenditori e ci siamo resi conto che esistono delle chiare zone di forza e punti di debolezza ricorrenti, molti errori comuni che è possibile evitare ricevendo un'adeguata preparazione; così abbiamo identificato le competenze chiave, indispensabili per l'organizzazione aziendale di una multinazionale o per rivestire posizioni di leadership anche di un'azienda molto piccola.

Sono soprattutto le persone alla guida di un'azienda, in posizioni di leadership, che, tramite il coaching, comprendono quel che gli è davvero necessario per riuscire, perché questa metodica li aiuta ad identificare strategie chiare e specifiche per ogni situazione.

Svolgere il nostro compito, in questo contesto significa per noi motivare, allineare ed ispirare le persone a realizzare insieme qualcosa di più grande di quanto riuscirebbero mai a fare individualmente.

I leader aziendali, si trovano a gestire sia i processi che le persone; una parte del successo delle aziende deriva sicuramente dall'efficienza; questa scaturisce dalla capacità di analisi economica, cosa che può venire insegnata, ma operando così nascono leader capaci di lavorare con i numeri che non sono poi in grado di avere a che fare con le persone.

Impegnandoti ad utilizzare ciò che apprenderai da questo testo, renderai più solide tutte le organizzazioni per e con cui lavorerai.

In questa epoca, è più che mai necessario apprendere l'abilità di organizzare un piano strategico personale, un modo sistematico di pensare ad agire, perché questo è lo strumento che porta dal punto in cui sei a quello in cui vorresti essere; ciò significa acquisire la capacità di pensare, programmare, decidere ed agire in maniera strategica poiché "fare" senza una giusta strategia, inevitabilmente, porta via una gran quantità di tempo e denaro.

Lo scopo di un piano strategico aziendale è quello di aumentare ad esempio il ROE (return on equity), ossia applicare il piano per raggiungere risultati migliori, utilizzando il proprio capitale umano e le proprie risorse in maniera più efficace; ciò consente di incrementare le vendite, conquistare fette di mercato più vaste, aumentare i profitti sugli investimenti e raggiungere una posizione più solida nel proprio mercato.

Da notare che mentre un'azienda misura il proprio capitale su base economica, una persona lo fa su base umana: cioè anziché aumentare i profitti si aumenta il proprio guadagno vitale, sotto il profilo energetico. Potremmo dire che, puoi stabilire la tua soddisfazione complessiva, nella misura in cui fai di te stesso, il tuo migliore investimento.

"È sempre tempo per migliorare, Agisci Ora!"
Stephen Littleword

2 - Il business coaching

Un business coach deve fondamentalmente avere cinque capacità che lavorano in sinergia, quindi da utilizzarsi simultaneamente.
Queste consistono in:

1. Costruire la fiducia ascoltando attivamente ed empaticamente;
2. Rivolgere domande efficaci per aiutare a edere la situazione da punti di vista differenti da quelli abituali, (perché come ogni coach sa bene, nelle domande giuste sono sempre contenute le risposte giuste);
3. Fornire feedback efficaci al fine di far nascere osservazioni utili per modificare la situazione e muoversi verso i risultati;
4. Stabilire obiettivi chiari e realizzabili;
5. Pianificare poi il percorso, il piano d'azione, per raggiungerli in breve tempo e con la massima efficacia.

Il coaching può essere utilizzato in ogni tipologia di azienda enaturalmente il coach deve conoscere la filosofia di business dell'azienda; pertanto solitamente vi sono uno o più incontri illustrativi con il management aziendale e con tutti gli interessati al progetto generale, durante i quali ci si racconta il passato e le strategie future programmate dall'azienda.
Durante questo incontro si identificano e trasmettono gli obiettivi attesi dal coaching, si chiarisce quali sono gli scopi primari dell'azienda, i suoi principali problemi, come vengono misurati i risultati delle persone e quelli dell'azienda, come questa è organizzata internamente, che rapporti vi sono all'interno della struttura, quali sono le basi professionali del cliente, quali gli obiettivi e gli scopi che hanno condotto l'azienda a far fare coaching a quell'individuo e si prosegue con tante altre specifiche domande fino a comprendere in maniera concreta quali sono gli obiettivo del lavoro. Questo è un sistema adattabile ad ogni organizzazione, dalla compagnia internazionale che vuole entrare a far parte di una realtà locale, alla media impresa che desidera espandersi, alla piccola società in fase di stasi cme alla multinazionale in fase di

globalizzazione.

Come gia detto in precedenza, non è necessario che il coach sia un esperto nel settore del cliente, è però indispensabile che abbia una preparazione sull'evolversi delle organizzazioni aziendali e tutte le sue variabili umane.

Naturalmente, deve conoscere metodi e strumenti di alta qualità e professionalità per poter lavorare bene, in maniera che sia sempre strutturato sul cliente e sulla situazione specifica. Ogni persona può diventare un buon coach apprendendo la tecnica, la metodologia e le competenze ma certamente si deve possedere di natura il modello mentale, le qualità umane ed il talento personale; cioè un buon coaching, oltre ad essere capace di ascolto attivo, deve essere predisposto al riconoscimento dei successi e delle qualità del suo clienti, essere capace di trasmettere motivazione, conoscere la tecnica dell'uso delle domande, saper definire gli obiettivi, lavorare costruttivamente sulle convinzioni, per sviluppare le tecniche del cambiamento, pertanto deve essere una persona in continua crescita personale.

Il coaching si è sviluppato ed è cresciuto come uno strumento eccellente per la crescita professionale, difatti il business coaching, soprattutto all'estero, è visto come una pratica il cui scopo è quello di aiutare imprenditorialmente a far crescere il proprio business, mentre in Italia, il metodo ha solitamente un riferimento più circoscritto, ossia riguarda più specificatamente il contesto azienda, cioè si intende il servizio offerto dall'azienda ad un suo manager per facilitarne la crescita professionale oppure per accelerarne le performance o i cambiamenti del singolo professionista.

Il personal business coaching riguarda fondamentalmente leadership, sviluppo professionale, prestazione, motivazione, orientamento, cambiamento di attività o di ruolo, gestione dei collaboratori e delega, infatti con il metodo si promuovono cambiamenti di ruolo, sviluppi di carriera all'interno del medesimo ruolo, oppure si incentiva il miglioramento delle performance e la motivazione professionale, spingendo verso un costante sviluppo del potenziale personale e sottolineando la necessità di trattenere in azienda i talenti.

L'intervento del business coaching fornisce risultati personali, perché aiuta le persone a sviluppare strategie di comportamento per realizzare i miglioramenti, sia personali che professionali ed offre anche notevoli risultati dal punto di vista dell'organizzazione perché potenzia la performance del cliente e lo aiuta ad allineare i propri obiettivi con quelli dell'organizzazione, anche tramite il monitoraggio e la gestione dei feedback reciproci.

Il life coaching, invece, si occupa maggiormente della gestione dei conflitti, del cambiamento, delle difficoltà genitori/figli, delle problematiche adolescenziali e della gestione dell'età della pensione.

Il coaching professionale sviluppa le più flessibili forme di competenza e permette di ottenere performance più efficaci, soprattutto nei momenti difficili della carriera e in occasione delle sfide che pone la turbolenza costante e continua dei mercati.

Durante il business coaching (come nel Life Coaching ed in ogni altra forma di Coaching) il professionista rimane sempre il protagonista assoluto del processo, che offre alla sua azienda enormi vantaggi, perché è attraverso questa tecnica che si accelerano i processi di inventiva, innovazione e cambiamento, sostenendo la crescita delle persone chiave, che possono esercitare un grande impatto sui risultati di business, nonché su tutta l'organizzazione.

Il business coaching opera ai diversi livelli della struttura aziendale:

□ Con gli amministratori delegati, leader dei diversi dipartimenti e con i direttori generali, fornendo loro feedback di qualità con i quali confrontarsi, soprattutto quando devono seguire progetti importanti;

□ Con i dirigenti di più alto livello, per potenziare le proprie risorse e far emergere quelle che devono essere ancora sviluppate;

□ Con i talenti più promettenti al fine di formarli ed orientarli verso più alti obiettivi professionali;

□ Con i manager che cambiano ruolo per facilitare la transizione durante questo momento di cambiamento ed arricchimento;

□ Con i collaboratori che iniziano a rendere meno, aiutandoli a fare il punto su se stessi e sulla propria posizione, in modo da poter acquisire energia e rimettersi in azione in maniera costruttiva e creativa.

In breve, il business coaching è un processo di training personalizzato, efficace per le persone che vogliono crescere dal punto di vista professionale. Una metodica eccellente per migliorare la capacità di comunicare e relazionarsi, la pianificazione della carriera e la gestione dei propri collaboratori.

Si lavora supportando i clienti nei momenti difficili con esercizi opportuni per rinforzare la fiducia in sé, rispettando le proprie capacità, incentivando coraggio, autostima, inventiva, lucidità nelle decisioni e focus sulle priorità.

Il business coaching consente di identificare i propri talenti e le proprie capacità, sviluppare creatività ed inventiva, creare congruenza tra gli obiettivi generali, raggiungere l'eccellenza, motivare e guidare i propri collaboratori.

Si impara ad imparare, usando l'esperienza come elemento di apprendimento, si diviene consapevoli di ciò che si sa, di quanto si è capaci di fare e di quanto si sa far fare ad altri, quindi si impara ad decidere ed agire in modo consequenziale.

Il coaching crede nella cultura del comportamento e consente di essere un professionista riconosciuto, affermato, inoltre insegna a saper gestire il tempo e le emozioni, a far parte o guidare un team di lavoro e ad accogliere il cambiamento come occasione di rinnovo, guidando il progresso personale e professionale.

È vero che si rivolge solitamente a manager, imprenditori e professionisti ed ai capi che devono affrontare nuove sfide professionali, ma il metodo è anche molto valido per i professionisti insoddisfatti, utile a chi è in fase di stallo, a chi vuole essere il motore del cambiamento in azienda, ha difficoltà nel cambiamento di ruolo o deve raggiungere obiettivi difficili, a chi vuole pianificare e gestire la propria carriera con successo, a chi deve gestire gruppi di lavoro e vuole migliorare le relazioni e la comunicazione con colleghi, collaboratori e superiori, a chi deve prendere decisioni veloci ed importanti, a chi vuole imparare a delegare, a chi vuol essere più efficace nel lavoro, a chi vuole imparare a parlare in pubblico ed a chi vuole diventare imprenditore.

Il business coaching è, quindi, perfetto per le istituzioni, le aziende, l'imprenditore e le organizzazioni che vogliono manager allineati agli obiettivi aziendali e dirigenti intraprendenti che sappiano risolvere problemi o una squadra determinata e motivata per raggiungere gli obiettivi anche nei momenti difficili, a chi vuole vere competenze professionali e capacità di successo nei momenti cruciali, ai manager entusiasti che motivino i loro collaboratori, a tutte le persone che vogliono imparare a fare di più, meglio e prima, cambiando le modalità operative, che vogliono essere professionisti capaci di comunicare efficacemente.

"Esiste una nuova e più efficace modalità di gestione delle aziende, una nuova forma di esercizio della leadership e delle performance. Leadership oggi significa mettere le decisioni importanti nelle mani di tutte le persone dell'organizzazione. Tutte"
Niels Pflaeging – Sergio Mascheretti

3 - Gli step

L'attività di coaching viene erogata seguendo sempre una serie di step graduali: si inizia instaurando con l'utente, sin dal primo incontro, un rapporto professionale fondato sul rispetto e sulla fiducia, ciò è necessario perché l'attività è, a tutti gli effetti, una relazione di aiuto, che nasce dall'incontro tra due persone, pertanto, è indispensabile che l'approccio al coaching sia di ascolto, comprensione ed empatia, solo così, possono crearsi le condizioni affinché il cliente che chiede aiuto, si senta al sicuro e pronto a partire per esplorare nuove soluzioni.
Si prosegue poi analizzando la storia professionale del proprio cliente.

Io di solito scelgo l'approccio narrativo, perché va ben oltre l'approccio informativo e non si limita ad essere una prospettiva motivazionale e attitudinale; il cliente espone i lieti eventi avvenuti nella sua vita attraverso la ricostruzione narrativa riguardo alla sua carriera.
Ascoltando attentamente le sue parole ci si accorge che egli offre non una, ma diverse narrazioni di sé, ed è proprio facendo emergere queste che costituiscono la base su cui costruire il progetto futuro. Durante questa fase si attribuisce il giusto senso alle esperienze passate, si lavora sulla reinterpretazione della propria identità professionale e personale e si ipotizzano insieme nuovi scenari professionali e diverse prospettive.
Considero molto rilevante l'approccio narrativo, perché molto spesso noi diventiamo la narrazione autobiografica, attraverso la quale parliamo della nostra vita, o per meglio dire, la nostra "vita vissuta" e la nostra "vita raccontata" si costruiscono reciprocamente, interagendosi in continuazione; quindi, più la narrazione dell'esperienza passata è ricca di dettagli e particolari, maggiori sono le possibilità che la persona abbia una buona capacità di progettazione della sua carriera futura e sappia immaginare bene scenari diversi.
Pertanto, durante la narrazione della storia del cliente, il coach deve fare molta attenzione ad individuare quali sono stati momenti in cui il professionista ha imparato di più, perché è proprio in quei momenti che

c'è stato il vero apprendimento, la vera crescita; è fondamentale focalizzare attentamente quali sono state le situazioni di maggiore soddisfazione e quali, invece, quelle in cui si sono incontrate le maggiori difficoltà e perché; bisogna studiare ed indagare le rappresentazioni del cliente, della sua professione, del suo valore sul mercato per analizzare se sia diminuito o aumentato durante gli ultimi anni.

Dopodichè, oltre a raccogliere i dati che ci presenta il nostro cliente, possiamo, volendo, affiancare una ricerca di dati statistici, ad esempio, studi di settore, così da poter definire se l'ipotesi del nostro cliente è realista o se c'è bisogno di apportare delle correzioni.

Inoltre, è necessario fare un'analisi delle possibilità professionali formative volte a sviluppare le competenze.

Ciò significa che in base a quanto emerso nella fase precedente, il coach individua le competenze che il cliente ha sviluppato nel corso della propria attività professionale; definisce la possibilità di perfezionarle, tramite corsi formativi; individua le aspirazioni del cliente, verificando se sono realizzabili, e, se la risposta è positiva, inizia a pianificare una serie di azioni per realizzarle.

Per essere pratici, quando si presentano problemi di "decision making" relative alla scelta della professione, si va ad analizzare lo stile decisionale, in particolar modo, si analizzano i processi cognitivi e le motivazioni implicati nel processo decisionale.

Se invece, ad esempio, si evidenziano problematiche concernenti la riconciliazione tra vita professionale e personale; il coach analizza le strategie utilizzate dal cliente per gestire l'interdipendenza tra le diverse aree della sua vita: lavoro, famiglia, tempo libero, interessi personali e via proseguendo.

A questo punto si giunge al progetto di ristrutturazione della carriera in base a quanto emerso nei punti precedenti.

Questa è indubbiamente una fase molto delicata perché si tratta di definire un progetto sulla base delle informazioni accuratamente raccolte nelle fasi precedenti.

Quindi, l'attenzione del coach non è solo sull'individuazione di nuovi percorsi formativi professionali, ma è anche centrata su come mantenere, ad esempio, l'impiegabilità (l'impiegabilità viene definita come il valore di una persona ed il valore di una persona sul mercato del lavoro risultante dalla sua professionalità") del cliente.

Diversi studi evidenziano una serie di aspetti chiave, che favoriscono l'impiegabilità e che, qualora fossero carenti, devono sempre essere potenziati per poter offrire al soggetto maggiori opportunità; tentiamo di sintetizzarli come segue:

L'apprendimento: avere un bagaglio di conoscenze e competenze tecniche trasversali è una delle poche garanzie per poter avere una carriera di successo ed una stabilità lavorativa ed economica. Diventa pertanto indispensabile per ogni professionista, custodire il proprio bagaglio di conoscenze ed investire continuamente su questo, se si vuole avere più libertà di movimento nel mondo professionale, ciò significa accrescere costantemente le proprie competenze ed aver un bagaglio di conoscenze ed abilità versatile, ciò è essenziale per intraprendere una carriera senza confini.

In base a queste considerazioni, è necessario che il coach crei un percorso di sensibilizzazione dei clienti sull'importanza di un miglioramento costante della propria impiegabilità, attraverso una formazione eccellente e costante.

La versatilità: ossia la flessibilità dell'individuo a ricoprire ruoli diversi in contesti diversi. Una persona versatile e disponibile all'apprendimento continuo, è aperta a nuove possibilità ed affronta transizioni professionali frequenti con grinta e coraggio, perché è pronto a mettersi in gioco senza blocchi né timori.

L'adattabilità: il professionista capace di rispondere in maniera flessibile alle mutevoli richieste dell'ambiente esterno, attraverso l'apertura di nuove esperienze, la propensione ad apprendere, la disponibilità a reinventarsi, l'apertura al cambiamento e a cercare nuove sfide è un professionista abile ed adattabile, cioè il professionista più richiesto.

L'intraprendenza: che consiste sostanzialmente nella capacità di auto-imprenditorialità, nel definire le proprie scelte e nel sapere assumersi dei rischi rispetto agli esiti delle proprie azioni.

L'identità professionale: si riferisce alla consapevolezza di sé, del proprio talento, delle proprie aspirazioni e la capacità di tradurle in scelte coerenti. Una valida identità professionale consente alla persona di spostarsi tra più aziende, perché il proprio successo non è più legato unicamente ad una sola azienda.

Il networking: Il network sociale è la base per costruire nuove opportunità di carriera, sia all'interno ma soprattutto all'esterno dei confini della struttura di appartenenza. Gli ultimi studi in materia testimoniano che chi ha costruito il proprio network unicamente sulle relazioni con persone del proprio gruppo, rischia di essere informato soprattutto sulle opportunità interne all'azienda e molto meno su quelle esterne all'azienda.

È poi naturalmente indispensabile essere dotati di attività, curiosità e creatività perché queste caratteristiche consentono di intraprendere nuove imprese, permettono di gestire in maniera più responsabile ed equilibrata l'ansia creata dalla condizione dell'incertezza lavorativa, inoltre è sempre costruttivo e prioritario rappresentare se stessi come una persona capace di affrontare problemi quotidiani ed imprevisti; è compito del coach sensibilizzare anche verso questi concetti, inquadrare bene su quali aspetti il cliente deve essere sostenuto ed i potenziali aspetti dove lavorare ed anche colmare le lacune attraverso l'implementazione di strategie idonee per accrescere il suo potenziale.
Abitualmente il coach che si occupa della ristrutturazione della carriera di un cliente struttura il suo lavoro in maniera logica e cronologica. Personalmente, io mi trovo a organizzare una serie di azioni che il mio utente intraprenderà, concordando con lui il progetto che costruiremo, organizziamo temporalmente gli eventi, costruiamo un percorso da intraprendere, che diventa la base a cui fare riferimento, per tenere sempre presente la nostra direzione e pianifichiamo per passi, le azioni per raggiungere il nostro obiettivo.
Lasciando sempre l'autonomia e promuovendo l'attivismo del cliente, affinché questo possa percepire la determinazione del proprio percorso.
Nella fase conclusiva, si fa una verifica periodica dell'effettivo svolgimento della priorità previste, in cui si è monitorati sino al

raggiungimento dell'obiettivo, si controlla se c'è un eventuale bisogno di correzione del progetto, perché sia il coach che il cliente sanno che è sempre possibile ridefinire in ogni momento il proprio percorso professionale.

Attraverso questo percorso i professionisti diventano sempre più adattabili agli scenari mutevoli, si trasformano sempre più in soggetti attivi, imprenditori di se stessi, più autonomi nella gestione della propria carriera e con molte più occasione per accrescere le proprie opportunità lavorative.

Raggiungere un concetto di autodeterminazione e di autonomia nella propria carriera è una sfida stimolante per chi è munito di risorse culturali, professionali e psicologiche quindi è forte col suo bagaglio di competenze. Mentre invece può risultare molto più difficile per chi è privo di queste risorse, o per chi, per ragioni varie, non può avere accesso all'apprendimento di nuove conoscenze e rischia facilmente e probabilmente di essere marginalizzato.

Inoltre il business coaching, fa anche qualcosa di più, in quanto non solo ti aiuta a capire dove sei e dove vuoi andare veramente, ma ti fa comprendere se sei pronto, se è il momento giusto per partire, se la meta scelta è veramente in sintonia con i tuoi valori, le tue convinzioni, le tue aspirazioni ed i tuoi sogni. E ti fa riflettere e comprendere se sei pronto ad impegnarti e prepararti al viaggio e se, soprattutto, sei disposto a correre il rischio maggiore, che è quello di ritrovarsi una persona diversa da quella che è partita.

"La storia della razza umana
è la storia di uomini e donne che si sottovalutano"
Abraham Maslow

Capitolo 4

Il coaching in business

Il business coaching lavora su diverse tematiche: lo sviluppo professionale delle persone, in linea con gli obiettivi dell'azienda, la qualità della comunicazione interna ed esterna, la pianificazione di una strategia efficace per mantenere alta la competitività rispetto al mercato, i cambiamenti organizzativi, la consapevolezza del team, i livelli di performance e la motivazione. Ogni professionista o imprenditore affronta diversi livelli di difficoltà nella sua attività professionale, in queste situazioni si inserisce in maniera estremamente risolutiva, il business coaching, che migliora le performance professionali, agendo direttamente sul livello di consapevolezza del cliente, nella direzione dei risultati che desidera ottenere. A questo tipo di coaching si rivolgono imprenditori, manager e professionisti ed i risultati che si ottengono sono ecclatanti, di maggiore produttività , soddisfazione e profittabilità.

> *"Non basta avere un buon cervello;*
> *occorre anche la capacità di usarlo bene"*
> **Cartesio**

Noi scriviamo questo testo per gli imprenditori che vogliono ottimizzare i tempi e le risorse ed aumentare i propri profitti, incrementando le performance dei collaboratori, ma anche per tutti i Coach affinché possano integrare i propri personali programmi di intervento con altre metodologie lungamente collaudate con eccellenti risultati. Questo manuale vuole essere una guida per fare il punto della propria situazione professionale, fornire domande mirate a cui seguono azioni specifiche, fornire valide indicazioni operative da poter applicare immediatamente, imparare a mettere a punto un efficace piano strategico, saper come gestire il tempo in funzione degli obiettivi, definire questi ultimi con precisione ed imparare a pensare in generale il modo sistemico e strategico, per chi vuol essere coach di se stesso e/o coach dei propri collaboratori, così come coach di nuovi clienti, riflettendo sempre sui valori guida da cui deriva una direzione focus, perché è proprio su questi valori che si costruiscono le fondamenta per il successo della propria azienda ed anche della propria vita; scriviamo per condividere con voi le tecniche ed i metodi più efficaci per migliorare le capacità di performance di ogni professionista. Perché ognuno sia protagonista della sua storia, della maniera in cui costruisce la sua visione del mondo e la sua stessa immagine, abbiamo inserito in questo testo le nostre esperienze, le competenze specifiche ed una ricca dose di passione, fornendo una sintesi più completa possibile delle nostre ricerche, prove ed esperimenti, per rendere ogni persona consapevole, avventurandosi nell'interessante esplorazione e nell'intrigante indagine di noi stessi.

"Conosci te stesso"
Socrate

1- Business Coaching

Il business coaching è un rapporto di partnership che si stabilisce fra coach e cliente, solitamente l'imprenditore richiede un professionista, con lo scopo di imparare ad ottenere risultati, stabiliti di comune accordo, in ambito professionale.

È un percorso tagliato su misura per professionisti, sempre "ad personam", i quali raggiungendo una maggior fiducia in se stessi, nello sviluppo delle proprie capacità umane e delle competenze manageriali, si muovono verso il raggiungimento di risultati definiti e misurabili, armonizzando la vita professionale e la vita personale con soddisfazione ed efficacia nel tempo.

"Il viaggio verso l'eccellenza è un viaggio che non finisce mai.
Alcune persone, però, non muovono mai il primo passo
per iniziarlo"
H.James Harrington

I migliori risultati del business coaching si notano in modo evidente, perché l'imprenditore diventa consapevole del proprio valore, si focalizza sulle cose prioritarie ed impara a creare un clima di compartecipazione nelle decisioni con i collaboratori, agisce poi in modo più rapido ed efficace, crea un clima aziendale più sereno, migliorando la propria capacità di comunicazione relazionale.

Inoltre, diventa facilitatore convinto del cambiamento nel rispetto dei valori aziendali e personali, sviluppa la propria eccellenza operativa per contribuire a far fronte alle turbolenze del mercato ed alla competitività internazionale; molto frequentemente diventa inoltre più creativo verso prodotti e servizi, promuovendo diverse innovazioni nella ricerca e nello sviluppo.

Ed ancora, si nota che acquisisce la consapevolezza dell'innovazione come manutenzione ordinaria, rinforza la propria resistenza lo stress, promuove il gioco di squadra, migliora palesemente la propria autorevolezza, la propria assertività ed il proprio ruolo di guida.

Diventa anche estremamente capace ad attrarre e trattenere e tirar fuori il meglio dai talenti, dalle eprsone più capaci e sa trasformarlo in vantaggio competitivo.

Acquisisce il coraggio di prendere decisioni audaci, sa anche reinventare un proprio percorso professionale in caso di uscita volontaria dal mondo del lavoro, mantiene alta la propria autostima e supera con successo ogni forma di crisi, prevedibile o imprevedibile.

"Per incamminarsi in maniera rivoluzionaria sulla strada del miglioramento occorre che il miglioramento diventi un dovere, una parte del lavoro quotidiano, scritto nel mansionario di ognuno"
Juran Joseph

Anche a mio parere, uno dei principali obiettivi del business coaching è rappresentato dal consolidamento e dall'applicazione concreta del principio del costante apprendimento dall'esperienza quotidiana, ossia, domandarsi quotidianamente: "cosa ho imparato oggi?"

In sostanza, il business coaching amplia la zona di comfort e consente di accettare nuove sfide professionali, insegna a gestire il tempo in maniera da averne sempre, consente ad ognuno di scegliere la migliore modalità per generare profitti e risolvere conflitti, ottimizzando le relazioni professionali, sviluppa i tuoi talenti nascosti per implementarli nel tuo business, conduce all'equilibrio tra l'area professionale e quella personale, permette di gestire le fasi di transizione e di cambiamento in maniera efficiente e serena, insegna ad attingere alle leve motivazionali per ottenere ciò che si desidera.

Altro grande merito del business coaching è certamente che insegna un nuovo stile di leadership, perché è una modalità di interazione che puoi utilizzare per migliorare le performance di tutti coloro con cui ti relazioni professionalmente, accrescendo il loro livello di responsabilità personale, nei confronti dei risultati comuni da raggiungere.

*"Il successo e la felicità non sono cose
che "capitano" ad alcuni e ad altri no:
si tratta invece di risultati prevedibili
generati da un modo di pensare
e di agire consapevole"*
Paul McKenna

Questo è un tipo di coaching che si sviluppa in maniera eccellente, soprattutto con tutte le persone che si esprimono al di sotto delle proprie potenzialità.

Il business coaching stimola ogni professionista a migliorare le proprie performance, a sviluppare i propri punti di forza e le proprie potenzialità come imprenditori, leader e manager.

Il nostro contesto attuale è completamente imprevedibile, per cui riuscire ad avere una visione strategica è una grossa forza competitiva per le aziende e per un imprenditore e manager professionista.
Tutti i professionisti in questo mercato in continuo cambiamento, devono saper prendere le decisioni più adeguate al momento, all'evento ed alla situazione che incontrano; saperlo fare rapidamente, usando l'intuizione, il coraggio e il loro focus sulle priorità di sviluppo di nuovi servizi, nuovi prodotti, nuovi canali mercati, un nuovo stile di gestione, è la differenza che fa la differenza.
Il coach offre al manager, al professionista ed all'imprenditore lo specchio in cui riflettersi, è la persona competente e disinteressata con cui scambiare i suoi pensieri, l'alter ego con cui confrontarsi onestamente e serenamente.
È quindi perfetto per chiunque voglia intraprendere un percorso di crescita personale e professionale; dal direttore generale con il suo team, al giovane manager che si avvia verso una carriera brillante, al manager collaudato ed attivo nel cambiamento organizzativo, al professionista che vuole dare una svolta al proprio business ed a chiunque abbia dei quesiti sulle proprie competenze e capacità, obiettivi da raggiungere ed interesse ad apprendere un metodo decisamente efficace.

Detto questo, è evidente che il coaching per i professionisti si rivolge a manager collaudati che affrontano nuove sfide, ai professionisti che disegnano la futura carriera e agli imprenditori che vogliono rendere la loro professione creativa ed appagante, così come ai giovani manager alla ricerca della propria identità professionale ed alle aziende che ambiscono a proporre nuovi stimoli.

La international coach federation, IFC , definisce il coaching professionale come un rapporto di partnership che si stabilisce tra coach e cliente, con lo scopo di aiutare quest'ultimo ad ottenere risultati ottimali in ambito sia lavorativo che personale.

È un processo che permette al cliente una modalità di lettura di sé e della realtà in cui vive e nella quale opera, molto più consapevole e flessibile.

Il coaching trasforma gli obiettivi in una serie di azioni, di scelte e risultati da raggiungere.

È una tecnica utilizzata da tutte le aziende e possiamo definirla una collaborazione orientata ai risultati. Utilizzando diversi strumenti, quali l'ascolto, l'intuito, la curiosità e le domande potenti, il coach dialoga con il suo coachee, fa chiarezza riguardo agli obiettivi che vuole raggiungere, le strategie più corrette per arrivare ai suoi traguardi, le modalità concrete per superare gli ostacoli ed aumentare la fiducia in se stesso. Le risposte che il cliente genera per evolvere nel suo percorso di realizzazione sono risposte molto intime, profonde, interiori che portano ad una chiara consapevolezza attraverso l'azione stimolante del coach.

"Sii un parametro di Qualità. Alcune persone non sono abituate a un ambiente in cui è prevista l'eccellenza"
Steve Jobs

Il business coaching è un sostegno mirato, un allenamento fra il cliente e il coach, finalizzato a sviluppare nuove e più flessibili forme di competenza in fasi cruciali di ridefinizione del business, di carriera, di sfide poste dal cambiamento dei mercati, dei propri valori e così via

È uno strumento eccezionale là dove è necessario tornare in campo in prima persona, reinventare il business, rifondare i valori di successo dell'azienda, trovare il coraggio di decisioni audaci, cambiare mentalità e modi di agire, immettere nuove energie creative di inventiva, creare una squadra affiatata e fondata sull'eccellenza, così come cambiare modelli e schemi di management che non sono più al passo con le sfide di oggi, con l'etica del business o con la responsabilità sociale dell'azienda.

Attraverso il business coaching i clienti sono stimolati a migliorare le proprie performances, e a sviluppare i propri punti di forza ed esprimere le proprie potenzialità.

Il business coaching può essere sviluppato in due differenti aree: *personal business coaching* ed *executive business coaching.*

Il personal business coaching accompagna la persona in un cammino di crescita con l'obiettivo di soddisfare bisogni concreti.

Migliora dalla capacità di comunicare e relazionarsi, alla gestione dei propri collaboratori del proprio capo, la pianificazione e la gestione della carriera. Si occupa di sviluppare il potenziale di una persona per diventare imprenditore in proprio.

Grazie a questa metodologia si sviluppano le abilità necessarie per avviare nuove modalità di comportamento e rimuovere le vecchie abitudini inefficaci.

Considerando il fatto che cambiare abitudini e comportamenti richiede molta prontezza di spirito, resistenza lo stress e consapevolezza delle conseguenze, diventa necessario, perché un cambiamento sia durevole, costruire un legame tra la conoscenza dei principi che ci guidano e la loro applicazione pratica.

Attraverso questo strumento si impara inoltre la capacità di reinventarsi, di superare le frustrazioni, svolgere compiti mai svolti prima, definire i profili dei futuri collaboratori e di selezionarli nella maniera più efficace. Il cliente viene supportato in ogni momento con opportuni esercizi di rinforzo della fiducia in sé, sempre nel rispetto delle proprie capacità.

Il personal business coaching è molto utilizzato anche per i giovani che vogliono lanciarsi nel mondo del lavoro con soddisfazione personale e successo sociale.

In questi casi si verifica la vocazione, la predisposizione, le competenze, si forniscono i mezzi e le indicazioni corrette per identificare i settori delle aziende più adatte per le proprie aspettative. Vengono rinforzati aspetti come la determinazione e la lucidità nelle decisioni, la capacità di valutazione, chiarendo i dubbi. Si segue la persona affinché si affermi con soddisfazione e gli venga riconosciuto il ruolo di protagonista, trasmettendo coraggio, inventiva, autostima, focus sulle priorità importanti, lucidità nelle decisioni, e la costanza nell'impegno di mantenersi sul sentiero stabilito in maniera serena e sicura, anche di fronte ad ostacoli inaspettati.

Il coaching è fondamentalmente una professione che aiuta a sviluppare le potenzialità umane per realizzare degli obiettivi specifici.

> *"Non mi scoraggio perché ogni tentativo sbagliato scartato è un altro passo avanti"*
> *Thomas Edison*

Diverso dalle altre relazioni di aiuto, non si fonda sulla necessità e sul bisogno ma sull'opportunità e sul vantaggio di migliorare creativamente la propria vita.

Il coach e il cliente scelgono insieme su cosa concentrarsi, sugli esiti desiderati dal loro lavoro, è uno scambio comune, è un processo condiviso e solidale, finalizzato all'azione, a comportamenti manifesti che sono la verifica ed anche il punto di partenza per nuovi progetti; il coaching non esprime né potere né dà dipendenza, è invece ascolto attivo, impegno, ricerche ed auto responsabilizzazione.

Il coach, ripetiamo, non cura, non è un terapeuta, si concentra sul presente e sul futuro ed usa le informazioni del passato solo per chiarire la situazione presente.

Per riassumere, brevemente, possiamo dire che l'obiettivo del coach è il potenziamento del cliente, quello del cliente è il miglioramento della sua performance.

Altro punto importante tra le funzioni del coaching è che questa insegna ad imparare ad accentuare le proprie possibilità e le proprie capacità.

È quindi un sistema per acquisire consapevolezza dei propri limiti e delle proprie abilità, per estrarre il meglio da ogni persona, per incoraggiare il superamento di ostacoli all'apparenza complessi. è una maniera di apprendere attraverso l'azione, diciamo che è un pensiero progettato per imparare senza sosta e senza noia, sino a diventare un metodo che diventa parte della nostra cultura di vita, una filosofia che applichiamo a noi stessi ed agli altri in ogni occasione di crescita, di cambiamento, una metodologia che può aiutare moltissimo gli altri, ma che noi Coach usiamo anche direttamente e regolarmente con noi stessi.

Otto manager su 10 che si sono avvalsi del supporto di un coach professionista lo ritengono , su intervista, *un intervento mirato a migliorare qualitativamente e preventivamente le performance dell'intero sistema azienda e di ogni singolo collaboratore.*

Il processo è orientato alle soluzioni ed ai risultati, per noi sono gli unici sistemi per valutare il nostro lavoro in base ai quali si può giudicare la nostra capacità professionale.

Esistono diverse forme di coaching:

Corporate Coaching, per lo sviluppo di manager in azienda

Executive Coaching, per top manager ed executive

Business Coaching, rivolto a piccole e medie imprese

Career Coaching, che aiuta ad affrontare le scelte professionali

Team Coaching, che interviene su gruppi per migliorare la performance, la collaborazione e la realizzazione di obiettivi comuni.

Personal e Life Coaching, per privati che vogliono migliorare alcune aree della propria vita.

"La forza è nelle differenze, non nelle similitudini"
Stephen Covey

L'executive coaching, ampliando la varietà delle risposte comportamentali di un manager facilita lo sviluppo e migliora la sua performance. Lo fa fornendo nuove risorse, perché, molto spesso, all'origine dei problemi di una organizzazione vi sono delle limitazioni che consciamente o inconsciamente si sviluppano al suo interno, parte del mestiere del coach è quella di ampliare la possibilità di scelte alternative per superare gli ostacoli.

Il coaching aziendale (corporate e executive) viene effettuato in una organizzazione sia sulle singole persone sia sul gruppo, i coach lavorano sia con i manager che sui gruppi su temi come la visione, la gestione delle persone, la definizione degli obiettivi, le prestazioni, la leadership, la strategia, la gestione del cambiamento e lo sviluppo personale e professionale.
L'enfasi è sempre posta sul potenziale unico di ciascuna persona.

"Con il talento si vincono le partite,
ma è con il lavoro di squadra e l'intelligenza
che si vincono i campionati"
Michael Jordan

Nel coaching il punto di partenza è sempre la definizione degli obiettivi di miglioramento, che siano del singolo o del gruppo. Il ruolo del coach è quello di accompagnare l'individuo verso i suoi traguardi, aiutandolo nell'individuazione degli ostacoli e stimolando le sue risorse individuali per aiutarlo a superarli.

L'executive coaching aiuta gli executive ad evolvere rapidamente per diventare maggiormente efficaci, creativi, più produttivi e quindi più soddisfatti; in questo tipo di scenario in cui le aziende subiscono dal mercato notevoli sobbalzi e stravolgimenti ci si trova a mettere in discussione il piano dei progetti, così come posizioni e mansioni consolidate, è l'executive, che deve scegliere le strategie per raggiungere i risultati e prendere decisioni e si trova frequentemente in una condizione di isolamento e questa è una importantissima possibilità di ricevere preziosi feedback.

Proprio in questo tipo di situazioni il coach professionale è proprio la perfetta figura dell'aiutante doc, perché, si trova all'esterno dell'azienda ed avendo le competenze che possono supportare l'executive a livello decisionale, ma lasciandolo sempre completamente libero di sviluppare in maniera autonoma i contenuti delle proprie strategie aziendali.

I manager seguiti da un coach, a livelli molto alti di una organizzazione, riescono sempre a riconquistare il tempo per occuparsi effettivamente del proprio lavoro anziché perdersi, come capita troppo spesso, nelle mansioni di competenza altrui. Il coach aiuta il suo executive a creare la giusta struttura di lavoro, ma è sempre il cliente che liberamente sviluppa idee creative e migliora il processo di decisionale, stabilisce le priorità di fare azioni più efficaci e necessarie per raggiungere i risultati stabiliti insieme.

Normalmente in questo tipo di lavoro viene data notevole attenzione alla programmazione delle proprie giornate, in maniera da raggiungere il miglior equilibrio possibile tra l'area professionale e quella personale, facendo in maniera che le due si possano sinergicamente rinforzare fra loro.

Il coaching conduce anche ad un nuovo stile di leadership, che l'executive, usualmente utilizza in azienda per migliorare le performance di tutti gli altri con cui si rapporta, fa salire i livelli di autostima, accresce il livello di responsabilità personale nei confronti dei risultati da raggiungere e così via.

Naturalmente ogni programma di executive coaching viene tagliato su misura sulle richieste e sulle esigenze di crescita specifiche dell'azienda committente, così come in funzione delle necessità di soddisfazione professionale e di benessere propria di ogni executive.

Il mio obiettivo finale , quando lavoro con imprenditori ed executive, è sempre quello di fare in maniera che sia possibile per le persone e le organizzazioni di giungere ad una posizione in cui "chi sono" e quel che fanno, siano sempre perfettamente in armonia, totalmente allineati. In questo caso, la loro direzione ed il loro scopo si manifestano e diventano ciò che vogliono essere, pertanto iniziano a fare tutto ciò che serve perché questo avvenga.

"Cominciate a fare ciò che è necessario, poi ciò che è possibile.
E all'improvviso vi sorprenderete a fare l'impossibile"
San Francesco d'Assisi

Posso garantire che quando un'azienda è ben allineata all'identità di chi la guida, sempre inizia a rispecchiare i suoi punti di forza, i suoi valori e la sua visione, e ci si trova di fronte a un perfetto equilibrio tra le esigenze professionali e quelle personali e, finalmente, si raggiungono i risultati economici desiderati. Si assiste a dei team di lavoro pronti ad operare sul serio come una vera unità, in maniera perfettamente sincronizzata, e non si lasciano minimamente influenzare né dalle crisi, né dalla competizione e dall'ambiente.

2- Career Coaching

Vi sono moltissimi professionisti normalmente insoddisfatti della propria professione, persone che vorrebbero lavorare con nuove interessanti mansioni, persone che svolgono attività che gli impediscono l'emergere della propria personalità, professionisti che vorrebbero identificare i propri veri talenti.

Una delle sfide più importanti della nostra epoca è proprio rappresentata dal riuscire a permettere ai professionisti di occupare un posto nella società, in maniera che gli sia possibile sfruttare il proprio talento.

La funzione e la professione del career coaching è quella di aiutare le persone a conquistare chiarezza mentale rispetto a ciò che è importante per loro nella professione, quindi bisogna chiedersi quali siano i propri talenti e capacità, poi passare dal vecchio al nuovo, superando inutili paure che ci bloccano e ci impediscono di evolvere.

Attraverso il career coaching s'identifica la propria carriera ideale, si superano dubbi e paure e convinzioni negative e limitanti, si arriva ad un nuovo entusiasmo e ad un livello di motivazione nei confronti del progetto di vita, così il professionista riscopre l'entità del proprio talento.

Il coach accompagna alla scoperta delle proprie risorse e possibilità d'azione per poter arrivare a svolgere il tuo lavoro ideale.

Il carrier coaching permette di comprendere chi sei e cosa fa di te un professionista unico, ti indica la direzione per la tua futura carriera, ti riempie di entusiasmo e motivazione perché riscopre il tuo percorso, e tu entri finalmente in azione. Il coach ti supporta nel fare ciò che desideri e che ami, percorrendo un viaggio speciale che ti conduce a vivere una vita soddisfacente anziché adattarti ad una vita mediocre.

Vi è anche il corporate coaching, di cui si parla quando l'intervento del coach non riguarda la singola persona ma un gruppo di persone all'interno di un'azienda.

Il coaching in questo caso è teso a migliorare la performance di un gruppo di lavoro, una squadra che deve raggiungere dei risultati oppure superare una transizione all'interno dell'azienda, nel caso di ristrutturazioni, acquisizioni e fusioni che possono comportare delle modifiche logico organizzative aziendali.

Frequentemente viene utilizzato assieme ad interventi di formazione e di qualificazione del personale ed interviene sui singoli leader.

Dopodiché ogni leader, lavora sul suo team come coach, utilizzando le tecniche apprese, per lo sviluppo dei propri collaboratori: cioè. applica le tecniche di coaching acquisite attraverso colloqui motivazionali, apprendimento dagli errori, rafforzamento del senso di squadra, incentivazione dei risultati raggiunti ,personalizzazione della libera scelta e così via, personalizzando in base ad ogni singolo collaboratore.

Questo tipo di coaching può essere definito team leader-coaching e dà la capacità di rafforzare l'autostima e la soddisfazione professionale di ogni collaboratore, perché ogni professionista lavora meglio se sa che il loro superiore dedica del tempo per aiutarli nella loro crescita professionale e, ovviamente, rendono ben di più, se sono soddisfatti di sé.

Chiaramente, non è sempre immediato attuare un processo di coaching verso i propri collaboratori, possono sussistere degli ostacoli da parte dei collaboratori ed anche da parte del leader.

I collaboratori possono avere una serie di resistenza al cambiamento dovute ad una serie di idee limitanti come, ad esempio, non voler provare qualcosa di nuovo e sconosciuto; così come il leader può avere altre idee limitanti come, ad esempio, il non avere il tempo e la pazienza o non voler occuparsi del lavoro degli altri.

Nonostante questi ostacoli possibili ed eventuali, il corporate coaching è uno strumento estremamente efficace per la gestione dello sviluppo dei collaboratori, anche perché è attraverso questo tipo di coaching che si riduce un aspetto molto critico della gestione delle risorse umane: il notevole tasso di turnover, molto frequente in alcune figure professionali fra le più ricercate sul mercato; è ovvio che chi si trova bene nella propria sede di lavoro è meno probabile che valuti nuove possibilità di occupazione altrove.

"Mostrate fiducia nei vostri uomini
ed essi faranno in modo di meritarsela;
trattateli da professionisti seri,
ed essi faranno di tutto per non deludervi"
Ralph Waldo Emerson

3- Coaching Manageriale o Executing

Negli ultimi anni, un numero sempre maggiore di dirigenti si è reso conto dell'aiuto significativo dato da un coach professionista per avere un supporto fondamentale nel raggiungimento di risultati significativi e stabili, i suddetti professionisti, infatti, avendo provato il coaching, lo ritengono un metodo che migliora le performances di ogni singolo collaboratore, del team e dell'intero sistema aziendale.

I manager hanno quindi potuto constatare personalmente, che, attraverso il coaching possono migliorare le proprie performance e quelle dei loro collaboratori, riescono ad aumentare la competitività e la produttività delle loro aziende; questo si verifica perché il coaching fornisce feedback in tempo reale, per cui consente al cliente di sviluppare le sue potenzialità nel contesto e nel momento in cui svolge il suo lavoro.

Inoltre, ogni vero e serio coach, sa bene che il tempo è denaro, quindi la strategia migliore per fare comprendere i notevoli benefici di questa pratica è proporre sempre un programma che rispetti i tempi; tempi che sono sempre estremamente rapidi e stabiliti insieme al cliente.

Per questa ragione il coach è sempre una persona estremamente rapida nel riflettere, comprendere e proporre il giusto programma, tagliato su misura in base alla singola , specifica situazione.

In ogni caso, il coach va ad attivare dinamicamente le risorse presenti nella persona e nel contesto in cui va ad intervenire, poiché sappiamo che le risorse sono già esistente ma, a volte, molto mal organizzate nelle motivazioni, nell'organizzazione, nelle capacità e nel talento, pertanto i coachee debbono semplicemente prenderne coscienza e lavorare con il coach per far emergere tutto il loro potenziale.

"Ci sono piccole differenze tra le persone, ma queste piccole differenze creano una differenza enorme.
Le piccole costituiscono l'atteggiamento, mentre la grande differenza deriva dal fatto che questo atteggiamento sia positivo o negativo"
W. Clement Stone

Le aziende sono in cambiamento costante e continuo, quindi hanno bisogno di collaboratori flessibili, in grado di mettere a punto prove di abilità sempre nuove, capaci di assumere ruoli diversi e adattare le loro competenze ai diversi casi che debbono affrontare.

Il coaching aziendale opera in ogni ambito dell'azienda stessa, dai livelli più alti ai più bassi, partendo dai dirigenti, ai talenti più promettenti, ai manager che hanno un cambiamento di ruolo, alle persone chiave.

Il successo del coaching è dovuto in gran parte anche al fatto che è sempre impostato sulle soluzioni, mira ai risultati, perché i professionisti non vogliono più promesse irraggiungibili , desiderano risultati concreti e misurabili ed il coaching aziendale è certamente in grado di offrirle e garantirle.

Il coaching manageriale si basa sull'"azione" e sul miglioramento del comportamento del cliente, si lavora per guidarlo dallo "stato attuale" a quello "desiderato" efficacemente, in maniera stabile e duratura e nel minor tempo possibile.

Il business coaching dispone di strumenti precisi e può affrontare tutte le necessità aziendali, perché il suo modello di lavoro è estremamente flessibile e consente di adattarsi a diverse situazioni; il coach è sicuramente un facilitatore del cambiamento, che mira ad ampliare la gamma di scelte e di alternative di ogni manager, affinché egli possa superare brillantemente ogni ostacolo ed imprevisto.

Un professionista del coaching deve, senza dubbio, essere in grado di costruire fiducia, fornire un ascolto profondo, saper porre domande di qualità, perché le risposte giuste sono sempre contenute all'interno della domanda giusta, fornire costantemente feed back estremamente efficaci e che diano sempre osservazioni utili per modificare la percezione della situazione e poter avanzare verso i traguardi ambiti, e, naturalmente , aiutare a stabilire obiettivi estremamente chiari e realizzabili.

Il coaching è un'attività in continua crescita ed evoluzione, sempre in movimento verso le nuove sfide poste dai clienti, verso obiettivi sempre più complessi per soddisfare sempre meglio le esigenze via via più variegate e complicate del nostro mercato del lavoro, in evidente e perenne cambiamento.

4 – Team Coaching

Quando all'interno dell'organizzazione è necessario lavorare sui singoli, erroneamente concentrati solo su obiettivi personali e non sul corretto, unico focus aziendale di successo e crescita, lo strumento migliore da utilizzare è certamente quello del Team Coaching.

Ne esistono di due tipi, quello *verticale*: ossia quando nel team, composto da persone che abitualmente lavorano insieme, può esserci anche il leader.

Il team coaching verticale è utile per potenziare la performance e la visione del gruppo di lavoro.

Vi è poi quello *orizzontale*: si attua quando il Team è composto da persone dello stesso livello gerarchico, responsabilità o funzione degli appartenenti a diversi settori dell'organizzazione, che, normalmente, non lavorano insieme.

Questo tipo di coaching è utile per facilitare la divulgazione della cultura aziendale, per potenziare le sinergie di gruppo, per preparare un clima di progetto e per rendere omogeneo lo stile manageriale.

> *"Nessuno di noi è tanto in gamba*
> *quanto noi tutti messi insieme"*
> *Roy Kroc (fondatore di McDonald's)*

Il Team Coaching è estremamente utile quando ci sono inadempienze, errori frequenti o ritardi, cali di performance che condizionano tutta la squadra, quando mancano scopo comune ed una sensazione di condivisione, si attiva la ricerca delle soluzioni ed il raggiungimento dei risultati da raggiungere, di condivisione dell'impegno, o, quando è necessario, si vanno a creare nuove abitudini produttive, per coordinarsi meglio, per confrontarsi e crescere. In ognuna di queste circostanze, il coinvolgere tutta la squadra nella metodologia del coaching porta un notevole miglioramento della performance, della produttività nonché della qualità di vita di ogni singola persona del gruppo.

Il team coaching guida nel programmare gli obiettivi, migliora la comunicazione interna alla squadra, consolida atteggiamenti di stima e fiducia fra le persone coinvolte, programma una revisione comune del lavoro svolto insieme, ed infine, aiuta notevolmente a far luce sulle competenze e sui talenti individuali di ogni componente.

Il business coaching si allinea rapidamente con le esigenze del cliente, si prepara in primis un valido piano d'azione per stabilire tempi e modi per raggiungere, con la massima efficacia, gli obiettivi dell'azienda, attivando le risorse già presenti nella persona e nel contesto in cui viene chiamato ad intervenire; perché, ribadiamo, molto spesso le risorse sono presenti, ma in maniera caotica e disorganizzata, pertanto, c'è bisogno di far fluire tutto il proprio potenziale, riorganizzando l'insieme, al fine di allineare le competenze e l'attitudine del team con i principali obiettivi aziendali.

> *"Perché dovrei riempire la mia mente*
> *con informazioni di carattere generale,*
> *quando attorno a me ho uomini*
> *capaci di dirmi tutto ciò che mi serve?"*
> *Henry Ford*

Il coaching professionale è rivolto ad imprenditori di piccole e medie aziende, a manager singoli, a professionisti con attività privata come pure ad aziende in fase di start up, come risulta eccellente per i figli degli imprenditori per facilitare la successione aziendale.

Il coaching, sostanzialmente, promuove lo sviluppo personale e professionale accompagnando il cliente verso l'eccellenza.

È un lavoro completamente diverso dalla consulenza, perché lavora sul "come potrebbe essere" il cliente e non solamente su "cosa dovrebbe fare" , inoltre, il coaching è, per l'imprenditore ed il manager un punto di vista esterno, potremmo definirlo uno specchio attraverso il quale si possono ricevere continuamente utilissimi feedback, sempre preziosi per i diretti interessati.

Parte II

Il Coaching: come funziona

Capitolo 1
La teoria

1 – Formazione e Trasformazione

L'attività del formatore mette sempre al centro la persona e la sua personale evoluzione.

La persona non è mai un' entità teorico-astratta ma una realtà concreta ed evidente, che si realizza attraverso la relazione con gli altri, che possiedono differenti e nuove conoscenze.

Un formatore, lavora perché la crescita sia caratterizzata dalla coerenza, ovvero mira ad ottenere un allineamento tra il modo di agire di una persona ed i suoi comportamenti, le sue capacità, i suoi valori e le sue convinzioni e la sua identità, sia professionale che personale.

Ogni singolo individuo, quindi, forte del suo bagaglio di esperienze è il centro di un processo di apprendimento e, conseguentemente, è il centro dell'azione di cambiamento da sviluppare all'interno delle organizzazioni.

Numerosissime sono le teorie e gli approcci che, partendo dalla motivazione verso l'evoluzione, hanno studiato, indagato ed interpretato la rilevanza della centralità della persona, tra queste, troviamo ad esempio:

1.   lo psicodramma, tecnica che invita le persone ad "uscire" da sé per elaborare una rappresentazione drammatica dei momenti più significativi della propria vita.

2. L'empowerment, che invita a focalizzare l'attenzione sulle proprie capacità vincenti e mira a far acquisire la percezione dei propri punti di forza, per utilizzarli in contesti sia professionali che personali.

3. la formazione e l'auto-formazione, che pongono al centro dell'attenzione l'esperienza, basandosi sulla premessa che non può esistere apprendimento senza azione, né azione intenzionale senza apprendimento.

4. La programmazione neurolinguistica, che in breve, studia la struttura dell'esperienza soggettiva, quindi i modelli comportamentali e comunicativi per giungere a migliorare le potenzialità relazionali.

Questi accennati, assieme a molti altri modelli, confermano tutti che la persona, quindi l'individuo è l'elemento centrale e costituisce sempre il fulcro dello sviluppo aziendale, pertanto, la formazione deve avere un approccio orientato alla persona, attraverso una relazione tra pensiero e azione, analisi e performance.

Negli ultimi anni il modo di fare impresa è cambiato in maniera significativa, vi è stata una trasformazione velocissima dell'economia dovuta ad interventi decisi dalla finanza, dalle strategie aziendali, dello sviluppo tecnologico ed innovativo e per le caratteristiche dei servizi offerti, richiesti da un pubblico sempre più esigente e consapevole.

L'impresa, che un tempo era locale è adesso diventata globale. Prima operava in un contratto stabile e nazionale, negli ultimi decenni invece il confronto tra imprese avviene a livello mondiale, in maniera estremamente competitiva. Per questa ragione la situazione è diventata estremamente più complicata ed incerta.

Un tempo si giungeva al vertice aziendale per anzianità, attraverso una carriera fortemente specialistica, seguendo tutti i livelli gerarchici; oggi sono frequentissimi i cambi alla guida delle aziende, numerosi top manager giungono dall'esterno e costruiscono la loro storia professionale per realtà aziendali diverse, possiedono curriculum arricchiti da percorsi professionali molto più vasti e variegati.

I manager dei giorni nostri devono avere una visione dell'azienda molto ampia, hanno obiettivi da raggiungere molto più complessi di quelli di un tempo, perché operano in un mercato diverso e devono possedere una serie di competenze trasversali, oltre a quelle specialistiche.

Tutto ciò, naturalmente, ha avuto un impatto significativo sul mondo della formazione.

Oggi è richiesta un'eccellente flessibilità; sorgono continuamente percorsi professionali veloci ed articolati che rendono la vita in azienda probabilmente più stimolante, quindi è indispensabile possedere competenze diversificate in differenti contesti.

Le aziende non sono più in grado di dare certezze, impiegabilità e percorsi di carriera ben definiti. Quest'accelerazione ha ridotto il tempo necessario all'azienda per attuare progetti che tengano conto anche della situazione futura, oltre che presente, riguardo allo sviluppo dell'individuo.

Ci si è quindi resi conto che vi sono elementi estremamente importanti, come ad esempio il senso di identità e di appartenenza organizzativa, la capacità di operare e fare squadra e la fiducia nelle relazioni, quindi è diventato necessario ampliare aumentare gli strumenti di apprendimento.

Questa è la ragione per la quale la formazione è passata a metodi attivi individualizzati, ha ridefinito le competenze del docente e non si limita più ad una lezione pianificata, bensì gestisce attività di gruppo molto meno prevedibili e basate maggiormente sulle sue capacità di gestione delle emozioni e relazionali.

Parallelamente gli allievi ono diventati soggetti estremamente più partecipativi ed attivi. è proprio per soddisfare i bisogni del singolo e condurlo al raggiungimento dei propri obiettivi di crescita professionale e personale che gli interventi di formazione attiva vengono così frequentemente integrati con interventi di coaching aziendale.

Oggi, la formazione e fatta di interventi formativi esperienziali specifici molto personalizzati e non contano più solo gli elementi cognitivi ma anche motivazionali relazionali e personali, al fine di conseguire un apprendimento che generi una vera trasformazione della persona.

Attuare questo tipo di formazione richiede che ci sia una profonda attenzione all'individuo e al rispetto delle sue singole specifiche modalità di apprendimento; pertanto, dopo un'analisi delle esigenze dell'azienda e delle aspettative dei partecipanti, si parte con una scrupolosa progettazione e l'individuazione degli strumenti formativi più adatti per raggiungere gli obiettivi concordati., dopodiché si avvia l'intervento di gruppo, durante il quale si mettono al centro le persone ed i loro obiettivi, non le tecniche; ciò conduce quasi sempre ad una superiore dedizione ed entusiasmo nella professione, alla crescita dell'autostima e della fiducia reciproca e dà un superiore senso di responsabilità a tutti coloro che partecipano al programma formativo e si ottiene come conseguenza diretta un notevole benessere aziendale.

Dopo questo step, vi è un periodo di monitoraggio per ogni singolo partecipante, in cui ciò che si è appreso in aula si traduce in obiettivi d'azione specifici e si viene seguiti dal coach mentre gli stessi vengono perseguiti.
Questo passaggio è importante perché consente di evidenziare e muovere le risorse personali, spesso inconsapevoli, così ogni singola persona si sente coinvolta nel progetto comune ma tiene sempre conto della propria individualità.
Possiamo dire che si facilita la crescita delle persone, fornendo loro iniezioni di qualità e strategia su come stanno adoperando le nuove competenze e su come possono ancora migliorare nel loro lavoro quotidiano; tutto ciò sempre con l'obiettivo di verificare lo sviluppo a lungo termine delle nuove competenze e l'acquisizione reale dell'attitudine ad essere veramente e stabilmente più efficaci nel raggiungimento degli obiettivi desiderati.
Nella mia personale esperienza, quello che si ottiene con questo tipo di lavoro è certamente l'aumento della motivazione verso gli obiettivi e una superiore capacità di leadership, la capacità di essere maggiormente focalizzati nell'individuazione delle azioni necessarie per raggiungere i propri traguardi, unitamente ad un incremento della capacità di individuare ed attuare soluzioni innovative, lo sviluppo delle capacità di lavorare in team per ottenere obiettivi comuni e, sicuramente, un notevole miglioramento della comunicazione tra le persone, oltre che, evidentemente, anche un innalzamento del livello di produttività.

"Insegnare alle persone a credere in loro stesse è la cosa di gran lunga più importante che possa fare"
Jack Welch

2 - Il cambiamento

*"Chi rifiuta il cambiamento è un vero e proprio architetto
della decadenza e del disfacimento.
La sola istituzione umana che può rigettare il progresso
è il cimitero"*
Harold Wilson

Il vero cambiamento all'interno di un'organizzazione di lavoro non consiste mai solamente in una serie di nuove regole ed indicazioni di percorso, bensì deve contenere principi, valori ed idee condivise che siano in grado di generare quell'energia indispensabile per coinvolgere responsabilmente ed attivamente ogni ambito aziendale.

Il coaching guida nella strutturazione di questo percorso, affinché l'impresa, attraverso i suoi leader, possa contare su uno strumento che possa favorire l'attuazione degli obiettivi di crescita e di sviluppo stabiliti.

Al fine di poter generare un cambiamento duraturo all'interno di un'organizzazione bisogna tenere sempre il focus sullo stato finale desiderato.

Per raggiungere questo obiettivo, con il coaching si attuano dei processi che favoriscono i nuovi comportamenti, e si seguono le persone sino a che questi non diventano naturali, istintivi, spontanei, consolidati e condivisi.

Ogni singolo passaggio nasce da una serie di esperienze pratiche, che siano aziendali, accademiche e personali e fornisce una mappa capace di condurre al cambiamento definitivo desiderato. Il percorso inizia senza dubbio con il riconoscere la necessità di un cambiamento.

Spetta al leader accorgersi della necessità di dare vita all'iniziativa del cambiamento, per far ciò questo deve sapersi mettere in discussione, analizzare in maniera critica le sue azioni, riconoscere i suoi errori e trovare le giuste soluzioni.

Questo significa riflettere sul proprio comportamento e diventare più consapevoli dei propri pensieri, delle proprie azioni, sempre connesse con i risultati ottenuti.

Ricorda che, molto frequentemente, cambiare, presuppone anche la necessità di abbandonare la nostra zona di confort.

Il secondo passaggio è quello di non etichettare il proprio ruolo e di seguire più la logica razionale che le normative.

Ciò significa che il leader deve iniziare a pensare se la sua adesione al contenuto dei pensieri è veramente forte e definitiva, deve andare a capire se i propri pensieri sono solo il prodotto di modelli pre-esistenti nel suo cervello o dipendono da fattori esterni, così da poter interrompere la continua ripetizione di comportamenti e rituali sbagliati.

Avere un diverso atteggiamento è estremamente pratico perché dona qualcosa con la quale ci si confronta e da il potere di calmare le emozioni, favorendo l'attività dei centri razionali del cervello. è necessario poi andare a riflettere sui propri valori; è chiaro che il cambiamento deve tenere conto dello spirito del tempo, dei rapporti sociali, delle trasformazioni del mondo esterno, della vita quotidiana e modificare, di volta in volta, il punto di vista da quale si osservano i fenomeni.

Giunti a questo punto, è decisivo ridefinire il proprio comportamento.

Bisogna cioè allineare la nuova abitudine agli obiettivi che sono stati stabiliti, cioè è necessario lavorare sui comportamenti pratici, individuando le strategie più corretti, mantenendo sempre estremamente lucida la propria attenzione, poiché questa capacità di focalizzazione rende ogni professionista più capace e produttivo e favorisce l'adattamento alle nuove abitudini.

Infine, è necessario mantenere la coerenza tra comportamenti ed obiettivi.

I comportamenti nuovi e migliorati, vanno continuamente verificati, quindi è necessario che ci sia un grande senso di responsabilità, affinché gli sforzi collettivi producano i risultati attesi. In questo processo è il leader che fa la differenza, è suo compito mantenere e confermare il cambiamento, dimostrandone la validità con naturalezza e senza alcun ripensamento né incertezza.

L'ultimo passo è quello di riconoscere e valorizzare i propri pensieri; nel momento in cui li formuliamo, dobbiamo saperli gestirli.

Il cambiamento, quando è profondo, è un eccezionale strumento rigenerante che rende l'operato professionale davvero molto più produttivo.

> *"Ci sono sempre due scelte nella vita:*
> *accettare le condizioni in cui viviamo*
> *o assumersi la responsabilità di cambiarle"*
> *Denis Waitley*

Ecco, con l'aiuto del coaching si supera il forte rischio di ricadere nelle vecchie abitudini e nei modi obsoleti di fare le cose che imprigionano da troppo tempo manager ed imprenditori.

La PNL ci insegna che il nostro "Io" è determinato dalla vita che abbiamo vissuto e, se non ci lavoriamo su, questa ci può trascinare lungo il suo corso, come fosse un fiume in piena.

Per cambiare posizione è necessario mettere a confronto le proprie idee, che spesso sono il risultato di tanti messaggi scorretti e sostituirli, con nuovi e costruttivi messaggi.

Il coaching, con il contributo della PNL, aiuta a definire i nostri nuovi obiettivi, ci spinge ad avere maggior capacità di motivazione ed auto-motivazione, a modificare le proprie azioni in ogni area della vita ed a sviluppare più fiducia in noi stessi, accrescendo l'autostima, così impariamo a gestire efficacemente gli stati d'animo e ci proiettiamo verso l'azione, che, non ci stancheremo mai di ripeterlo, resta sempre il motore propulsore di ogni cosa.

Quando giunge il momento del cambiamento, siamo chiaramente liberi di scegliere se usare la nostra creatività oppure rimanere prigionieri dei nostri preconcetti, perché, in verità, non esistono circostanze che non possano trasformarsi in opportunità di arricchimento.

Ogni esperienza può insegnare qualcosa di utile, dipende sempre da noi decidere di essere passivi o attivi. Lo ho sempre affermato con tutte le mie forze ed oggi, dopo aver ricevuto da pochi mesi una diagnosi di cancro, confermo che anche l'esperienza apparentemente più negativa e complessa può invece essere una preziosa fonte di arricchimento, di crescita, di apprendimento.

La mia malattia è stata ed è un'opportunità che mi ha insegnato moltissimo e mi sta facendo crescere quotidianamente, un plus che mi rende una persona migliore ogni giorno.

Io consiglio sempre di agire nella direzione che più vi appartiene.

Per agire, non è importante esattamente da dove si parte, lo è invece essere consapevoli di ogni propria potenzialità e capacità.

Per fare ciò, è necessario uscire dagli schemi prefabbricati dal passato.

Bisogna tenere in considerazione che la persona che vuole riuscire non è mai vittima di qualcosa o di qualcuno, neanche di se stessa, e può agire traendo da ogni circostanza un corretto insegnamento.

Molto spesso, invece, ci si inquieta ed arrabbia facilmente; questo conduce quasi sempre ad un comportamento autodistruttivo.

Si rimane delusi e si diventa vittime di quella stessa delusione, pertanto, consiglio di non accettare mai passivamente le difficoltà e gli ostacoli che la vita ti riserva.

Ogni situazione, ma proprio ciascuna, va affrontata con un atteggiamento costruttivo, creativo e produttivo per impedire al pessimismo di avvolgerti nel suo vortice, facendoti dimenticare le tue potenzialità ed impedendoti di raggiungere i tuoi obiettivi.

La miglior cura per guarire da questo stato, quella che io utilizzo da sempre e che consiglio nel mio lavoro di coach, sia privato che professionale, è sicuramente l'azione.

Superando l'immobilitàed evitando la stasi, si aprono sempre nuove e stimolanti prospettive, non permetterti mai di rinunciare al tuo futuro lasciandoti ostacolare dal tuo passato.

Tutto ciò che siamo, quel che realizziamo, quel che ci succede, tutto, è determinato dal modo in cui pensiamo, quindi, se cambiamo il nostro modo di pensare possiamo cambiare la nostra vita.

Il nostro cervello è come un potente computer e funziona grazie una serie di informazioni contenute nel suo hardware; questo hardware, che chiamiamo "programma principale", è costituito dall'insieme di credenze che abbiamo consolidato nel tempo, rispetto al modo di percepire noi stessi e la realtà che ci circonda.

Questo sistema informativo ci fa vivere sempre in linea con esso, quindi, noi faremo e penseremo solo ciò che è in linea con quanto riteniamo corretto, in base alle nostre credenze, altrimenti non ci sarebbe possibile agire.

Il programma maestro rappresenta anche la nostra zona di comfort, ossia l'insieme delle nostre conoscenze, dei nostri stati d'animo, di tutto quello che c'è di familiare, al punto da farci sentire a nostro agio anche quando, paradossalmente, proviamo delle emozioni negative, spiacevoli e depotenzianti.

Questa zona di comfort diventa la nostra abitudine di vita e ci fa vivere in maniera automatica, prendendo le redini della nostra esistenza e molto spesso, anche quando le riconosciamo come un insieme di abitudini negative, lo giustifichiamo con la solita scusa dell'impossibilità del cambiamento. Cambiare è difficile ma non è certamente impossibile.

"Il cambiamento è il risultato finale
di tutto il percorso di apprendimento"
Leo Buscaglia

Rifletti; noi non nasciamo con un programma fisso, ma con un forte potenziale, poi il nostro vissuto, pian piano, ci porta ad apprendere ciò che oggi conosciamo, ciò che temiamo, ciò in cui crediamo; questo però non necessariamente corrisponde alla verità.

Quindi le nostre condizioni sono estremamente soggettive, dovute alle nostre personali esperienze, alle percezioni, all'ambiente in cui siamo cresciuti ed alle persone che ci hanno circondato, non vi è un dato oggettivo pertanto ciascun dato può essere sempre modificato.

Nella stessa maniera, possiamo eliminare ciò che riteniamo essere dannoso ed inutile ai nostri fini e parallelamente apprendere nuove abitudini potenzianti; è esattamente questo che si verifica durante un percorso di coaching.

Riassumendo, si inizia con il pensare noi stessi in termini di "come vorremmo essere" piuttosto che di "come siamo", ci si concentra su nuovi pensieri costruttivi e potenzianti e si inizia a fare della propria vita ciò che desideriamo.

"Il problema non è mai come farsi venire in mente qualcosa di nuovo e innovativo ma come eliminare le convinzioni vecchie"
Dee Hock

In questa epoca, non si sente parlare d'altro che di crisi, eppure, in ogni situazione complessa, c'è chi sa vedere opportunità di benessere economico dappertutto e c'È chi queste opportunità non riesce a vederle neanche quando le ha esattamente di fronte.

In verità, la capacità di cogliere le opportunità o di crearle, non è mai determinata completamente dalle condizioni esterne in cui viviamo.

Ogni nostra capacità è una risorsa interiore. Le capacità sono dentro di noi e sono queste che entrano direttamente in relazione con le circostanze del momento presente.

Detto ciò, più che mai in questo momento, diventa saggio smettere di accettare passivamente la congiuntura drammatica generale.

È opportuno, invece, scegliere di sviluppare le proprie abilità e capacità per limitare i danni e poter cogliere le opportunità che, solitamente, ogni crisi crea.

Ognuno di noi ha la possibilità e la capacità di ribaltare il suo favore ogni situazione complessa.

Le persone che conoscono profondamente se stesse non si lasciano condizionare facilmente; una persona che è veramente consapevole di sé sa relazionarsi efficacemente con ogni tipo di difficoltà e realtà e sceglie di essere libera, non vittima.

Le persone cosi, scelgono di lottare per crescere e mai di lamentarsi e restare immobili.

Esiste sempre, la magica possibilità di scegliere, ognuno di noi può decidere se continuare a piangersi addosso oppure entrare in azione. Ora più che mai, è necessario uscire dalla propria zona di comfort, smettere di pensare che il "nuovo" sia troppo impegnativo e pericoloso.

All'interno della propria zona di comfort, la nostra crescita è oggettivamente, pari a zero.

Si rimane in una situazione familiare e statica, così le proprie aspirazioni vengono soffocate dai soliti schemi abituali che ci impediscono ogni progresso.

"Il più grande spreco nel mondo è la differenza
tra ciò che siamo e ciò che potremmo diventare"
Ben Herbster

Ecco, in questi frangenti, il coach, aiuta gli individui a scoprire le proprie potenzialità ed a svilupparle e mette in luce le risorse, le potenzialità e le energie inespresse di ogni persona, aiuta ad espandere le sue possibilità, ad uscire dai limiti e lo fa attraverso la motivazione e l'ispirazione, incoraggiando così con entusiasmo una crescita costante.

Durante il percorso, il coach aiuta il cliente a registrare i suoi progressi, ad essere consapevole dei miglioramenti, ad osservare la realtà da diverse prospettive, ad adottare approcci innovativi, ad identificare e trasformare le abitudini inefficaci e stimola ad alzare costantemente i propri standard.

Il Coach che si avvale della PNL, allena il cliente come l'allenatore fa con l'atleta nel salto in alto, alzando ogni giorno di qualche centimetro l'asticella più in alto; possiamo definirlo come un personal trainer orientato al risultato.

Le metodologie del coaching sono sempre focalizzate sulla soluzione, si attivano per stimolare lo sviluppo di nuove strategie di pensiero, di comunicazione con se stessi e con gli altri e per stimolare l'azione.

Attraverso l'aiuto del coaching, ogni persona può accedere meglio alle sue potenzialità e quindi raggiungere risultati migliori in minor tempo.

La paura del cambiamento si verifica soltanto perché non conosciamo la nuova situazione, consiglio invece di iniziare a pensare che il cambiamento porta miglioramento.

Ogni volta che ti ritrovi a pensare di non farcela, pensa a tutte le volte in cui qualcosa ti era spaventato, poi rammenta tutte le volte che le situazioni sono andate a finire bene e quanto prima ti era sembrato difficile, poi si è dimostrato esserlo meno del previsto.

Senza dubbio avrà già vissuto un'esperienza di questo tipo.

Quando temi di non farcela, fermati a riflettere, ripensa a quanto tempo hai gettato via per preoccuparti di cose che non esistevano, a quante energie ti sei sciocamente fatto rubare dai tuoi mostri interiori ma soprattutto, ricorda che nella vita non esiste il fallimento ma solo l'apprendimento, ogni sbaglio è un'occasione per imparare come fare meglio la prossima volta.

Il risultato non è solo la meta finale, è tutto il viaggio, in ogni suo singolo passo.

È inevitabile, durante il viaggio, incontrare delle difficoltà, sfide ed ostacoli ma ricorda che, la qualità del tuo viaggio dipende proprio dal superamento di questi ostacoli e saranno anche questi a rendere il tragitto pieno di emozioni speciali e ricordi indimenticabili.

C'e chi sceglie di attendere per riprendere ad agire solo quando la crisi sarà passata ma, a mio parere, è proprio il momento di grande caos quello ideale per far ordine e sistemare le cose.

Puoi scegliere tu cosa fare della tua vita, puoi anche scegliere di non scegliere, in ogni caso avrai comunque fatto la tua scelta.

Frequentemente, le cose migliori della nostra vita, accadono proprio quando abbiamo paura, quando rischiamo e quando ci impegniamo veramente per cambiare le cose. Per riuscire a vedere cose nuove nella vita è importante iniziare a credere in nuove possibilità.

Anziché credere in ciò che vediamo, possiamo iniziare a credere in quello che ancora non vediamo, regalandoci appunto, la possibilità di vederlo.

In conclusione, possiamo affermare che con il coaching, ci si allena a vedere la vita in modo diverso e, di conseguenza, la vita.... cambia!

"La logica vi porterà da A a B.
L'immaginazione vi porterà dappertutto"
Albert Einstein

La crisi si combatte anche con la fiducia; il coaching lavora in maniera eccellente sullo sviluppo della fiducia in se stessi e negli altri, perché questa è anche un fattore di crescita economica. Potrebbe sembrare strano pensare che la fiducia possa rappresentare un motore per il nostro business e mi risulta un po' complicato rendere tangibile un fattore così poco quantificabile in termini di benefici ma voglio provarci ugualmente: la fiducia ha un impatto straordinario nelle relazioni ed influenza sempre due risultati, la velocità ed i costi.

Inevitabilmente, quando scende la fiducia scende anche la velocità e salgono invece i costi. Quando la fiducia sale, sale anche la velocità e scendono i costi.

È così: semplice e prevedibile.

Possiamo quindi utilizzare il fattore velocità per rendere tangibile l'influenza della fiducia sui nostri risultati.

Il mondo sta cambiando completamente, non sarà più il grande a battere il piccolo, ma il veloce a battere il lento. A questo punto, domandati: che rapporto hai creato con i tuoi collaboratori? E con i tuoi fornitori? Con i tuoi clienti?

Rifletti per un attimo sulla velocità delle relazioni caratterizzate da reciproca fiducia, e poi sulle difficoltà che emergono sul terreno della diffidenza. La diffidenza è sempre estremamente costosa!

Come Coach, mi trovo ad osservare costantemente due tipi di realtà: la prima è quella percepita da chi crede in alcune possibilità limitate dalle proprie conoscenze ed esperienze; la seconda, invece, è quella potenziale in cui le possibilità si amplificano sino a diventare infinite, è quella realtà verso cui l'essere umano tende, per arricchire la propria esistenza.

Accogliere la possibilità può arricchire enormemente la nostra vita.

Naturalmente, ognuno di noi si interfaccia in maniera soggettiva alla vita, attraverso le proprie personali percezioni. L'opinione sulle possibilità di cui disponi è determinante, se relazioni i tuoi comportamenti ai risultati che ottieni.

Credere è sinonimo di fiducia e di sicurezza; agire con sicurezza, porta ad attivare ogni risorsa necessaria al conseguimento dei risultati desiderati. Quando invece ci lasciamo sommergere dai dubbi e dalle paure, penalizziamo decisamente l'esito di ogni nostra iniziativa.

Attraverso il coaching si acquisisce la consapevolezza di avere le risorse interiori necessarie.

Si accetta di poter imparare le modalità più funzionali ai compiti da svolgere e si comprende che le tante cose che ci apparivano impossibili erano solo un nostro limite di percezione, non affatto di potenzialità.

*"L'unico modo per iniziare a fare qualcosa
è smettere di parlare e iniziare a fare"*
Walt Disney

Sappi che puoi ottenere quello che ti aspetti di ottenere e riuscirai a spingerti solo sino a quelli che ritieni essere i tuoi limiti.

Non mi stancherò mai di ripeterlo: ognuno di noi è molto più di quel che crede di essere.

L'attuale sistema economico attraversa una fase di profonda instabilità, che si ripercuote sul contesto organizzativo aziendale e sulla vita professionale di ogni persona.

Da questo deriva la necessità, per l'organizzazione, di adottare strumenti di supporto, che permettano di beneficiare del cambiamento anziché subirlo.

Nel nuovo modo di concepire l'economia, il capitale intellettuale è considerato una importante fonte di valore per cui la conoscenza diventa una delle risorse più importanti per le imprese.

È vero che la disoccupazione è sempre più dilagante e molte persone si trovano improvvisamente senza certezze sulla propria identità professionale; contemporaneamente però, in molte aziende si abusa del concetto della centralità delle risorse umane: queste incoerenze forti pesano poi sui singoli individui.

La perdita di identità professionale ha notevoli risvolti psicologici e richiede alle persone di affrontare il cambiamento, di trovare dentro di sé l'energia necessaria per individuare opportunità differenti per potersi reinventare in maniera efficace e competitiva.

Ricorda che i promotori del cambiamento aziendale sono sempre i singoli individui, perché si possa attuare la trasformazione necessaria bisogna essere sempre centrati su questo, perché è dal singolo che parte e si attiva il vero cambiamento.

*"Il più grande errore che facciamo
è quello di vivere nella paura costante di farne uno"*
John Maxwell

Le nuove capacità richieste per poter attuare questo cambiamento, fondamentalmente, sono: la capacità di ascoltare ed ascoltarsi, di fornire feedback, di sostenere e sostenersi, di emozionarsi, di controllare la propria emotività, di stimolare la motivazione, di attivare il problem solving, di comunicare efficacemente.

Avere questa capacità significa poter assumere un ruolo di professionista attivo, con competenze anche di counseling e di coaching, poiché il presupposto di un counselor e/o di coach è la conoscenza e la consapevolezza di sé.

Il counseling è una pratica professionale svolta all'interno di una azienda, definita da un contratto che consente ad individui, gruppi o sistemi, ossia i clienti, di sviluppare il proprio potenziale, sia personale, quanto professionale e culturale, per gestire al meglio le proprie risorse nella soluzione dei problemi soggettivi ed interpersonali.

La metodica favorisce la prevenzione del disagio psico-sociale, la promozione del benessere, l'orientamento in campo personale, sociale e professionale, agevola lo sviluppo dell'identità e le attitudini della persona.

Possiamo definirla, in parte come una scienza ed in parte come un'arte: una scienza, perché ha le conoscenze sul comportamento umano e le sue strategie d'aiuto sono frutto di modelli strutturati secondo i criteri di misurabilità, oggettività e riproducibilità; un'arte, perché le caratteristiche di personalità, i valori e le abilità del counselor, la sua capacità nel relazionarsi e sintonizzarsi con il cliente sono variabili poco misurabili, ma fondamentali nel processo.

In questo tipo di processo va posto sempre l'accento sulla necessità di considerare la persona inserita nel suo contesto, con le sue assunzioni di significati da lui condivisi, ossia, si va ad affrontare il cambiamento integrando tutte le dimensioni dell'espressione umana: affettiva, cognitiva, sociale, sensoriale e spirituale.

Il counselor entra in sintonia con ognuna di queste dimensioni, aiutando i clienti a diventare responsabili dei propri pensieri, dei propri comportamenti, riducendo le contraddizioni e favorendo il benessere personale e sociale.

*"Nelle folle troviamo una voce che si esprime all'unisono,
nei gruppi l'armonia.
Vogliamo una voce singola, ma non una singola nota;
ecco qual è il segreto dei gruppi"*
Mary Parker Follett

3 – Benefici e Obiettivi

Il coaching è uno strumento a disposizione delle organizzazioni, per migliorare il proprio management ed a disposizione delle persone che operano al loro interno, per realizzare cambiamenti strategici, motivare i professionisti e trattenere i talenti, ma è anche una notevole opportunità per ogni singola persona di prendersi cura di sé, crescere psicologicamente, personalmente, professionalmente ed arricchire le proprie capacità e competenze.

Naturalmente, ogni persona ha una sua personale, diversa storia di coaching, perché ogni esperienza è sempre soggettiva e personalizzata.

Vi sono però una serie di benefici evidenti del coaching che coinvolgono indistintamente ogni persona, questi sono:

1.   Acquisire una capacità superiore di guardarsi dentro ed osservarsi da fuori e, conseguentemente una superiore consapevolezza di sé e delle proprie risorse, le quali fanno sì che si inneschi un processo di costruttivo auto-sviluppo.

2.   Migliorare la capacità di fissare obiettivi sia per sé e per gli altri e trasformarli in piani di azione.

3.   Promuovere l'attitudine alla leadership, la capacità di affrontare e gestire le situazioni che richiedono un cambiamento.

4.   Migliorare la propria gestione del tempo dello stress.

5.   Attivare un processo di apprendimento continuo, sperimentando soluzioni nuove.

6.   Acquisire la capacità di delega, individuando le priorità strategiche su cui focalizzare la propria energia.

Nella mia personale esperienza, in veste di coach, i benefici ed i vantaggi evidenziati, nella totalità dei casi, alla fine di ogni percorso, sono sempre una maggiore consapevolezza di sé ed arrivare ad individuare gli aspetti personali più importanti per la propria crescita, ed anche per me, ogni percorso è sempre un'occasione preziosa di crescita professionale e personale, perché ogni percorso di ogni cliente ha sempre molto da insegnare.

La PNL ci fornisce un modello strutturato, attraverso una serie di domande, che aiuta a definire con precisione l'obiettivo, le domande sono le seguenti:

□ Che cosa voglio precisamente? A questa domanda bisogna rispondere in termini positivi su ciò che desideriamo e mai su quello che invece vogliamo evitare.

□ Dove mi trovo al momento? Questa domanda ci chiede a che punto siamo del nostro percorso, ossia qual è la nostra situazione attuale

□ Quale è l'obiettivo da raggiungere? Bisogna stabilirlo esattamente, non fare tentativi. Dobbiamo renderci conto di viaggiare verso un obiettivo specifico e ben defnito.

□ Come mi renderò conto di averlo raggiunto? Ossia, dobbiamo stabilire l'unità di misura che ci consente di valutare i nostri progressi ed il raggiungimento del nostro risultato.

□ Il mio è un obiettivo personale o di squadra? Ciò significa: il mio traguardo riguarda solo me stesso o viene condiviso con altre persone, ossia è o non è completamente sotto la mia responsabilità e controllo?

□ L'obiettivo è contestualizzato in maniera appropriata? Ciò vuol dire: quando, dove, come e con quali persone desidero realizzarlo?

□ Quali risorse possiedo e quali invece mi mancano? A questa domanda, bisogna rispondere considerando tra risorse personali, persone e materiali, cioè: di quali risorse hai bisogno? Quali hai già, quali invece devi acquisire?

□ Il mio obiettivo è ecologico e congruente? Ossia, dobbiamo domandarci se si adatterà bene a noi stessi e agli altri, se migliorerà noi stessi, a cosa dovremmo rinunciare per raggiungerlo e cosa potrebbe accadere raggiungendolo, per cui bisogna comprendere se vale veramente la pena perseguirlo.

"Il senso di vuoto è un sintomo che indica che non stai vivendo in maniera creativa. Non stai inseguendo obiettivi che siano abbastanza importanti per te oppure non ti stai sforzando con tutto te stesso nel raggiungere un obiettivo che ti sei posto"
Maxwell Maltz

Chiaramente dopo aver definito accuratamente gli obiettivi, dobbiamo utilizzare le giuste strategie per raggiungerli, altrimenti difficilmente si concretizzeranno in realtà; io, ad esempio, evito sempre di chiudere un incontro se non dopo aver preso una chiara decisione, ritengo basilare aver fatto un primo passo verso il cambiamento, anche piccolo, ma che sia la manifestazione di una scelta di agire, realmente, da subito.
La scelta degli obiettivi è fondamentale, anche perché, se non definisci i tuoi obiettivi, finisci indubbiamente, inevitabilmente, per lavorare per raggiungere gli obiettivi di un'altra persona.
Gli obiettivi vanno stabiliti partendo dalla formulazione; affinché un obiettivo sia ben formulato, deve avere delle caratteristiche specifiche; per esempio, deve essere un obiettivo espresso in maniera specifica: che cosa voglio precisamente?
Nota bene che molto di frequente, noi tutti siamo portati a dire ciò che "non vogliamo" piuttosto che ciò che vogliamo, così facendo, non riusciamo ad identificare le caratteristiche di quello che desideriamo, proprio perché continuiamo a rivolgere l'attenzione a quel che vogliamo evitare. Invece, riformulando i nostri pensieri in maniera affermativa, positiva, possiamo indirizzare la mente verso soluzioni creative, attivando le nostre risorse interiori e stimolando, in tal maniera, tutta la nostra auto-motivazione.
Anziché ripetere: "Non voglio più fare questo lavoro.", inizia ad

affermare: "Voglio fare quest'altro lavoro!" poi aggiungi delle precisazioni nel formulare l'obiettivo, arricchisci di dettagli, suoni ed immagini mentali, abbina al tuo obiettivo molte sensazioni ed emozioni.

Ad esempio, potresti aggiungere: "Voglio fare quell'altro lavoro che mi consente di mettere in pratica le mie competenze e guadagnare ciò che desidero."

Impegnati costantemente a far lavorare in sinergia la flessibilità con la precisione, devi, cioè, sapere selezionare le cose più importanti e quelle non così indispensabili.

Dopodiché, dovrai verificare se hai raggiunto il tuo obiettivo attraverso i sensi.

Perché, se è facile quantizzare il raggiungimento dell'obiettivo di guadagnare di più, controllando semplicemente il tuo conto bancario.

Più complesso può essere capire se hai raggiunto l'obiettivo di avere migliori relazioni con la tua famiglia, quindi, fondamentalmente quello che come Coach, domando, durante le sedute per l'organizzazione degli obiettivi, È: "Che cosa dovrebbe accadere perché tu sappia che stai, effettivamente, raggiungendo l'obiettivo?". Nel caso cioè delle relazioni familiari, il mio cliente potrebbe rispondermi: "Accorgendomi di fare pranzi e cene in serenità, dialogando armonicamente di ogni argomento con tutti i miei familiari".

Ti consiglio poi di domandarti, per stabilire come saprai di aver veramente raggiunto l'obiettivo, quali saranno esattamente le sensazioni che proverai in quel momento, devi, cioè, immaginare di aver raggiunto il tuo traguardo e percepire la sensazione che proverai una volta arrivato li, proprio come fosse attuale, come se la stessi vivendo adesso.

Poi, inevitabilmente, chiediti quando, dove e con chi avrai realizzato l'obiettivo, ossia devi contestualizzarlo. Perché il tuo obiettivo sia specifico, è necessario sapere in che situazione lo raggiungerai; chiediti entro quanto tempo e con chi.

Considera che avere delle scadenze temporali è importantissimo, perché un obiettivo senza una data di scadenza, rimane solamente un sogno.

Per essere pratici, domandati ad esempio in quale giorno, di quale mese, vuoi iniziare a fare il tuo nuovo lavoro.

Capire in quale luogo geografico realizzerai il tuo obiettivo è altrettanto importante, io per esempio, ho un progetto professionale estremamente importante, che richiederà alla mia presenza per almeno due anni all'estero, in estremo oriente, dove, tra poche settimane mi accingo a recarmi, per realizzare il mio obiettivo.

Anche stabilire con chi si vuole raggiungerlo è significativo, poiché non c'è nulla che possiamo fare completamente da soli.

Domandati quindi con quali persone vorresti condividere questo tuo cammino verso il traguardo o individua le persone che non vorresti, invece, aver al tuo fianco.

"Per prima cosa cercate di rendere i vostri ideali ben definiti, chiari, pratici, trasformandoli in obiettivi. In secondo luogo verificate se avete tutti i mezzi necessari per perseguirli: capacità, soldi, materiali, metodologie.
In ultimo fate in modo che tutti i vostri mezzi siano indirizzati al raggiungimento dell'obiettivo"
Aristotele

È importante essere estremamente precisi, per ciò che concerne i termini di tempo, le situazioni particolari ed i contesti geografici in cui vogliamo realizzare il nostro obiettivo.

Fatto questo, è necessario comprendere di quali risorse personali possiamo disporre.

Ognuno di noi possiede diversi tipi di risorse personali, che possono essere beni materiali, persone (ossia tutti coloro che possono darti un supporto di ogni tipo, mentori, cioè individui che hanno già raggiunto quei risultati e che puoi utilizzare come modello), quali sono le qualità personali (come le conoscenze e le capacità, alcune delle quali, magari, hanno necessità di essere approfondite e migliorate) ed infine, abbiamo le risorse economiche di cui puoi disporre o che, eventualmente, puoi reperire.

Per partire per il lungo viaggio è necessario analizzare le attuali risorse e quelle che ti mancano e che devi procurarti. Altrettanto importante è comprendere se l'obiettivo che ti sei posto, è totalmente sotto il tuo controllo, ossia se lo puoi realizzare in maniera autonoma.

È basilare comprendere se sei in grado di controllare la maggior parte degli aspetti ed influenzare quelli sui quali non hai il controllo diretto, ai fini del raggiungimento dell'obiettivo.

Se, ad esempio, l'obiettivo è quello di sposarti, è evidente che non è una decisione che dipende solo da te, perché presuppone il consenso della tua metà.

A questo punto, è giunta l'ora di domandarti quali sono le conseguenze del raggiungimento di uno specifico obiettivo, ossia, quali saranno i cambiamenti nella tua vita ed in quella delle persone che ti circondano, se decidi perseguire nel tuo intento.

Sai, non è affatto raro che numerosi traguardi estremamente desiderabili, abbiano anche conseguenze dannose, devi quindi controllare che non ve ne siano di pesanti, su tutti gli aspetti della tua vita.

È importante che lo "stato desiderato", cioè la condizione nuova, che andrai a raggiungere con il conseguimento dell'obiettivo, abbia effetti positivi sulla condizione presente, attuale; questo significa domandarsi se il proprio obiettivo è "ecologico".

Fondamentalmente, devi verificare che il tuo obiettivo possa procurarti soddisfazione e felicità quando lo avrai raggiunto, devi essere sicuro che rispetto alla situazione attuale, sia mantenuto la attuale positività o perlomeno che venga sostituita con una positività superiore e almeno equivalente.

Per comprendere se il tuo obiettivo è ecologico, puoi porti queste domande:

☐ Ci sono conseguenze indesiderate che potrebbero derivare dal raggiungimento del mio obiettivo?

☐ Cosa c'è di buono nella tua situazione attuale che vorresti mantenere?

☐ A cosa dovrai rinunciare per ottenere il tuo risultato?

☐ Cosa potrebbe avvenire durante il percorso? E al raggiungimento?

☐ Nel raggiungere l'obiettivo, quali condizioni sono accettabili e quali, invece, non possono assolutamente esserlo?

☐ Per le persone che saranno coinvolte, cosa cambierà nella loro esistenza?

Adesso, è giunto il momento di capire se il tuo obiettivo è coerente, cioè se è in linea con i tuoi valori, la tua missione e la tua visione, quindi, con chi sei Tu.

Quando definisci il tuo obiettivo è molto importante che si accordi con la tua identità, perché se il tuo obiettivo è in sintonia con tutti questi aspetti, ti troverai nella giusta condizione, altrimenti ti troverai costretto a modificarlo o abbandonarlo, o potresti raggiungerlo ma poi pentirti di averlo fatto.

Adesso bisogna suddividere il tuo obiettivo in una serie di tappe; si tratta di tappe intermedie che permettono di comprendere la successione degli eventi, programmare le azioni necessarie, prevedere di cosa e di chi si avrà necessità, così capirai che ti stai muovendo nella giusta direzione e se quello che vuoi raggiungere è fattibile.

È importante rimanere sempre motivati durante il raggiungimento dei risultati, soprattutto se di tratta di un lungo percorso.

Datti delle scadenze intermedie per raggiungere quella finale, potrai sempre, eventualmente, cambiare itinerario.

Pianificare attentamente il tuo obiettivo, ti faciliterà enormemente, durante il percorso, è quindi fondamentale stabilire un progetto d'azione, un planning preciso, che sarà il tuo punto di riferimento, fino a che non avrai raggiunto il traguardo.

Controlla il tuo planning frequentemente, per accertarti che tu stia rispettando, attraverso le tue azioni, il programma stabilito; qualora così non fosse, chiediti se sia necessaria qualche correzione che lo renda più efficace.

Infine, entra subito in azione. Una volta stabilito il percorso, io mi metto e metto i miei clienti, immediatamente all'opera. Il tempo è denaro e poi non c'è nulla che possa sostituire l'azione, è l'unica scelta che può concretizzare i loro sogni. Inoltre, attivarsi subito, ti fornirà 'impulso per entrare nel giusto stato mentale, per perseguire l'obiettivo con determinazione e creare rappresentazioni positive, che ti permetteranno di arrivare velocemente alla destinazione finale.

La ricerca dell'obiettivo professionale, così come quella dell'obiettivo personale, richiedono le medesime analisi specifiche.

Nel business coaching la fase in cui si definisce l'obiettivo da perseguire è estremamente delicata. L'obiettivo prende forma e si evidenzia in maniera visibile e chiara, piano piano, domanda dopo domanda e frequentemente si generano numerosi obiettivi, legati tra loro, tra impazienza ed entusiasmo, diventa quindi necessario poi rimetterli in ordine, stabilendo le priorità in maniera precisa.

Ricorda che, in primis, l'obiettivo d'essere raggiungibile e non ci devono essere ostacoli insormontabili.

"Porsi un obiettivo è la più forte forza umana di auto motivazione"
Paul J. Meyer

Con l'aiuto del coach, il cliente, ricco di risorse interne viene aiutato ad osservare punti di vista diversi, ad aprire la mente, a scoprire molte alternative possibili fino a trovare quella giusta per lui.

Durante le sedute di business coaching, possiamo distinguere obbiettivi performance ed obiettivi risultato. Per semplificare, possiamo dire che gli obiettivi risultato sono focalizzati sul risultato., mentre gli obiettivi performance si focalizzano invece sul miglioramento della propria performance e sul processo creativo: ad esempio, come preparare il mio colloquio di lavoro.

A differenza degli obiettivi risultato, gli obiettivi di performance sono più flessibili e solitamente sono sotto il nostro controllo.

Gli eventi influenzano il comportamento in modo diretto, ad esempio attraverso lo sviluppo di strategie per raggiungerli, oppure indiretto, influendo sugli stati psicologici come la soddisfazione ed il livello di fiducia. Solitamente le persone che si pongono obiettivi risultato sono più ansiose ed hanno meno fiducia in se

stesse, proprio perché i loro obiettivi non sono completamente sotto il loro controllo.

Gli individui che si pongono obiettivi di performance, mirano invece ottenere una performance migliore. Poniamo un esempio pratico.

Oscar, impiegato nella pubblica amministrazione è totalmente esausto del suo lavoro.

È estremamente esperto in campo fiscale e vorrebbe aprire una sua attività.

Questo significa poter pianificare il suo tempo, aumentare le entrate e sviluppare competenze, ma, anche, gestire ed affrontare i rischi dell'instabilità e della flessibilità delle entrate; inoltre, Oscar si troverà a dover organizzare il tutto e sostenerne costi. Inevitabilmente. Fare il libero professionista implica rinunciare a delle entrate certe, quindi, certamente, per un periodo, ossia, dal momento delle dimissioni alla sua affermazione come libero professionista, Oscar dovrebbe rinunciare al suo stipendio.

Egli si domanda come vivrà la sua famiglia? E la paura di non farcela, lo blocca.

L'obiettivo risultato suscita emozioni uguali e contrarie.

C'è l'entusiasmo di essere un professionista indipendente, che viene fermato e viene sostituito con la paura di non avere più delle entrate garantite: in questa contraddizione costante, il progetto non andrà mai in porto.

Supponiamo adesso che Oscar, con il suo sogno di diventare libero professionista, segua l'obiettivo performance; egli si chiederà: "Quali sono le risorse su cui posso contare in questo momento?" Dunque Oscari inizierà a preparare una lista, in questa inserisce la sua competenza, gli orari ridotti, una famiglia che lo sostiene nel progetto e le conoscenze che ne apprezzerebbero la professionalità. Poi, si domanderà: "Quali sono invece i limiti?" Lo sforzo di dover svolgere due lavori contemporaneamente ed il rischio di non sentirsi in grado. "Questi però sono limiti superabili", si dice, "È solo un periodo transitorio". Oscar sa che la famiglia lo appoggerà.

Come si può notare, spostare l'attenzione dall'obiettivo-risultato al come raggiungerlo sin da ora, significa pianificare una nuova professione, subito, non solo mantenendo il vecchio lavoro, ma utilizzandolo come opportunità per conoscere clienti ed avere uno stipendio sicuro, così da poter iniziare, senza correre grandi rischi.

Considera questo: i risultati derivano dalle nostre performance, mentre, invece, non è vero il contrario, quindi, Oscar potrà valutare se dimettersi o meno dal suo posto di lavoro, solo dopo aver raggiunto un numero di clienti tali che gli consentirà di decidere in maniera lucida ed opportuna, la sua scelta finale, che dipenderà dalla performance che egli ha avuto come professionista.

Alcuni principi base degli obiettivi di performance vengono utilizzati moltissimo nella psicologia dello sport.
Riferendosi al nostro tempo, posiamo evidenziare senza dubbio i seguenti:

1.	Stabilire obiettivi specifici, come abbiamo detto ed ormai sappiamo, gli obiettivi devono essere stabiliti in termini specifici, misurabili e verificabili: ad esempio, conosco 30 persone disponibili, parlo con tutte queste persone entro un mese, conto di averne come clienti, la metà entro 60 giorni.

2.	Stabilire obiettivi difficili ma realistici: perché obiettivi troppo semplici non motivano abbastanza: è importante sfidare se stessi, ma questa sfida va sempre bilanciato con la possibilità di raggiungere obiettivi compatibili con le proprie capacità, come quella di saper coinvolgere altre persone nel nostro progetto: parlerò con queste persone entro 25 giorni e farò del mio meglio per averne come clienti il 60%.

3.	Stabilire obiettivi a lungo termine ed a breve termine: lavoro tre ore al giorno oltre l'orario di lavoro per sei mesi, appena acquisisco la possibilità del cambio definitivo, do le dimissioni ed affitto uno studio per il mio nuovo lavoro.

4.	Stabilire obiettivi di performance. Siamo erroneamente abituati ad imparare dai risultati più che dalla performance; la chiave del successo stà nell'enfatizzare, permanentemente gli obiettivi di performance: punta alla massima soddisfazione del cliente, monitorerai con lui la tua competenza; punto ad avere altri dieci contatti nei prossimi 20 giorni.

5.	Scrivere gli obiettivi, scrivere il proprio piano e tenere un diario. Verificare tutto ciò che si fa aiuta notevolmente a sviluppare strategie specifiche, indicando come, quando e quanto spesso vanno perseguite per raggiungere gli obiettivi: prendo un anno per avviare la mia nuova professione, mantenendo al contempo il mio posto fisso. La pianificazione, in termini di ore di lavoro e dei guadagni, è alla base per la successiva strategia.

6.   Fornire una valutazione degli obiettivi: ho raggiunto il massimo dei clienti compatibili con il mio posto di lavoro, i clienti però sono un po' deludenti, non pagano ed abbandonano appena trovano un professionista più economico; forse debbo cambiare progetto, ma in verità so di potercela fare, perché ho dimostrato a me stesso che posso raggiungere gli obiettivi che mi prefiggo.

"Un obiettivo è un sogno con una data di scadenza"
Steve Smith

4 - Mission & Vision

Potremmo dire che la mission è una mappa interna, alla quale ognuno di noi può fare riferimento, per verificare se quel che sta facendo corrisponde o meno alla propria natura intima.

La mission, inoltre, stabilisce un personale codice di comportamento, che rende le tue azioni coerenti con quelli che sono i tuoi valori importanti.

Quindi, rimanere fedele alla propria mission conferisce una forza interiore eccezionale, quando si raggiungono risultati congruenti con le proprie attitudini profonde, si prova quel senso di gratificazione e perfetta armonia che deriva dall'aver fatto quello che per noi era importante e ciò conduce a sentirsi completamente in equilibrio.

Nel nostro lavoro proponiamo numerosi esercizi ed esperimenti, per aiutare ogni individuo ad identificare, in maniera chiara, la sua mission.

Vorrei proporti quest'esercizio: prova, non appena ti è possibile, a restare da solo in un luogo senza distrazioni e prenditi un po' di tempo per te.

Siediti comodamente, chiudi gli occhi, fai dei respiri profondi ed inspira ed espira molto lentamente, concentrando l'attenzione sul respiro, cioè sull'aria che entra dal naso ed esce dalla bocca, continua a respirare in questa maniera, finché non ti senti totalmente rilassato. Pensa a quei momenti speciali della tua esistenza nei quali ti sei sentito veramente molto bene, momenti in cui eri felice, soddisfatto, entusiasta.

Puoi ricordare situazioni che riguardano contesti diversi: vita privata, vita professionale, rapporti con gli altri o episodi lontani nel tempo, così come eventi estremamente recenti. Quando rivivi nella mente un particolare istante, fallo pienamente, concentrandoti su tutti i suoni che udivi lì, sulle sensazioni che provavi, sull'immagine che guardavi. P assa poi al ricordo seguente; devi rivivere cinque momenti veramente eccezionali.

Domandati; "che cosa hanno in comune quei momenti speciali?"

Probabilmente troverai qualche caratteristica in comune, potrebbe essere le parole che venivano dette, le persone con cui eri, ciò che stavi facendo o ciò che dicevi.

Magari avevi appena portato a termine un compito molto importante, o forse stavi costruendo qualcosa di eccezionale.

Ragionare su ciò che questi momenti speciali hanno in comune tra loro non è così semplice come si pensa, personalmente posso consigliarti di sintetizzare le tue considerazioni in alcune frasi, ripeterle e rifletterci mentalmente ogni giorno.

Ripetile con passione, in maniera determinata e cerca di utilizzare delle parole che ti emozionino, una frase potrebbe essere, ad esempio: "Sono con le persone che adoro", oppure, "Sto aiutando queste persone a raggiungere i loro obiettivi", "Sto lavorando al progetto che tanto mi appassiona", e così via.

Adesso, torna a riflettere sugli elementi in comune più importanti, i più significativi; ti renderai conto che stai già acquisendo più consapevolezza su quella che è la tua vera mission.

Ora che questa tua mission inizia ad assumere dei connotati precisi, accertati che esprima veramente il tuo io più sincero, il più genuino ed il più interiore.

Fondamentalmente, riassumendo, la mission deve essere la risposta a queste domande:

☐ Cosa mi rende pienamente soddisfatto?
☐ Qual è il senso della mia esistenza?
☐ Cosa mi rende veramente felice? Cosa mi dà la vera realizzazione?
☐ Per cosa vorrei rimanere nella memoria delle persone che ho incontrato?

"Gli sforzi e il coraggio non sono abbastanza senza uno scopo ben preciso e una direzione da seguire"
John F. Kennedy

Rifletti con calma, poi rispondi alle domande.

Scrivi le risposte in un diario o in un quaderno e di tanto in tanto torna a rileggerle, vedrai che ti troverai ad integrare ulteriormente le tue risposte.

Se invece dovessi renderti conto che la tua mission non risponde affatto alle suddette domande, significa che è arrivato il momento di cambiare mission.

La tua mission ti fa capire qual è la cosa più giusta per te, mettila in pratica ogni giorno e fai in maniera che sia parte integrante del tuo cammino di crescita consapevole, sempre.

La tua vision è invece, fondamentalmente, la tua ragione di esistere, lo scopo della tua vita e consiste nel trasformare i tuoi progetti in qualcosa che si può immaginare.

Per costruire il nostro futuro, dobbiamo imparare a pre-vederlo, cioè vederlo nella nostra mente, vedere gli obiettivi che vogliamo raggiungere in ogni contesto della nostra esistenza; quindi dobbiamo saperci immaginare nel futuro come se avessimo già raggiunto tutti i nostri traguardi.

Vi sono una serie di domande che possono esserti utile per definire meglio la tua visione, ossia per aiutarti a sognare, o ancora per creare il futuro che desideri, e sono le seguenti:

☐ Se la tua realtà fosse proprio come la desideri, come sarebbe esattamente?
☐ Cosa vuoi fare per te e per gli altri?
☐ Cosa faresti ogni giorno, ogni settimana, ogni mese?

Prenditi del tempo, in un luogo tranquillo, ed inizia rispondere a queste domande.

Fallo su un quaderno e, nel tempo, torna a rileggere le tue risposte e cerca di integrarle in maniera sempre più completa.

Puoi creare, per ogni singola area della tua vita una specifica vision, utilizzando delle domande specifiche che ti guideranno nel costruire una sempre più completa.

Ad esempio, nella tua area emozionale, puoi chiederti come vorresti gestire le emozioni e quali vorresti provare più di frequente.

È molto utile ragionare su questi concetti, perché ci porta a concentrarci sugli stati d'animo che vorremmo vivere più spesso, e più riusciamo a programmare la nostra mente, maggiormente arriveremo proprio a viverli.

In riferimenti alla tua crescita personale, potresti, ad esempio, domandarti cosa vorresti imparare, quali corsi vorresti frequentare, di quali argomenti vorresti saperne di più, che specializzazioni vorresti avere, quali libri vorresti leggere.

Investire su di te, sulla tua crescita personale è in assoluto la cosa più costruttiva ed utile che tu possa fare per te stesso.

Il tempo che dedichi ad imparare, ad ampliare le tue conoscenze, ad acquisire nuove informazioni, è sempre un tempo estremamente prezioso e sempre speso nel migliore dei modi, per cui, ricorda che è molto importante avere una chiara visione in quest'area della tua crescita personale.

Poi, in riferimento al tuo ambiente, puoi chiederti:

□ Dove ti piacerebbe vivere, in città o in campagna?
□ Qual è la tua casa ideale?
□ Cosa ti piacerebbe vedere dalla tua casa?
□ Che dimensione dovrebbe avere?
□ In che ambito ti piacerebbe lavorare"
□ Come dovrebbe essere il tuo luogo ideale di lavoro?
□ Che capacità vorresti possedere?
□ Quali sono i beni materiali che farebbero la differenza nella tua vita?

Rispondere a queste domande ti darà molta motivazione e ti aiuterà a raggiungere i traguardi che hai immaginato per te.

Può essere estremamente costruttivo stilare non solo elencando le risposte a parole, ma essere creativi, ad esempio, disegnare o ritagliare immagini da diverse riviste; con queste potrai creare il proprio ambiente ideale ed osservarlo, visualizzarlo molto frequentemente.

Per ciò che concerne la tua professione e la tua carriera, puoi domandarti:

□ Qual è il tuo lavoro ideale?
□ Quale posizione vorresti ricoprire"
□ Quante ore vorresti dedicare al tuo lavoro ideale, ogni giorno?
□ Quali colleghi vorresti aver?
□ Che rapporto vorresti avere con loro?
□ Quanto guadagneresti nel tuo lavoro ideale?
□ Che stimoli e gratificazione ne avresti?
□ Cosa ti piacerebbe fare davvero?
□ Come vorresti che proseguisse la tua carriera professionale?

Il contesto professionale è quello che riempie la maggior parte della nostra esistenza, poiché occupa la maggior parte del nostro tempo, per questa ragione è estremamente importante svolgere un lavoro che amiamo fare, quindi è prioritario stabilire qual è il nostro lavoro ideale.

Per quanto riguarda invece l'area del denaro, delle finanze, puoi chiederti:

□ Quanti soldi vorresti guadagnare per avere la vita dei tuoi sogni?
□ Che patrimonio dovresti possedere per le avere libertà e sicurezza economica"
□ Che tipo di investimenti farebbero fruttare i tuoi risparmi"

… e così via.

Mentre invece per ciò che concerne la tua mission personale o, per meglio dire, il tuo contributo al mondo, devi, senza dubbio, chiederti:

□ In che modo puoi fare la differenza nella vita delle altre persone?
□ Qual è il tuo compito su questa terra?
□ In quale maniera cerchi di aiutare il prossimo?
□ Cosa fai per migliorare il mondo e tutto quello che ti ruota intorno?

> *"Nell'elaborare una strategia è importante riuscire a vedere le cose che sono ancora distanti come se fossero vicine ed avere una visione distaccata delle cose che, invece, sono più prossime"*
> *Miyamoto Musashi*

Sentire di avere una propria missione personale, di dare un vero contributo al mondo è la gioia più profonda e tutti dovrebbero provarla.

Ci sono milioni di maniere per dare il proprio, personale contributo al nostro pianeta, prenditi tempo per riflettere e comprendere qual è il tuo.

Naturalmente puoi creare delle "vision" relative ad ogni area della tua vita, quindi anche tutte quelle aree di cui abbiamo parlato, come possono essere, ad esempio, la vita sociale, la famiglia, il divertimento, la salute e così via.

Quando avrai dato delle risposte ad ogni singolo settore della tua esistenza, ti consiglio di scrivere una vision globale che tenga presente anche di tutto quello che hai segnato in ogni singolo settore della tua vita, in maniera da poter ottenere un quadro più completo e sintetico più semplice da memorizzare.

Fatto questo, avrai in mano la tua visione globale.

Rileggila ogni volta che credi sia opportuno, costruisci delle immagini corrispondenti e vivile profondamente; le parole che utilizzi dovrebbero accendere la passione e la tua migliore carica energetica.

Utilizza questa passione e questa energia per trasformare in realtà la tua visione.

Nella mia professione, vivo come un dono meraviglioso, il fatto di poter aiutare gli individui a definire la loro mission e la loro vision, perché sono due operazioni d'eccezione che contribuiscono a dare la grande svolta nell'esistenza di ogni individuo.

Adesso sai come fare a definire la tua Mission e la tua Vision, quindi puoi avviarti verso il grande salto di qualità.

"I nostri obiettivi possono essere raggiunti solamente attraverso una buona pianificazione nella quale dobbiamo assolutamente credere e in base alla quale dobbiamo agire"
Pablo Picasso

5 – La cultura aziendale

Definire la cultura aziendale è un compito molto significativo per un buon coach.

"Cultura" è un concetto non semplice da definire, ma è una chiave necessaria per il leader che vuol essere coach dei suoi dipendenti; è quella che permette di plasmare la cultura dell'organizzazione nel modo più giusto, anziché lasciarla al caso o agli altri.

La cultura aziendale è fatta di molti micro-fattori; ad esempio, nelle aziende di informatica solitamente vi è una cultura molto informale, anche nell'abbigliamento, alcuni dei professionisti più affermati in quel campo, rifiuterebbero un'offerta di lavoro se costretti ad indossare giacca e cravatta e lavorare in un ambiente estremamente formale. Basta entrare in uno store Apple per avere conferma di quanto sopra. Esattamente al contrario ci sono professionisti che amano indossare un abito scuro ed elegante anche quando non devono incontrare clienti, perché solitamente ritengono questo tipo di abbigliamento indice di professionalità.

L'abbigliamento, il modo di vestire, è significativo perché è un segnale estremamente visibile, recepito da tutti, clienti, collaboratori e fornitori.

A volte l'abbigliamento è estroso ed appariscente, appositamente per farsi ricordare, come accade in alcune campagne pubblicitarie estremamente originali, pur rappresentando aziende classiche ed immortali.

Anche il luogo di lavoro è in grado di inviare messaggi, esattamente come i collaboratori. Naturalmente, il luogo di lavoro influenza il nostro stato d'animo; gli spazi piacevoli tengono alto il morale, mentre gli ambienti brutti, intristiscono.

Lo stile è importante, ma altrettanto lo è la praticità e la funzionalità, quindi, riguardo al posto di lavoro, riflettete bene sul modo in cui viene utilizzato, domandatevi se consente alle persone di comunicare tra loro, di poter riflettere da soli quando necessario e se vi è un luogo dove si possa riunirsi tutti insieme, quando serve.

Il luogo di lavoro e l'abbigliamento sono due maniere di influenzare la cultura aziendale, modificando tutto ciò che è evidente esteriormente.

Vi sono poi altri elementi nascosti nella cultura aziendale, che vanno molto oltre le apparenze esteriori. Si può lavorare in un luogo bellissimo, indossare un abito strepitoso, ma la cultura aziendale vivrà poco e male se non si saprà trattare con le persone che lavorano con noi. I processi decisionali sono quelli in cui la cultura si manifesta nel modo più potente.

Le tue decisioni segnalano il valore dell'azienda ed è esattamente la maniera in cui prendi le tue decisioni che mostra la cultura aziendale che stai creando.

Quando si entra in crisi o in conflitto si è costretti a scegliere, le tue decisioni debbono trasmettere il messaggio di cosa è importante per la tua azienda e di cosa non lo è.

Con il tempo, questi valori diventano parte integrante della cultura aziendale.

*"La cosa più importante nella comunicazione
è ascoltare ciò che non viene detto"
Peter Drucker*

Al fine di creare una cultura aziendale che abbia determinati valori, è necessario riflettere attentamente sulla maniera in cui questi influenzano le vostre decisioni.

Per fornire un esempio pratico, è nel conflitto tra valori diversi che si determina la cultura aziendale, ad esempio, potresti trovarti a essere costretto a scegliere tra la puntualità delle consegne o la qualità del servizio svolto e devi sapere che da li in avanti la tua decisione orienterà la cultura aziendale in una specifica direzione.

Un leader deve riflettere con largo anticipo sui conflitti di valori, per poter inviare i messaggi che desidera attraverso le sue decisioni.

I valori che, usualmente, possono guidare il comportamento all'interno delle aziende, sono:

- La correttezza verso il cliente.
- Fare in modo che il luogo di lavoro sia gradevole e stimolante.
- L'attenzione ai compratori.
- Che ognuno dia un contributo costante in azienda.
- Realizzare prodotti di qualità.
- Dominare i mercati in cui si è competizione.
- Gratificare e promuovere esclusivamente in base ai meriti.
- Ridurre il più possibile i costi di produzione.
- Eliminare tutto ciò che si può eliminare.

La diffusione dei valori è solo una parte del modo in cui si utilizzano le decisioni per dar forma alla propria cultura aziendale, si trasmettono messaggi di enorme forza anche nel modo in cui si prendono le decisioni.

Se, ad esempio, ascolti le persone in modo sincero, se le coinvolgi, si promuoverà senza dubbio la cultura di partecipazione, anche se è molto più frequente che il numero uno dell'azienda sia l'unico a parlare e, spesso, lo faccia in modo molto intimidatorio verso gli altri, i quali, raramente fanno obiezioni, ma non perché ritengano le idee del proprio capo necessariamente brillanti, ma semplicemente perché sono inibiti ed intimiditi.

Consiglio che ogni buon capo, occasionalmente, provi a tacere ed ad ascoltare le opinioni dei propri collaboratori, o almeno, può chiedere di essere osservato durante i suoi meeting per sapere quali delle sue idee sono davvero condivise dagli altri e quali no.

Ritengo anche che, pensare con più teste sia sempre più costruttivo e che la cultura della partecipazione attiva, sia senza dubbio la più valida professionalmente.

Quando ci si trova in una posizione di potere è frequente colpevolizzare gli altri senza essere contraddetti, ma questo atteggiamento rende facile liberarsi da ogni responsabilità quando le cose vanno male, quindi, è importante che un buon capo coach abbia un atteggiamento verso gli errori, che conduca le persone a correre dei rischi e ad assumere le proprie responsabilità.

Così come ogni collaboratore, anche il capo commette errori frequentemente, ma deve interpretarli per quello che sono, ossia, importanti occasioni di apprendimento.

Più le persone commetteranno errori più avranno voglia di spingersi oltre ed è proprio in quei frangenti che mi è capitato di avere delle prestazioni eccezionali, certamente vanno considerati in maniera diversa gli errori causati da una totale e ripetuta inettitudine o mancanza di competenza. Nella maniera in cui fai delle scelte e prendi delle decisioni, nel modo in cui gestisce gli errori sono gli elementi base per calibrare in modo efficace la tua cultura aziendale.

È estremamente importante anche lodare i propri collaboratori quando svolgono un ottimo lavoro, ciò li condurrà ad adoperarsi per raggiungere sempre alti livelli di performance.

La nostra cultura poggia erroneamente invece sulle punizioni, mentre si apprende molto di più evidenziando ed incoraggiando la parte migliore di ogni individuo, piuttosto che punendo quella peggiore.

*"Cerca prima di capire
e solo dopo, di essere compreso dagli altri"
Stephen Covey*

Impegnati per creare un ambiente di lavoro in cui questo riconoscimento avvenga regolarmente, perché le persone hanno bisogno di incoraggiamento quotidiano, non solo nelle occasioni speciali.

Questa operazione non richiede grandi strategie, basta semplicemente complimentarsi con loro anche solo passandogli vicino la scrivania, un elogio fatto quasi per caso porta risultati eccellenti e le persone intensificano le attività per le quali sono state alloggiate, quindi fai solo complimenti sinceri, credibili, fatti con entusiasmo e gentilezza che ottengono sempre un ottimo risultato.

Per essere pratici, meritano sicuramente un apprezzamento in più, tutti i tuoi collaboratori che rimangono a lavorare fino a tarda ora pur di rispettare una scadenza, un collega che riorganizza i suoi impegni personali in funzione della professione, il professionista in grado di individuare un'eventuale futuro problema e riesce ad organizzare le cose prima che il problema si verifichi.

Un buon capo può dimostrare l'apprezzamento invitando la sua squadra a pranzo fuori, concedendo un giorno di libertà, regalando dei biglietti per un evento significativo ect.

È molto semplice apprezzare i professionisti validi, basta notare ciò che fanno quotidianamente e ringraziarli, rifletti sui risultati eccellenti realizzati dai professionisti della tua squadra, portali a pranzo, esprimi la tua gratitudine, fai sentire quanto hai apprezzato il loro lavoro; ricorda sempre che congratularsi per un lavoro ben fatto, incentiva il tuo team più di qualsiasi altra cosa, mentre invece un atteggiamento silenzioso ed indifferente demotiva con altrettanta potenza.

P.S.: ciò funziona anche nella vita privata.

> *"Sii grato per tutto quello che hai,*
> *la gratitudine è importante.*
> *L'universo ama le persone grate,*
> *più siete grati,*
> *più l'Universo vi darà cose per cui ringraziare"*
> *Louise L. Hay*

Capitolo 2
La pratica

1 – Il Vero Capo

Molti capi, sebbene possa sembrare paradossale, non sanno esattamente in cosa consista veramente il loro lavoro ed è per questo che non riescono a svolgere bene la loro funzione.

Il capo, ossia l'amministratore delegato, ha un'infinità di responsabilità, che sia il capo di un'enorme azienda o di un piccolo negozietto.

Innanzitutto egli è responsabile del successo e del fallimento dell'azienda, dopodiché è responsabile di tutta la parte operativa, le strategie, la creazione di una cultura aziendale, il marketing, le risorse umane, gli aspetti finanziari, le assunzioni, i licenziamenti, le normative, la parte commerciale, le relazioni pubbliche ect, avendo così tanti compiti, necessariamente deve delegarne una parte, ma ci sono alcuni compiti che non si possono delegare.

La creazione della cultura aziendale, la formazione della squadra dei senior management, il finanziamento e lo sviluppo dell'organizzazione ed il processo di delega sono competenze esclusive del capo.

Il capo deve definire la strategia e la vision della sua azienda, stabilire e mantenere una cultura aziendale coerente, distribuire risorse umane e finanziarie e formare delle squadre efficaci ed efficienti.

Nel definire la strategia e la vision, l'amministratore delegato, deve chiedersi in quali mercati deve entrare l'azienda, quali sono le aziende concorrenti con cui dovrà competere, con quali dei suoi prodotti e in quale maniera l'azienda potrà differenziarsi da tutte le altre.

Dopodiché l'amministratore deve costruire la cultura aziendale. La cultura aziendale, come abbiamo già detto, influenza enormemente tutti gli individui; se l'ambiente è mediocre, i migliori lo abbandonano, se è estremamente positivo e piacevole, attirerà i professionisti migliori che desidereranno restare e saranno entusiasti di andare ogni giorno al lavoro, dando delle performance migliori.

Possiamo dire che la cultura aziendale corrisponde alla sua personalità o mancanza di personalità. Ogni azione o non-azione, fondamentalmente, invia un messaggio culturale.

Anche nelle aziende formate da pochissime persone la dimensione culturale resta estremamente importante.

Un capo "DOC" stimola i suoi collaboratori, elogia i suoi dipendenti e sa congratularsi con loro, lo fa in maniera che le persone che lavorano con lui abbiano fiducia in se stessi e si sentano speciali, agisce così perché sa bene che le persone capaci e motivate sono la chiave per il successo di un'impresa.

Assume persone eccellenti, affida il lavoro giusto alle persone giuste, spiega chiaramente ai collaboratori ciò che deve essere fatto e perché, promuove la formazione professionale dei suoi collaboratori ed ascolta attentamente l'eventuale senso di frustrazione a lui confessato da un dipendente, abbattendo ogni barriera.

Il buon capo controlla i progressi dei suoi dipendenti e ricorda sempre di ringraziarli privatamente e pubblicamente, li mette in condizione di costruire il proprio successo e non lo fa emanando direttive bensì con la sua presenza, con il comportamento, con esempi concreti.

Alcuni capi agiscono intenzionalmente per essere un esempio, altri lo sono spontaneamente, seguendo le loro qualità naturali, ciò che conta è che il capo sappia che il suo modo di essere e di fare, plasma la propria organizzazione e, poiché l'azienda fa ciò che fa il capo, egli deve sempre essere il primo a dare il meglio di sé, oppure non potranno farlo di certo i suoi collaboratori.

Il capo sa bene che ogni attività dell'azienda è studiata per creare e conservare clienti, per questa ragione si adopera per rimuovere le barriere fra l'azienda ed il cliente e per liberare i suoi dipendenti da ogni perdita di tempo di tipo burocratico, privilegiando costantemente l'acquisizione e la conservazione dei clienti.

Il capo sa che il mondo del lavoro cambia e debbono farlo anche le aziende, perché le imprese che non si adeguano a questo mondo economico in rapida e continua trasformazione, saranno annientate da una concorrenza sempre più forte e, inevitabilmente, scompariranno al mercato.

Questo concetto è valido anche per i propri dipendenti: se il dipendente non si adatta alle novità, se non è flessibile, se non segue le innovazioni, il suo valore all'interno dell'azienda inevitabilmente diminuirà.

Per questa ragione i migliori capi si impegnano a riqualificare i propri dipendenti, ed a loro preme che questi siano sempre aggiornati, per questo si adopera, per migliorarne le performance, affinché loro possano affrontare sfide sempre nuove e stimolanti sul lavoro.

Il vero capo sa molto bene che la mediocrità distrugge la forza innovativa e l'energia di ogni azienda, come sa che questa si trasforma facilmente in uno standard se viene accettata, ciò può danneggiare anche gli elementi migliori, per questa ragione è bene estirpare sul nascere ogni segno di rendimento mediocre, perché una persona mediocre può offrire solo performance mediocri e queste danneggiano l'azienda ed il capo stesso.

Tollerare la mediocrità e sempre un gravissimo errore da parte del management.

Il capo assume solamente collaboratori eccellenti, fortemente motivati, con obiettivi chiari che perseguono con costanza e cerca sempre persone di alto livello o che potenzialmente potrebbero esserlo, perché sa che anche se probabilmente costeranno un po' di più, potranno anche offrire molto di più.

"Se credo di poterlo fare,
sicuramente acquisirò la capacità di poterlo fare,
anche se all'inizio potrei non averla"
M. Gandhi

Un vero capo è sempre molto attento alle pericolose "D", ossia, se il rendimento di un collaboratore cala vertiginosamente o se un impiegato brillante perde la sua verve, il capo chiede un colloquio con il suo collaboratore e analizza subito se questi cambiamenti negativi sono dovuti a depressione, droga, divorzio, dadi (cioè gioco d'azzardo), distrazioni sentimentali, devianze comportamentali, distonia da etilismo, dolore, disturbi organici, debiti.

È molto frequente che una di queste pericolose "D" affligga il collaboratore, oppure coinvolga qualche persona della sua famiglia.

Queste "D" sono molto pericolose perché danneggiano il collaboratore, l'azienda ed il capo.

Questi sono ostacoli esterni all'organizzazione aziendale, ma ve ne sono alcuni che possono nuocere al rendimento complessivo del dipendente e sono, invece interne all'azienda come ad esempio il personale demoralizzato e demotivato,o una direzione che lascia a desiderare.

Fare una diagnosi precoce conduce al giusto rimedio e può trasformarsi in un rapido miglioramento. Il capo sa delegare avendo sempre un preciso programma di verifica su quanto viene fatto in una direzione ben precisa, avendo formato prima i propri dipendenti, mentre, errore molto frequente, il capo vuole farsi carico di ogni cosa, perche è ossessionato dalle manie di controllo, mentre è bene che impari a seguire la procedura per delegare correttamente, ossia affidare un compito ad un dipendente che sia in grado di portare a buon fine l'operazione delegata.

Non ha senso farsi travolgere da priorità estemporanee e vivere quindi una sorta di stato confusionale deviando dal proprio percorso, perché cosi si potrebbe perdere di vista l'obiettivo primario.

Il buon capo controlla e verifica senza essere invadente, aiutando il collaboratore a cogliere quali sono le priorità per lui; all'inverso, non permette ad i dipendenti di eclissarsi nelle decisioni di loro competenza.

Egli sa che le persone di fronte ad un problema possono trovare la giusta soluzione, certamente nemmeno il migliore dei capi può mandare avanti un'intera azienda facendosi carico personalmente di ogni decisione e non potrebbe fare carriera se i suoi sottoposti non fossero in grado di pensare e decidere da soli.

"Mostrate fiducia nei vostri uomini
ed essi faranno in modo di meritarsela;
trattateli da professionisti seri,
ed essi faranno di tutto per non deludervi"
Ralph Waldo Emerson

Compito del capo è prestare sempre estrema attento alla persona che gli parla, per questo è tenuto a fare domande ed a non distrarsi, segue ogni comunicazione che gli viene rivolta dai suoi collaboratori, rivolge sempre molta attenzione anche al non verbale ed al paraverbale, per poi comunicare le sue decisioni senza mai dimenticare di ringraziare.

Il capo ascolta in maniera empatica perché sa che ogni persona ha molto da insegnare e sappiamo che numerose esperienze di altri possono tornare preziose, ognuno può avere idee interessanti. D'obbligo assoluto per il capo è mantenere sempre le promesse fatte ed accertarsi che i suoi sottoposti facciano altrettanto.

Le aziende fanno regolarmente promesse, una semplice inserzione pubblicitaria è già una promessa, il capo sa bene che una promessa non mantenuta ha un costo enorme e molto pericoloso, ad iniziare dai clienti scontenti che si rivolgeranno ad altri.

La promessa di un'impresa si identifica spesso con la sua stessa mission, coincide con il suo slogan o con i fondamenti della sua cultura aziendale, per questa ragione le aziende che operano con successo mantengono sempre loro promesse, sono gremite di elementi che mantengono le promesse, per questo possono avere successo e continuare a prosperare.

Poi, il capo si impegna nel confronto e non si scontra, perché il confronto esclude lo scontro, egli fa in maniera che nella sua azienda ci sia sempre possibilità di confronto; desidera che la pratica del confronto sia accettata da tutti i suoi collaboratori, anzi la rende uno strumento di lavoro come molti altri, sempre lì, a disposizione, perché è importante il confronto con ciascun collaboratore ed ogni nuovo dipendente, così che si possa sempre comunicare in maniera aperta ed assertiva senza mai arrivare allo scontro.

Il capo non umilia, non minaccia e non svaluta mai un suo dipendente né pubblicamente e privatamente.

Il vero capo si sente fortunato perché sa cogliere le opportunità che si presentano, se qualcosa va male, continua a tentare perché sa che essere fortunati non ha nulla a che vedere con il calcolo delle probabilità, ma è il risultato di riflessioni meditate e di una lunga preparazione; non si arrende mai né lascia che si arrenda l'azienda, si può perdere ma mai arrendersi.

Il capo sa bene che sono vitali la produttività, la formazione, l'innovazione e la passione, come il riconoscimenti ed il senso di libertà e di appartenenza; solo attraverso questi elementi si potrà andare sempre più in alto con la propria azienda.

"Tratta le persone come sono ed esse lo resteranno.
Trattale come dovrebbero essere ed esse lo diventeranno"
Goethe

Un buon capo è conscio che una forza di lavoro demotivata ed un organico demoralizzato, conducono la propria azienda al suicidio.

Il giusto boss, sa che il 20% dei lavoratori più in gamba produce l'80% dei risultati, quindi sceglie di trascorrere con gli elementi più validi il 60% del tempo che dedica all'attività di verifica e controllo ed a quella di istruzione e formazione del personale, il 30% del tempo lo trascorre invece con i dipendenti che hanno buone potenzialità, mentre il 10% lo dedica ai lavoratori meno validi, cioè quelli con il rendimento più basso.

Ciò significa che se, in un mese, si destinano 40 ore alla formazione del personale, alla pianificazione dei lavori, alla cura dei subalterni, ventiquattr'ore saranno dedicate agli elementi migliori, 12 alle promesse dell'azienda e le restanti 4 ai collaboratori meno promettenti.

Molti capi fanno l'errore di dedicare il tempo ai dipendenti problematici e purtroppo, assai frequentemente, questi, ricambiano con un rendimento sempre più basso, le ore che sono state loro dedicate; questi stessi dirigenti dedicano pochissimo tempo ai rendimenti migliori che rappresentano invece il motore dell'azienda.

Ogni capo dovrebbe tener presente che non è vero che i collaboratori di più alto livello preferiscono essere lasciati in solitudine, in autonomia, impegnati a difendere la loro individualità, in verità questi apprezzano la partecipazione del capo e traggono energia dall'attenzione dalla sua attenzione, aumentando ancor di più il livello del loro rendimento. Inoltre, il capo osservando la tecnica lavorativa dei migliori, può replicare ed apprendere dai dipendenti più dotati di potenzialità, le medesime tecniche.

"È nel momento delle decisioni che si plasma il tuo destino"
Anthony Robbins

Detto ciò, se vuoi essere un grande capo, insegna qualcosa a qualcuno ogni giorno, queste sono attenzioni verso i collaboratori che migliorano il rendimento, rafforzano l'azienda e innalzano immediatamente la produttività, con un investimento, tutto considerato, piuttosto limitato.

Il vero capo ama fornire ai propri collaboratori nuove opportunità di apprendimento, quindi consiglia letture valide, dà la possibilità di fare nuove esperienze, organizza corsi di aggiornamento e di formazione, sia interne che esterne all'azienda e corsi di addestramento sul campo.

Considera che anche imparando per soli 10 minuti al giorno, sono circa 2400 minuti all'anno, considerando i giorni lavorativi, ossia 40 ore che È, più o meno, la durata di un corso universitario.

Il vero capo non crea delle regole, ma crea le condizioni per la migliore performance possibile all'interno della sua azienda.

Un regolamento interno esagerato può spegnere l'entusiasmo di un lavoratore, pregiudicando la sua performance, troppe regole sono il segnale del fatto che l'azienda sta assumendo persone di scarso valore, è incapace, cioè, di scegliere, pensare e ragionare con la propria testa.

Un vero capo si pone accanto valide persone che non hanno bisogno di grandi regolamenti interni, perché sono persone che garantiscono il suo successo e fanno risparmiare all'azienda molto tempo e denaro.

Il capo difende sempre i propri collaboratori, soprattutto quelli più validi, ognuno può commettere degli errori, ma ogni errore può essere un'occasione per imparare, favorendo così la crescita personale di chi lo ha commesso.

Il vero capo sa trasmettere grandi speranze ai suoi collaboratori e dà sempre un forte impulso alla creatività, facendo sentire le persone speciali ed importanti; così facendo i collaboratori, non vogliono deluderlo e sono sempre motivati, inoltre le speranze inducono a rivoluzionare il proprio modo di pensare e di agire e sono parte integrante della mentalità dei migliori professionisti.

Il vero capo è spesso una figura memorabile, dotato di un personalità eccellente, spesso fuori dal coro, è pieno di energia e vigore, è una persona intraprendente e mira al successo per sé, ma soprattutto per la propria azienda, inoltre è una persona estremamente attiva, il che non significa essere una persona frenetica ed esagitata, è energico ma calmo ed ha sempre la parola giusta per i propri collaboratori, trasmette la sua energia attivista intorno a sé e riesce ad essere di stimolo per tutta l'azienda, così che la sua organizzazione energica e scattante vince su tutte le organizzazioni un po' sonnolente e letargiche.
È una figura che in pochi secondi, rimane impressa per tutta la vita, ha una visione ottimistica nel suo approccio verso le difficoltà perché è convinto di essere sempre in grado di poterle superare, sa che non ci sono ostacoli che la mente umana non possa affrontare e che siamo sempre noi gli artefici del nostro futuro; è un autentico leader, una guida, un vero maestro che sa sempre passare dalle parole ai fatti ed è convinto che ogni persona non dovrebbe mai smettere di apprendere cose nuove, tentare soluzioni originali ed approcci innovativi.
Un vero capo è, semplicemente, una persona eccellente.

"I veri manager non parlano ai collaboratori dei loro problemi, ma sanno come portare le persone a parlare dei loro"
Peter Drucker

2 – Il Capo: errori e soluzioni

Errori

Non è semplice capire se sei un capo di successo oppure un capo non apprezzato, perché anche se chiedi un feedback sincero, difficilmente i tuoi collaboratori te ne forniranno uno non lusinghiero, per il timore di arenare la loro carriera.

Molto spesso i manager ritengono che il capo stia perdendo autorità o che stia prendendo decisioni inadeguate o che abbia un modo di comunicare non consono, ma molto difficilmente glielo fanno sapere. Teoricamente, i membri del consiglio di amministrazione dovrebbero supervisionare il capo ma difficilmente vanno oltre una valutazione della performance, raramente osservano il comportamento quotidiano, né ritengono che spetti a loro esprimere commenti a riguardo.

Eppure, è proprio il comportamento quotidiano del capo che determina il successo dell'intera azienda. Un feedback sincero e di qualità è il modo migliore per sapere cosa non sta funzionando. Il feedback è necessario per svolgere al meglio il lavoro.

Il capo ha il compito di definire la strategia, di creare la cultura aziendale, di guidare, di stabilire come destinare le risorse finanziarie, quest'ultimo compito è semplice da misurare, mentre i tre precedenti, sono piuttosto complessi da realizzarsi.

Come fa, ad esempio, il capo a comprendere se le sue azioni sono congruenti con la sua vision? Risponderai che egli deve necessariamente comunicare la vision.

I collaboratori, daranno sostegno alla vision, collegheranno il proprio lavoro a questa e ciò metterà il dirigente nella condizione di capire se la comunicazione è efficace oppure no, cosi la si potrà mettere in atto mediante l'assegnazione di incarichi effettivi. Inoltre, il capo può controllare la propria efficacia della comunicazione facendo domande ai suoi colleghi e collaboratori ed ascoltandoli, in modo che essi colleghino il loro lavoro alla visione aziendale. La capacità, nel costruire lo spirito del team si può misurare attraverso appunto la "squadra".

Le squadre sono perfette quando la loro azione è efficace ed è facile capire quando ci si può fidare dei membri della propria squadra, ovvero quando ognuno svolge la parte di lavoro di sua competenza nei giusti tempi e quando ogni membro sa esattamente cosa ci si aspetta da lui.

Quindi, prove di valutazione della squadra, svolte regolarmente, aiutano moltissimo il capo a seguirne i progressi ed a migliorare le proprie capacità di mantenere l'azione fluida e costante.

"Con il talento si vincono le partite,
ma è con il lavoro di squadra e l'intelligenza
che si vincono i campionati"
Michael Jordan

Inoltre, un capo non può guidare un'azienda se non sa cosa stanno facendo esattamente i collaboratori che vi lavorano, se non riesce a stabilire dei criteri di misurazione appropriati o non comprende le loro esatte mansioni.

Molti capi poi, per nulla ammirabili, non sentono le notizie che non vogliono sentire, non ascoltano i feedback negativi; quando le cose non vanno bene, scaricano le responsabilità sugli altri che li circondano, senza mai notare i propri limiti e senza pensare che, magari, non sono state scelte delle persone competenti o forse non si è stati in grado di comunicare gli obiettivi in maniera chiara. Altre volte, il capo si sente troppo sicuro di sé, si sente il migliore e il più esperto in ogni area, sino a ritenersi del tutto infallibile e soffre di manie di grandezza.

Inoltre, una persona che si ritiene infallibile, crede erroneamente di non aver più nulla da imparare, quindi, smette di apprendere, mentre un capo non deve mai smettere di apprendere e deve confrontarsi con altri dirigenti d'eccellenza, per potergli chiedere se sta facendo veramente un buon lavoro o se si potrebbe fare un lavoro migliore. Esistono inoltre capi veramente mediocri, che stabiliscono delle vision estremamente limitate e limitanti, impedendo all'intera azienda di crescere.

*"La qualità della vita di una persona
è direttamente proporzionale
al suo impegno nei confronti dell'eccellenza,
indipendentemente dal suo campo di applicazione"*
Vince Lombardi

Soluzioni

È importante che un capo non si esalti esageratamente e che rimanga sempre in contatto con i propri collaboratori.

Ciò può attuarsi seguendo questi suggerimenti, estremamente semplici e rapidi, da mettere sin da subito in pratica, che producono risultati effettivi ed efficaci:

Ritagliati 15 minuti al giorno per crescere come persona e come capo.

In questi 15 minuti, concentrati sulle questioni che affronti (e affronteremo insieme di seguito).

So già che stai pensando di non avere 15 minuti da dedicare a questo, invece li hai!

È un impegno importante e significativo, ricorda di adottare solo uno o due suggerimenti alla volta, devi metterli in pratica sino a che non diventino azioni istintive per te; metti in pratica un solo compito per alcune settimane, dopodiché passa al seguente, naturalmente, conserva solo quelli adatti a te ed abbandona quelli che non funzionano nel tuo caso.

► Resta in contatto con chi è ai livelli inferiori, abbi un atteggiamento di rispetto per gli altri.

► Ricorda che sono i tuoi dipendenti che trasformano i tuoi progetti in realtà.

► Ascolta i tuoi collaboratori, impara veramente ad ascoltare i loro commenti e le loro opinioni, senza giudicarli. Cerca di comprendere la loro esperienza del mondo, non di imporre la tua, scopri cose sulla loro vita, su cosa è che li motiva.

► Condividi con i dipendenti la tua vita e il tuo lavoro, fai comprendere a chi non lo ha capito come il loro ruolo si collega alla vita dell'azienda, poniti e poni la stessa domanda: che cosa si può fare per aiutarmi, aiutarti a dare il meglio di te...dopodiché fallo!

► Sii umile e riconosci i meriti dei tuoi collaboratori, senza di loro i tuoi sogni non potrebbero diventare realtà, né i sogni della tua azienda, non dimenticarlo.

► Quando qualcosa non và come vorresti, prenditi la responsabilità, sappi che un atteggiamento mentale verso l'assunzione di responsabilità ti metterà in una posizione più potente rispetto all'atteggiamento colpevolizzante, pertanto, chiediti, continuamente, in ogni circostanza: "Cosa potrei fare in maniera diversa per fare la differenza?"
Individua il comportamento specifico ed agisci di conseguenza.

► Circondati di persone che ti ricordano che sei responsabile delle tue azioni ed assicurati di avere ogni giorno il feedback su come stai svolgendo il tuo lavoro, da collaboratori ed amici; puoi anche interpellare i clienti concorrenti e altri operatori del settore per comprendere come tu e la tua azienda di prodotti, venite percepiti: impara a crescere con i loro consigli ed adotta le strategie che sono state utili per altri prima di te, inoltre mettile subito in pratica.

► Inoltre, non dimenticare mai di definire e condividere la strategia e la vision dell'azienda. Sviluppare la cultura aziendale, determina ciò che le persone proveranno oppure non proveranno a fare, come verrà svolta l'attività, chi andrà e chi invece resterà.

► Accertati che le risorse vengano adoperate in maniera attenta ed oculata.

► Ricorda l'importanza del team building ed impara: leggendo, seguendo corsi, esaminando i successi e gli errori commessi in passato, rifletti sulle soluzioni ad affina le tue abilità sia per assumere che per licenziare.

► Decidi di alzare lo standard ogni anno, rispetto all'anno precedente.

► Ambisci a realizzare di più o in minor tempo con meno risorse e mantenendo la tua vita privata in equilibrio.

► Infine, non smettere mai di osservare le persone, perché più cose apprendi sulle capacità di chi ti circonda, maggiormente sarai in grado di creare squadre che producano risultati assolutamente eccellenti.

3- Il capo e il focus

La capacità di concentrarsi è basilare per un capo, sintetizzando possiamo dire che se la strategia non è corretta, non si avrà la giusta leadership e non si riuscirà a portare a termine le cose da fare. Detto così sembra semplice, ma nel mondo professionale stracarico di impegni, incombenze, responsabilità ed imprevisti può essere estremamente difficile non commettere questo errore, fortunatamente esiste una tecnica estremamente efficace che consente di fare enormi progressi in ogni progetto e dà la possibilità ad ogni professionista di attuare in sé un'eccezionale trasformazione.

La strategia è molto semplice, si tratta di stabilire un tempo destinato alla focalizzazione.

Molto spesso ci blocchiamo perché stabiliamo tempo a sufficienza per seguire un progetto in maniera continua ma veniamo interrotti spesso, ci sono altri progetti a cui dobbiamo dedicare attenzione, pensieri che ci travolgono, telefonate che arrivano, collaboratori che ci distraggono, preoccupazioni inutili e conversazioni ascoltate per caso, tutto questo, al termine della nostra giornata lavorativa ci porta non aver ultimato la parte importante del lavoro, come avremmo preventivato.

Appare, in effetti, estremamente semplice, ma, in verità, focalizzarsi sulle cose prioritarie non lo è poi così tanto.

Innanzitutto, stabilito il processo di focalizzazione, dobbiamo veramente ed efficientemente metterlo in pratica, dobbiamo cioè impegnarci veramente con noi stessi, sin dal principio ed almeno per una settimana a rispettare le priorità ed a trascurare le distrazioni infruttuose.

Ricorda che se non ti senti pronto e pensi che non ce la farai, probabilmente non riuscirai. In pratica, quando avrai deciso di attuare il processo di focalizzazione, stabilisci quanto tempo occorrerà per ogni seduta, possono essere due, come quattro o sei ore, ognuno ha una quantità di tempo necessario per acquisire lo slancio per ultimare un progetto.

Stabilita la tua dose di tempo, stabilisci di utilizzare solo ed esclusivamente per la focalizzazione, quella dose per un'intera settimana. Probabilmente, in questo momento, questa tecnica ti sta sembrando assurda ed improbabile, sono certa che pensi di non poter dedicare quattro ore al giorno ad essa. Non ha importanza, fallo!

Ritagliati un'area senza nessuna interruzione, per le ore necessarie, ogni giorno, questo è lo spazio necessario per migliorare le prestazioni fino a livelli di eccellenza. Non importa se non sarai disponibile per i tuoi collaboratori in quelle ore, questo ti renderà, probabilmente, anche più ambito. Non commettere l'errore di farti rapire da altre necessità importanti dell'ultimo secondo, riducendo a metà la dose di tempo stabilita per la focalizzazione, se lo consenti, sai già che nella settimana ne resteranno veramente disponibili non più di 2 o 3.

Scegli un progetto preciso per ogni area di tempo, inserisci i progetti a rotazione, così da poterli far progredire ogni settimana. Dopodiché, per evitare interruzioni, ti fornisco qualche consiglio: informa il tuo assistente che non vuoi essere disturbato per nessuna ragione che non sia un'emergenza e chiudi la porta dell'ufficio, isolandoti dal rumore, se ami, puoi ascoltare una musica che ti aiuti a concentrarti e stacca il telefono, così come l'avviso di arrivo della posta elettronica ed ogni forma di instant messenger, il cellulare, il palmare ed i cerca persone. Buon lavoro! Il tuo tempo dedicato alla focalizzazione può essere disturbato dagli altri ma anche da te stesso, non consentire a nessuno di interromperti.

Purtroppo però sarai proprio te stesso a disturbare te stesso, ti verranno in mente 1000 cose urgenti ed importanti da fare proprio in quel momento, prendi nota di ciò, lo farai alla fine del tuo tempo di focalizzazione, ripeto, solo al termine. Non è semplice, nemmeno io riesco sempre a mettere in pratica questo principio in maniera totale, perché la vita ci pone di fronte a milioni di urgenze, in continuazione. Eppure i risultati che si ottengono con la focalizzazione sono eccezionali, per questo sono sicura che se lo farai per una settimana di fila, avrai uno slancio eccezionale che ti condurrà a farlo, rifarlo e rifarlo ancora. Il tempo di focalizzazione stabilisce i limiti che sono necessari per lavorare a progetti che richiedono concentrazione ed attenzione.

Nella nostra quotidianità siamo portati a sacrificare sempre qualcosa d'importante della nostra vita per rispettare i nostri impegni; a lungo termine, il prezzo che paghiamo per questo sacrificio è esageratamente alto.

Professionisti estremamente validi si pongono obiettivi che, con il tempo, svaniscono e diventano sogni abbandonati in un vecchio cassetto e, come insegna il coaching, solo l'azione costante porta risultati duraturi, auto-realizzazione e piena soddisfazione.

Vedere i nostri progetti ed avere risultati duraturi, richiede azioni precise e continuate nel tempo, scelte concrete che formano la nostra vita, abitudini che, se in linea con i nostri valori, ci permettono di trasformare i sogni in realtà e realizzare tutto quello che è importante per noi.

"Noi siamo ciò che facciamo continuamente", come disse Aristotele e "ogni lungo viaggio inizia con un primo passo" quindi, fallo da oggi, prendendo il tuo tempo di focalizzazione e ricorda sempre che:

"Le cose più importanti non dovrebbero mai essere alla mercé delle cose poco importanti"
Johann Wolfgang Goethe

4 - Le domande

Quando ci si trova in uno stato di insoddisfazione, se si è convinti di non ottenere i risultati che desideriamo né professionalmente né personalmente, significa che è giunta l'ora di rivedere il proprio piano strategico. Inizia con il domandarti in cosa sei particolarmente abile, analizza le aree in cui hai delle attitudini d'eccezione, perché questa è l'analisi che ti aiuterà a concentrati sulla programmazione del tuo futuro e della tua vita professionale.

Identificare la tua eccellenza è una delle più importanti responsabilità da affrontare ed avrà un impatto eccezionale sulla tua carriera e sui tuoi risultati, pertanto quando l'avrai individuata, dedicagli tutte le tue energie migliori e sarai pronto a diventare il numero uno in quell'area.

Ti propongo di farti delle domande importanti per avviare il tuo piano strategico personale, rifletti attentamente, perché le risposte che darai ad ogni domanda, illumineranno la tua ricerca e saranno il riferimento per la tua attività professionali ideale.

☐ Quali valori di qualità hanno maggiore importanza nella tua attività professionale?
La risposta a questa domanda rappresenta i tuoi valori.

☐ Pensando a te, nei prossimi cinque anni, come sarebbe la tua attività professionale perfetta?
La risposta a questa domanda rappresenta la tua Vision.

☐ In funzione dei tuoi valori, in che maniera, esattamente, cerchi di raggiungere la tua vision?
Questa è la tua Mission.

☐ Qual è lo scopo della tua attività professionale?
È molto importante desiderare sinceramente di essere utili agli altri attraverso il proprio lavoro. Questa domanda è naturalmente riferita allo scopo.

□ Quali obiettivi devi raggiungere per realizzare la tua visione ideale?
Questa risposta ti mostrerà i tuoi obiettivi.

□ In quale area devi essere eccellente per raggiungere i tuoi obiettivi e realizzare la tua vision?
Con questa risposta, andrai a definire la conoscenza e le competenze.

□ Quali comportamenti dovrai avere per essere capace di raggiungere gli obiettivi che hai stabilito?
Qui capirai quali sono i comportamenti indispensabili.

□ Quali sono le attività quotidiane nelle quali dovrai impegnarsi per diventare l'individuo che vuoi diventare e raggiungere gli obiettivi che desideri raggiungere?

Rifletti a lungo, perché le tue risposte saranno estremamente importanti, significative ed utili. Meglio impari a conoscere te stesso, i tuoi obiettivi ed i tuoi valori, più rapidamente sarai in grado di mettere in atto i cambiamenti necessari per conquistare il successo.
Non esiste un limite a quanto migliorare la qualità delle nostre riflessioni, quindi non esiste nessun limite a quanto possiamo migliorare la nostra esistenza.
Il mondo che ci circonda sarà sempre un riflesso del nostro mondo interiore, se non attueremo un cambiamento nel nostro mondo interiore, nulla potrà cambiare nel mondo esterno.

Detto questo, è evidente che quanto più conosciamo profondamente noi stessi, i nostri obiettivi ed i nostri valori, tanto più rapidamente riusciremo ad apportare i cambiamenti indispensabili per il raggiungimento del nostro successo personale e professionale.

"Noi siamo quello che facciamo, sempre.
L'eccellenza non è un atto, ma un'abitudine"
Aristotele

Rifletti accuratamente sui tuoi valori: azione, competenza, creatività, cultura, eccellenza, entusiasmo, energia, determinazione, praticità, professionalità, innovazione, umiltà, unicità, versatilità, lealtà, responsabilità, saggezza, sensibilità, originalità, sincerità, ottimismo.

Seleziona i cinque che rappresentano i principi di base dell'organizzazione della tua attività aziendale o professionale.

Cerca di aver chiara la visione della tua attività professionale, quindi domandati:

□ Come sarebbe la tua professione ideale?

□ Quanto guadagneresti?

□ Con che tipo di persone vorresti collaborare?

□ Quali responsabilità avresti?

□ Cosa faresti?

□ Che tipo di attività ti coinvolgerebbe?

In funzione dei valori della tua "Vision", definisci la "Mission" della tua attività professionale. Domandandoti:

□ Quale è lo scopo del tuo lavoro?

□ Come può essere utile?

□ Qual è l'obiettivo che, qualora lo raggiungessi, ti porterebbe a realizzare la tua Vision ?

□ Quale competenza extra, potrebbe aiutarti a raggiungere l'obiettivo della tua professione più velocemente, rispetto ad ogni altra singola qualità?

□ Quali azioni decidi di compiere sin da ora?

Teoricamente, ognuno di noi è in grado di gestire il proprio apprendimento; nonostante ciò, per esperienza, so che può essere estremamente utile avere delle domande di accompagnamento lungo il proprio percorso di crescita personale e professionale, credimi, può essere di enorme supporto, porsi queste domande:

☐ Come si è svolta fin qui la tua vita professionale?
☐ Cosa hai imparato dalle esperienze passate?
☐ Questa domanda predispone ad un punto di partenza temporale di autovalutazione, quindi è estremamente importante,per farci comprendere dove siamo stati finora.
☐ Quali sono le mie capacità migliori, quali invece le mie lacune?
☐ Questa la domanda che ci mostra dove ci troviamo adesso.
☐ Che tipo di professionista vorresti essere?
☐ Quali carenze devi superare?
☐ Quali competenze vorresti sviluppare?
☐ Quali sono i tuoi obiettivi?

Con le seguenti domande comprendiamo dove vogliamo andare, quali sono le azioni necessarie a compiere il percorso e che competenze dobbiamo realizzare. Le risposte a queste domande ci mostrano come arrivare al nostro traguardo.

☐ Come dimostrerò di aver realizzato i miei obiettivi?
☐ Come capirò di aver raggiunto il mio successo?

Questa la domanda che ti mostra come saprai di essere arrivato al tuo obiettivo ed è forse la domanda più significativa, devi, naturalmente essere onesto e sincero con te stesso.

Vi sono molte altre domande estremamente significative e molto strategiche che, applicate ripetutamente durante la tua professione, nel corso la tua carriera, aiutano senza dubbio a focalizzare il tuo pensiero ed a dirigere le tue decisioni più importanti; sappi che ogni nuova risposta ad una di queste domande può cambiare eccezionalmente la direzione della tua professione.

Domandati: di che attività mi occupo?

Potrebbe sembrarti una domanda sciocca, invece, se non impari a definire la tua attività, in termini di ciò che fai, riferito ai clienti, per la tua azienda, non riuscirai ad individuare gli obiettivi della tua professione e della tua impresa.

Devi quindi imparare a definire la tua attività fino a raggiungere il senso più ampio del termine, trovando nuove definizioni e nuove applicazioni, senza fermarti alla prima risposta.

Prova a pensare a come i tuoi servizi o i tuoi prodotti incidono sulla vita delle persone, pensa ai clienti che hai acquisito e a quelli che vorresti acquisire, pensando alla tua professione, considera le persone per le quali e con le quali collabori, rifletti sull'effetto e l'impatto che tu e la tua professione, avete sui clienti, sia esterni che interni all'azienda.

Tieni sempre in mente che, tanto più profondamente conosci i tuoi valori ed i tuoi obiettivi, tanto più rapidamente sarai in grado di apportare i cambiamenti indispensabili per il raggiungimento del tuo successo professionale.

Domandati: di quale attività potrei occuparmi?

Ciò significa domandarsi di quale attività ci si occuperà se le cose proseguiranno come stanno andando al momento.

Pensa alla tua professione o alla tua azienda tra cinque anni.

Se non modifichi il modo di definirla, che tipo di lavoro farai? è cosi che continuerai a lavorare, cioe nella stessa maniera, perché la ritieni una strategia saggia o pensi di cambiare qualcosa? Inizia a pensare di cosa potresti occuparti se attuassi un drastico cambiamento nelle tue competenze, nelle conoscenze o nei tuoi prodotti e servizi.

Sostanzialmente, se facessi il punto della situazione e ti impegnassi ad agire di quale settore potresti occuparti?

Fai un'attenta autoanalisi, fai ricerche sulle tue capacità, le tue ambizioni e le tue aspirazioni più profonde, poi, analizza il mercato e cerca di comprendere se esiste una corrispondenza fra i due.

Se non esiste questa corrispondenza, valuta i cambiamenti che devi apportare, a livello personale, per costruire un'attività professionale che prosperi in questo mercato, oppure, seleziona un mercato più consono.

Ricorda che una delle domande più importanti della tua vita È: quali cambiamenti devo mettere in atto per diventare la persona che vive la vita che vorrebbe vivere e svolge il lavoro che davvero vorrebbe svolgere?

Adesso allenati domandandoti di quali attività ti occupi, ma anche di quali attività potresti occuparti, o dovresti occuparti, o non dovresti occuparti; quali cambiamenti dovrai fare all'attività che svolgi per farla diventare la tua attività ideale, applica le necessarie variazioni da subito, anche in base a ciò che stai comprendendo, leggendo questo testo.

Ti ho parlato di tutto questo, perché comprendere chi sei veramente e che cosa vuoi davvero, ti insegna a pensare strategicamente e a stabilire il tuo vero obiettivo.

Un coach deve sempre avere piena consapevolezza del tipo di domande che pone, ad esempio, chiedere al proprio cliente:

"Come reagiresti se ti proponessero un nuovo incarico?"

È sicuramente una domanda che apre possibilità di nuove riflessioni, rispetto ad un ambito nel quale, magari, l'interlocutore non si era mai soffermato.

Oppure domandare:

"Mi dicevi di ritenere che un tuo collega fosse invidioso della tua posizione e stesse cercando di metterti in pessima luce, dimmi, da cosa nasce questa tua percezione? Fammi degli esempi di fatti accaduti."

Questa, ad esempio, è una domanda che conferma un'ipotesi, per verificare se ciò che pensa il cliente è basato su fatti reali o solamente su mere supposizioni.

Ci sono poi domande che promuovono la consapevolezza del cliente e spostano il punto di vista su se stessi, come ad esempio:

"Cosa ritieni che gli altri apprezzino di te?"

Bisogna sempre riflettere bene sulla struttura e la finalità di ogni domanda e va sempre considerata attentamente anche la maniera in cui vengono poste le domande, ossia, attraverso quale comunicazione verbale e non verbale si pone ogni singolo interrogativo, perché, a volte anche una domanda perfetta, può essere interpretata male a causa di un tono di voce sbagliato che magari potrebbe apparire giudicante ed investigativo.
Esistono diverse tipologie di domande; abbiamo le domande aperte che favoriscono un'ampia varietà di risposte e stimolano il dialogo, sono

sempre verificate in funzione dell'obiettivo che si vuole raggiungere e solitamente iniziano con un avverbio, un pronome o un aggettivo, come ad esempio: come, quale, sì, perché, quanto. In particolar modo le domande che iniziano con come e perché, devono essere utilizzate con molta attenzione, poiché stimolano un'analisi ed una riflessione, quindi aprono un piano di confronto molto più profondo; mentre negli altri termini come ad esempio chi, quanto, quale investigano su dati reali fatti oggettivi che sono importanti per il percorso per rilevare informazioni sulle quali non non necessariamente c'è bisogno di discutere come ad esempio:

□ Quale ambito della tua professione ti risulta ancora difficile?
□ Chi si dimostra sempre collaborativo con te?
□ Quando il lavoro per te è troppo stressante?
□ Sostanzialmente sono domande molto semplici ed investigano su dati reali, mentre ci sono domande più delicate che possono essere:
□ Perché ti sei comportato in quella maniera?
□ Come avresti potuto raggiungere quell'obiettivo in maniera differente?

Lo scopo di queste domande è quello di mettere in dubbio le convinzioni del cliente e provare a comprendere le vere motivazioni che sono dietro alle sue azioni.
Vi sono poi le domande chiuse, alle quali solitamente si può rispondere solo con un "sì" o con un "no" e servono a verificare il livello di attenzione dell'interlocutore e, fondamentalmente, il loro scopo è quello di tenere desta la sua attenzione e portarlo alla condivisione.

Cosi come le domande che iniziano con un verbo, ad esempio: è soddisfatto di questo successo?
Possono essere influenzate oppure neutre, nel senso che a volte suggeriscono già una risposta, per esempio, quando si vuole verificare di aver capito bene la risposta oppure quando si vuole promuovere la consapevolezza rispetto a quanto detto, ad esempio: vuoi lavorare su questa area di miglioramento?

Va tenuto presente che alcune domande sono uno dei rischi del coaching perché possono essere considerate tendenziose, ossia venir utilizzate in maniera strategica per far sì che l'interlocutore si allinei ad un concetto di cui il coach è convinto, ad esempio:

"Non sarebbe bene che tu chiudessi questo rapporto?"

Oppure:

"Non potresti tentare di non innervosire più questa persona?"

Com'è evidente, in questi casi, si tende ad influenzare l'interlocutore, questo è il grande errore del coaching, quindi va tenuto presente che non solo queste sono domande inefficaci, ma, ancor peggio, rappresentano anche dei rischi, perché soffocano le soluzione autonoma del cliente, diminuendo infatti la creatività, l'impegno e la partecipazione nel suo percorso di crescita individuale.

Poi, il coach, per chiarire l'invadenza della domanda stessa o razionalizzarla, ossia spiegare i motivi per cui ha fatto quelle specifiche domande, ad esempio: adesso ti porrò alcune domande di tipo informativo in quanto desidero avere un quadro chiaro del tuo contesto professionale.
Specificare questo, col farne comprendere l'utilità e lo scopo, aiuta il percorso verso il quale punta e promuove l'apertura del cliente che, comprendendo le finalità non si limitava a sentirsi sotto esame o in imbarazzo.

Esistono moltissime motivazioni che ci conducono a fare delle domande, le domande esistono mosse dall'intenzione di ottenere informazioni, di capire ciò che l'altro pensa, di dimostrare il nostro interesse, di evidenziare le aree di interesse e così via.

La maniera di fare le domande giuste è una competenza ed un'abilità strategica che deve avere necessariamente ogni coach, e necessita di una formazione accurata, molta preparazione ed infinita pratica.

Ogni coach deve saper creare e pensare domande estremamente efficaci, che stimolino l'elaborazione del pensiero, avvalersi di idee creative ed esposte sempre dal punto di vista dell'interlocutore, aiutandolo così a prendere decisioni che possono condurlo ad agire in maniera efficace.

Il coach deve quindi comprendere qual è l'area di analisi, deve porre domande semplici e studiate che accompagnano il percorso del suo cliente senza influenzare il suo pensiero e senza mai tentare di controllare le sue scelte.

"Qualunque cosa facciate, voglio che vi impegniate a farla. Non c'è scusa per chi non ci prova"
Barack Obama

Capitolo 3
TU

1 - Tu, tra concorrenti e clienti

Sia che tu lavori per te stesso o per un'azienda, la concorrenza è sempre comunque un elemento cruciale della tua professione.

Per poter far fronte alla concorrenza è necessario fare una ricerca minuziosa ed accertarsi di conoscerla ancor meglio di quanto conosci te stesso. Molti professionisti compiono il pessimo errore di sottovalutare la concorrenza; questo in una situazione competitiva ti mette in una posizione di serio svantaggio, io consiglio di rispettare i tuoi avversari ma soprattutto di studiare ed imparare da loro.

> *"La maggior parte della pubblicità*
> *non fa tanto appello alla ragione,*
> *quanto all'emozione"*
> *Erich Fromm*

Inizia con l'esaminare la tua concorrenza.

Chiediti che cosa hanno fatto per ottenere la posizione in cui si trovano, quali sono le loro strategie e tecniche, come collocano i loro servizi e prodotti sul mercato, per quale ragione i clienti acquistano da loro, in che maniera offrono assistenza ed intrecciano relazioni sia dentro che fuori dalla loro organizzazione, che tipo di formazione e nuove capacità acquisiscono regolarmente, come approcciano al controllo della qualità, di quale associazioni professionali volontarie fanno parte, qual è la loro politica dei prezzi.

"L'uomo è una creatura che non vive di solo pane,
ma principalmente di slogan"
Robert Louis Stevenson

Avere queste informazioni ti darà una buona conoscenza di base sui tuoi concorrenti, esamina poi te stesso e la tua attività professionale.
Evidenzia la tua massima eccellenza, ossia domandati cosa fai meglio rispetto alla concorrenza, cioè quella capacità che possiedi solo tu, che dà valore competitivo ai tuoi clienti e che le altre aziende o persone non possiedono, quindi non possono offrire.
Quando hai identificato qual è la tua eccellenza, domandati come evidenzieresti te stesso, i tuoi prodotti o i tuoi servizi sul mercato per avere vantaggio proprio dalla tua eccellenza. Cioè quali strategie di marketing e di vendita adotteresti?

"Spesso grandi imprese nascono da piccole opportunità"
Demostene

Quel che sto tentando di comunicarti non è l'idea di ideare specifici piani di marketing o di vendita, ma che tu comprenda l'importanza dell'eccellenza sull'importanza di una ricerca competitiva, e tu sia in possesso di un piano per condurla e che ti impegni a portarla avanti.
Essere focalizzato su questo, aumenterà notevolmente le possibilità di raggiungere gli obiettivi professionali e aziendali che sono il tuo traguardo finale.
Sapere identificare con chiarezza le persone con cui sei in competizione ti consente di sviluppare le strategie che permettono di raggiungere i risultati migliori nel minor tempo possibile e ti aiuta attraverso le fasi

necessarie a identificare ciò che desideri dai clienti, ciò che hai da offrire in confronto ai tuoi concorrenti e come soddisfare al massimo le esigenze dei tuoi clienti.

2 - I Clienti

Un professionista deve necessariamente conoscere i suoi clienti e saperli identificare perché è indispensabile soddisfarli per prosperare nella professione.

Esistono clienti interni e clienti esterni; il cliente interno è una persona che dipende da te per la riuscita della sua attività e dalla quale tu puoi dipendere per essere efficace nella tua, ad esempio tra i tuoi clienti interni ci sono i tuoi colleghi e la tua equipe.
I clienti esterni sono invece quelli che comprano ciò che tu produci o che pagano per i tuoi servizi.

Identificare accuratamente i tuoi clienti esterni è basilare perché la loro soddisfazione determina fortemente il tuo successo professionale e l'efficacia della tua attività, quindi è ,in assoluto, il fulcro di ogni elemento del tuo programma strategico.

Per poter identificare il tuo cliente, devi essere in grado di rispondere alle seguenti domande:

□ Il tuo cliente come definisce il tuo" valore"?
□ Quali sono i benefici che i tuoi servizi offrono al tuo cliente?
□ Di cosa necessita il tuo cliente per essere veramente soddisfatto, cosa ti chiede?
□ In quale maniera i tuoi servizi migliorano la vita dei tuoi clienti?

Quello che stiamo vivendo è indubbiamente il secolo del cliente, infatti, il cliente non era mai stato al centro dei processi aziendali come lo è oggi, pertanto, il tuo successo è determinato enormemente dalla tua capacità di identificare e soddisfare i tuoi clienti chiave.

Prova chiederti, se si confermeranno le tendenze attuali, chi sarà l'utente del futuro?

Se dovessi cambiare l'offerta di servizi o prodotti, chi sarebbe il tuo cliente?

Per raggiungere il massimo livello nel tuo settore, chi dovrebbero essere clienti?

Che aspettative di questi clienti potresti soddisfare, migliorando le tue capacità, le tue competenze, le tue conoscenze e le tue abilità?

Esistono, al momento, clienti con i quali attualmente vorresti evitare di lavorare?

Innanzitutto inizia a dividere i tuoi clienti in gruppi, cioè clienti di alto valore e clienti di basso valore. Stabilendo quali sono le caratteristiche tipiche dei tre clienti migliori, facendo il paragone con tutti gli altri, riuscirai a dividere perfettamente i clienti, collocandoli nella giusta categoria.

Sono molto numerose le aziende che seguono questa procedura, per dedicare le loro migliori attenzioni ed il loro tempo ai clienti di valore superiore e all'acquisizione di altri clienti esattamente con le stesse caratteristiche di questi ultimi.

Contemporaneamente, dedicano sempre meno tempo ai clienti di basso valore ed addirittura, li spingono a direzionarsi verso altre aziende.

Ciò ci riconduce immediatamente alla famosa legge di Pareto, anche detta regola 80-20, di cui abbiamo già parlato, ma di cui ci occuperemo più dettagliatamente in un prossimo paragrafo.

Imparare ad avere una mentalità orientata al cliente ti aiuta ad identificare i clienti ideali ed a sviluppare le migliori strategie per avere sempre più clienti ideali.

Sapere come soddisfare le necessità dei tuoi i clienti-chiave ed i clienti che invece sarebbe meglio perdere, aumenta in maniera eccezionale le tue energie e il tuo tempo.

"Abbiate cura dei mezzi e i fini si realizzeranno da soli"
Gandhi

Conoscere i tuoi clienti e le loro esigenze è fondamentale perché nel nostro mercato, fortemente competitivo, è esattamente ciò che determina il nostro successo imprenditoriale.

Puoi provare a dividere i clienti in differenti categorie, qualificandoli in questa maniera, saprai quale strategia adottare con ogni categoria per poterli conquistare e mantenere.

I tuoi "probabili" clienti:

questi sono praticamente i clienti che non hanno mai sentito parlare di te e della tua azienda, ma che possono esserne interessati perché utilizzano i tuoi prodotti e servizi.
Tanto più sono numerosi tante più probabilità tu hai di trasformarli in clienti potenziali.
Con loro devi avere una strategia di marketing che raggiunga il maggior numero possibile di nomi a cui descrivere accuratamente il tuo business.

I tuoi "potenziali" clienti:

queste sono le persone che conoscono già la tua impresa, ma devi ancora trasformarli da clienti potenziali a clienti acquisiti. In questo caso la strategia è quella di riuscire a dimostrare che tu sei la soluzione ai loro problemi e la perfetta risposta per ogni loro esigenza, orientando così le loro scelte di acquisto verso la tua proposta; in questo specifico contesto ciò che conta è la prima impressione, quindi, devi creare un passaparola estremamente positivo ed avere un effetto eccellente sin dal primissimo contatto.

I tuoi "tuoi" clienti:

in questa categoria possiamo collocare tutti gli individui che hanno già acquistato il tuo prodotto o servizio. La strategia con loro e quella di investire perché, nel mercato costa quasi sei volte acquisire un nuovo cliente, piuttosto che mantenerne uno già proprio. Non dare mai per scontato il fatto che questi resteranno automaticamente tuoi clienti, perché se questi ultimi non saranno valorizzati potranno passare alla concorrenza in ogni momento. Crea quindi un rapporto con loro che vada oltre lo scambio commerciale, prova a superare le loro aspettative, dandogli più e di meglio di ciò che desiderano, cosa che scoprirai facilmente, ponendo le giuste domande in merito, impegnati a entusiasmarli e sorprenderli, così si potranno trasformare in clienti fedeli e fare un ottimo e prezioso passaparola su di te e sulla tua azienda.

I tuoi clienti "fedeli":

questi sono i clienti che tornano ad acquistare da te perché sono certi che tu sia la soluzione migliore oppure perché sono persone che si comportano in maniera abitudinaria. Con loro la strategia è quella di essere sempre estremamente corretto e leale, dimostrando quanto devi a loro e mantenendo il rapporto di fiducia che si è creato. Fai qualcosa di speciale, coinvolgendoli nella tua attività, chiedendo consigli su come migliorare il servizio e l'offerta commerciale, in questa maniera parleranno di te come si trattasse di un amico di cui potersi certamente fidare.

I tuoi clienti "speciali":

questi sono i clienti che ti ammirano al punto da desiderare il tuo successo, parlano tutti di te e della tua azienda e ritengono tu sia il migliore sul mercato. Con loro, la giusta strategia è quella di sostenerli e incoraggiarli, esattamente come farebbe una squadra vincente con i propri tifosi entusiasti e mantenere il contatto periodicamente, non farli mai sentire trascurati, ascoltare le loro esigenze e necessità di cambiamento, alimentando sempre la fedeltà e il loro entusiasmo.

3 - Le tue eccellenze

Identificare quali sono le tue aree di eccellenza, consente di utilizzarle per raggiungere gli obiettivi che puoi raggiungere nella tua esistenza. Seguire e realizzare i tuoi sogni, costruire un'attività professionale di successo, avere una vita gratificante, controllare gli eventi della tua vita, devi necessariamente portare all'esterno le tue qualità speciali, dedicarti a svilupparle e metterle in evidenza.

> *"Cerco sempre di fare ciò che non sono capace di fare,*
> *per imparare come farlo"*
> **Pablo Picasso**

Ti accorgerai che ti stai muovendo nella giusta direzione, nel viaggio alla scoperta di te stesso, quando noterai che farai quell'attività con performances straordinarie, svolgerai l'attività che ti entusiasma veramente, quando svolgi quella particolare attività ti senti ricco di energie e molto stimolato, la tua energia si riflette anche su tutte le persone che ti circondano, sei spinto a migliorare continuamente i livelli della tua performance e sei sempre al massimo livello, questa motivazione nasce da dentro, senti profondamente che il tuo talento è sviluppato nel modo giusto e consente di realizzare i tuoi sogni più segreti.

Ti garantisco che le persone che vivono in questa sinergia di disciplina e scoperta di se stessi, vivono una vita profondamente gratificante e soddisfacente, se ne conosci, analizzali e modella il loro esempio.

Ricordando che per essere veramente efficiente ed efficace, devi necessariamente riconoscere e coltivare i tuoi talenti, così, saranno in perfetto equilibrio i tuoi risultati esterni e la tua soddisfazione interiore.

Sapere come identificare le tue aree di eccellenza ti consente di raggiungere risultati eccezionali perché è proprio in quelle aree del tuo lavoro e si concentrano i tuoi livelli massimi di energia ed entusiasmo.

4 - I tuoi limiti

"Tutti gli uomini sbagliano, ma solo i grandi
imparano dai propri errori"
Winston Churchill

Cerca di comprendere quali sono gli elementi che ti impediscono di raggiungere i tuoi traguardi e di essere il professionista che vuoi essere. Esistono sempre una serie di fattori limitanti che, inevitabilmente, influiscono sulla velocità con la quale riesci ad ultimare un processo e a raggiungere il tuo traguardo. Questi ostacoli devono essere necessariamente identificati, in maniera che tu possa concentrati sulla maniera per evitarli o ridimensionarli.

Per attuare questo processo, domandati innanzitutto perché non sei ancora riuscito a raggiungere il tuo traguardo?

Già porti questa domanda ti fornirà delle risposte ed evidenzierà i fattori limitanti che ti impediscono di raggiungere l'obiettivo che desideri.

Tieni presente che una piccola parte di limiti arriva dall'esterno di te stesso, circa il 20%, ma la maggior parte di questi limiti, ossia l'80%, viene da dentro di te.

Lo stesso discorso è valido per la tua professione: l'80% dei limiti esiste nella tua azienda, non al di fuori di essa.

Se non sei riuscito a realizzare i profitti che avevi progettato, se non hai trovato la motivazione o il tempo per impegnati quotidianamente, probabilmente l'errore è nelle tue abitudini, nelle tue convinzioni ed anche nella varietà e nel livello delle tue qualità e abilità, oppure, nell'assenza di queste ultime.

"Non scoraggiate mai qualcuno che si sta impegnando per fare
dei progressi. Non importa quanto lentamente migliori"
Platone

Il professionista efficace inquadra gli ostacoli dentro se stesso anziché cercare le risposte all'esterno.

Ti consiglio di chiederti cosa è che frena il progresso nella tua azienda? Qual è l'errore che sto compiendo e che continua a limitarmi?

È molto importante partire da se stessi, perché ognuno di noi ha il controllo delle proprie azioni, del proprio tempo ad atteggiamento, della propria produttività, quindi domandati sempre cosa è all'interno di te che ti sta tenendo bloccato, ciò ti consentirà di identificare i modi per superare questi limiti.

5 - Dove ti trovi

Dove ti trovi nel tuo sviluppo professionale?

Questa è una domanda che riconduce a domandarti in che punto ti trovi nel ciclo della tua vita professionale, giacché ogni azienda vive un ciclo di vita, nel tempo.

Capire questo ciclo ti aiuta a lavorare, dando delle risposte efficaci ai cambiamenti ed alle possibilità, ti insegna a controllare le varie fasi di crescita, maturità e declino che caratterizzano ogni azienda, così come prodotti e servizi, relazioni, istituzioni ed anche imperi e nazioni.

Adesso ti trovi nella fase di apprendimento? Di crescita? Di maturità, o sei già nella fase di declino?

Nella fase di apprendimento abbiamo un accelerato livello di attività. In quella fase si affrontano opportunità problematiche, si investe molto tempo ed energia a fronte di opportunità e problemi. Le difficoltà che si riscontrano abitualmente in questa fase sono dovute alla mancanza di volontà o di mezzi per sopravvivere, difatti molti fallimenti in fase di avviamento, testimoniano proprio queste difficoltà.

Durante la fase di crescita e spinto dall'attività e dai guadagni, c'è molta energia e vivacità e le opportunità si moltiplicano, quindi è senza dubbio un bel momento esaltante.

Si può commettere qualche errore ma da questi errori si impara e si migliora.

Nella fase di declino, le attività sperimentano un calo delle vendite, così come calano l'euforia, l'entusiasmo ed i riconoscimenti; frequentemente, in questa fase, ci si domanda se aver scelto questa attività professionale sia stata la scelta corretta.

Imparare a tracciare lo stato della tua attività professionale o il collocamento nella giusta fase ti consente di rispondere velocemente ai cambiamenti che possono condizionare il futuro lavorativo.

Nella prima fase ciò di cui ha bisogno è un perseverante coraggio e tenerti sempre ben legato alla tua vision, nonché, devi attuare una strategia per realizzare la tua vision, questi sono gli elementi chiave della fase numero uno.

Della fase due, goditi il successo che cresce ma stai molto attento alla sfera economica ed al mercato, sii sempre pronto ai cambiamenti necessari per poter mantenere quei vantaggi. Saper riconoscere i cambiamenti nel tuo settore è la tua prima responsabilità, così come adattare continuamente te stesso e la tua attività a questi ultimi, per avere un'efficacia costante nel tempo.

In questa fase, avendo ottimi profitti, ricorda di risparmiare delle riserve che possono servire durante i processi di rinnovamento che spesso sono pieni di imprevisti costosi ed inaspettati.

Sappi che se non fai attenzione ai processi di cambiamento, questi ti attaccheranno di sorpresa e ti trascineranno nella fase di declino.

La fase di declino dimostra che le vecchie abitudini professionali non sono più efficaci, devi pertanto trasformare questa terza fase in una nuova fase numero uno, riaffermare cioè la tua attività professionale, attuando tutti i cambiamenti interni ed esterni con flessibilità ed adattamento, altrimenti sarai destinato al fallimento. In questa fase, le sfide possono essere estremamente difficili, però ti danno la possibilità di espandere la tua libera scelta e di portare nuova linfa vitale alla tua professione. L'abilità di sapersi adattare e rinnovare è necessaria in tutte le professioni che si trovano in questa terza fase e sono la marcia in più che ogni professionista deve avere, se vuole far prosperare la sua attività.

Concludendo, controlla sempre le varie fasi di crescita, maturità e declino che caratterizzano la tua attività ed elabora delle risposte efficaci per i vari cambiamenti.

Capitolo 4
Le tecniche

1 - Cambia la Storia

Questo è un processo che si utilizza per rimuovere emozioni negative del passato e per fornire risorse ad esperienze passate, o, per meglio dire, alla percezione e al ricordo di esse. La tecnica di "change personal history" utilizza la linea del tempo, spesso è usata con delle semplici ancore cinestesiche, ripercorrendo gli eventi passati sulla linea del tempo, dando risorse ai momenti difficili e riconoscendo che si è fatto tutto il possibile, con le risorse a disposizione in quel momento.

Voglio fornirti un esempio di "Cambio di Storia Personale", usando ancore cinestesiche:

1.   Cerca una situazione spiacevole e valutata in una scala da 0 a 10 in maniera piuttosto bassa, per le prime volte in cui provi la tecnica. Si tratta di una situazione che torna dal passato e che non vuoi portare con te nel futuro.

2.   Pensa allo stato e situazione da abbandonare definitivamente nel passato e pensaci molto intensamente, pensa a cosa senti dentro e a cosa ti infastidisce , quando ti trovi ad una forte intensità emotiva, aggancia la situazione negativa premendo insieme il pollice e l'indice della tua mano destra.

3. Rilascia e scuoti il tuo corpo, questo ti fa uscire dallo stato e distrarre le tue sensazioni ed il tuo pensiero. Ora testa l'ancora premendo le dita insieme e valutando se premendo il pollice con l'indice destro ritorna , all'interno di te, lo stato da cambiare.

4. Immagina una linea del tempo ipotetica, dove, per esempio, alla tua sinistra si estende il tuo passato e alla tua destra si estende il tuo futuro e dove ti trovi tu, c'è il presente.

5. Mantieni l'ancora dello stato da cambiare attiva e ripercorri il passato, torna indietro dall'oggi fino a tappe precedenti che si ritrovano in questo stato/atteggiamento/pensiero/comportamento. Ciò che devi fare ora è notare la differenza di intensità dell'ancora durante le varie fasi del tuo passato.

6. Spezza lo stato, muoviti, distraiti, alzati, fai altro.

7. Ora imposta una serie di stati utili, potenti, potenzianti, risorse che possono esserti utili e possono essere utili al te stesso del passato. Ricorda eventi, prova emozioni fino a sentire forte nel corpo e nello spirito l'intensità di questi stati positivi. Quando li senti forti, ancorali premendo il pollice e indice della mano sinistra.

8. Stacca le dita e spezza lo stato, scuotendo nuovamente il tuo corpo. Ora, testa l'ancora premendo le dita, per capire se hai ben ancorato gli stati risorsa, all'ancora cinestesica.

9. Ora sei pronto a tornare nel tuo passato, ripercorrendo sulla tua sinistra le varie tappe. Mantieni l'ancora potenziante con le risorse, sempre attiva, premendo le dita e osserva, vivi, guarda i vari momenti del passato diffondendo le risorse che hai scelto.

10. Percorri momento per momento importante, diffondendo le risorse. Arriva fino al momento presente e rilascia l'ancora positiva.

11. Ora ritorna al passato e nota se al te stesso del passato, sono associati elementi in più, risorse in più. Osserva se i tuoi pensieri hanno creato collegamenti chiarificatori e se ti senti più in controllo o leggero.

12. Come ultima fase, ritrova ancora l'ancora con la mano sinistra, quella di risorse potenzianti e rivolgiti alla tua destra, alla tua linea del futuro e immagina di vedere i momenti in cui sarebbe stato probabile rivivere lo stato depotenziante e, infine, diffondi le risorse dell'ancora positiva.

2 – La linea del tempo

La Linea del tempo è una tecnica che utilizziamo frequentemente in PNL, per poter operare nel futuro e/o correggere collegamenti emotivi con ricordi difficili del passato.

Per ciò che concerne la correzione del passato, è considerato uno strumento liberatorio, poiché non cancella il passato ma "scollega" il coinvolgimento emozionale da eventi difficili del passato.
Così facendo, gli eventi difficili rimangono ricordi ma non vengono più vividamente vissuti. Basti pensare, ad esempio, all'utilità di un tale strumento in situazione di storie di violenza.

Utilizziamo la linea del tempo anche per proiettare la propria immagine nel futuro, per valutare se una scelta è corretta sia nel breve che nel lungo termine, per valutare l'ecologia di una scelta per se stessi e per i propri cari e, persino per imparare dal proprio futuro, perché attraverso l'immaginazione, si può imparare dal futuro, non solamente dal passato.

3 - COACHING, RAPPORT, MOTIVAZIONE

In una relazione di coaching, indubbiamente deve crearsi rapport tra coach e cliente.

Il rapporto inizialmente è stabilito con le tecniche del "matching", ossia fare come fà l'altra persona e del "mirroring", cioè rispecchiare, queste sono due tecniche che permettono di entrare in empatia ed affinità.

Ci sono diverse tecniche importanti e specifiche che hanno lo scopo di creare rapport, relazione e sintonia e si mettono in pratica in maniera estremamente sottile: basandosi sul respiro dell'altro, sul ritmo ed il tono della sua voce, in una danza delicata, leggera e perfettamente armonica di movimenti.

Per un coach, creare rapport è, in verità, un istinto naturale, non è mai, invece, uno spettacolo di mimica falsato.

In qualità di coach lavoriamo molto frequentemente sulla motivazione.

La motivazione è sostanzialmente l'insieme dei fattori che spingono il comportamento di una persona verso un obiettivo. La motivazione è considerata quindi, la spinta che porta una azione a ripetersi nel tempo e ad avvicinarsi sempre più al raggiungimento del traguardo, azione su azione, comportamento su comportamento, ripetizione su ripetizione. Considerando il fatto che il raggiungimento di un obiettivo nasce sempre da motivazioni e che, però, è vincolato, per natura, dalla ripetizione di azioni, capirai che l'importanza di una motivazione alta e costante diventa assolutamente fondamentale.

Mantenere la "motivazione alta" è basilare per tenere la mente sempre messa a fuoco sull'obiettivo e superare la noia della ripetitività, le difficoltà, i possibili ostacoli e fallimenti e considerarne il feedback. Esistono persone che hanno un atteggiamento comportamentale di gratitudine verso la motivazione al successo, ci sono invece altre persone che sono motivate all'insuccesso.

Proviamo ad osservare insieme queste due categorie:

Le persone motivate al successo, sono individui che, se debbono scegliere fra compiti da affrontare, o sfide, nella vita in generale, scelgono compiti di media difficoltà per loro, che si incontrano tra il grado di incentivo ad essere intrapresi e la probabilità di successo. Il giocatore di tennis motivato al successo, che gioca piuttosto bene, se vuole iscriversi a un torneo locale, sceglierà sfide con giocatori capaci mediamente quanto lui, non campioni irraggiungibili ma neanche principianti. Le persone motivate al successo sono più propense alla persistenza.

Individui motivati all'insuccesso sono persone che hanno paura dell'insuccesso e che lo cercano, paradossalmente, proprio per non subire delusioni, oppure lo evitano, quindi evitano le sfide. Quindi, esistono individui motivati all'insuccesso che cercano sfide troppo facili, sono tendenzialmente poco motivati nella vita in generale ed evitano l'impegno e la delusione di perdere. Poi, ci sono i motivati all'insuccesso che vorrebbero, ma hanno paura: scelgono sfide improbabili, sempre troppo difficili, falliscono e si consolano perché almeno hanno provato e si consolano e crogiolano ripetendosi che non sono stati gli unici a fallire.

Ecco uno schema di cause per le due categorie di persone:

▲ In caso di successo, il motivato al successo lo ritiene merito di se stesso e delle proprie capacità.
▲ In caso di insuccesso, il motivato al successo lo imputa alla situazione o al poco sforzo impiegato, ma mai a se stesso come persona.

▼ In caso di successo, il motivato all'insuccesso lo imputa al caso e alla fortuna.
▼ In caso di insuccesso, il motivato all'insuccesso lo imputa a se stesso e alle sue limitate capacità.

In conclusione, per il motivato al successo, sia che abbia successo sia che fallisca, il bilancio è sempre positivo. Di contro, per il motivato all'insuccesso, il bilancio è sempre negativo: fortuna se va bene e incapacità della persona se va male.

Se ti stai domandando come comprendere se sei o meno una persona motivata all'insuccesso, poniti queste domande:

□ Che tipo di sfide intraprendi?
□ Troppo facili o le eviti?
□ Troppo difficili e così ti consoli e ti giustifichi se abbandoni?
□ Quando hai successo ti prendi il merito o pensi che sia tutta fortuna?
□ Quando fallisci, riesci a capire le tue responsabilità e a correggerti?
□ Oppure pensi di essere semplicemente un incapace?

La buona notizia è che le persone motivate all'insuccesso, possono modificare il loro comportamento e i loro atteggiamenti e diventare persone motivate al successo.

Questo è il metodo che mi sento di consigliarti:

1. Innanzitutto, è solo con la consapevolezza di farlo che si può apportare questo cambiamento.

2. Poi, puoi scegliere una o due sfide di media difficoltà e impegnarti per portarle a termine, riconoscendo che il merito non sta nella fortuna ma in te stesso e nelle tue capacità. Insomma, devi proseguire, iniziando, pian piano ad adottare il modello di comportamento del motivato al successo, modellandolo, poiché, essendo un comportamento, può essere imparato in maniera eccellente anche da te.

4 - I sei passi

Si tratta di un esercizio di PNL diviso, appunto, in 6 passi, questo esercizio è utilissimo per   percepire un fatto o una situazione in modo diverso e più utile.

1.   Identifica il comportamento da abbandonare.

2.   Stabilisci un contatto con quella parte di te che mette in atto il comportamento attuale e Ringraziala!

3.   Scopri l'intenzione positiva del comportamento attuale.

4.   Accedi alla tua parte creativa. Fai in modo che la parte che genera il comportamento da abbandonare, spieghi il suo intento positivo alla parte creativa di te stesso. Fai in modo che la parte creativa di te, trovi almeno altri 3 comportamenti che possano sostituire con soddisfazione quello da abbandonare, mantenendo però l'intenzione positiva.

5.   Fai in modo che la parte creativa comunichi le sue soluzioni alla parte che generava il comportamento.

6.   Ottieni il totale consenso dalla prima parte.

Parlando con la prima parte, ci si può rivolgere in tal modo: "ora lascio a te, la totale e completa scelta di continuare con il comportamento di prima o con una delle soluzione proposte.
Scegli il comportamento che senti ti possa dare più soddisfazione per la tua parte, per l'intenzione positiva e per tutta la nostra persona..."
continua fino a che la parte si è completamente decisa verso una delle soluzioni proposte dalla parte creativa.
Controlla che la scelta sia ecologica per il rispetto della persona.
Se non è così, ritorna al punto 4 e procedi da capo.

5 - La strategia Disney

Walt Disney utilizzava questa tecnica per cercare soluzioni efficaci e durature:

Crea dei cerchi sul pavimento per tre diverse posizioni: il SOGNATORE, il REALISTA, il CRITICO.

1.   Ancora uno stato appropriato per ciascun cerchio. Pensa ad una persona, o a te stesso, in uno stato particolarmente creativo, cosa facevi con la mente, come esprimevi la tua creatività, come ti sentivi dentro... Fai la stessa cosa per le altre due posizioni.

2.   Individua la situazione da analizzare, quella che richiede riflessione ed una risposta.

3.   Entra nell'ancora spaziale del SOGNATORE ed osserva la situazione con i suoi occhi.

4.   Entra nell'ancora spaziale del REALISTICO ed osserva la situazione con i suoi occhi.

5.   Entra nell'ancora spaziale del CRITICO ed osserva la situazione con i suoi occhi.

Ora ripeti il giro, per far penetrare i suggerimenti in ciascuno dei tre. Ripeti il cambio di posizioni, fino a che non hai trovato una soluzione che soddisfa i vari punti di vista di ognuno dei tre personaggi.

Ora, dovresti saper affrontare la situazione in maniera più lucida e completa.

Domande Mirate

Ecco alcune delle domande che un coach può porre al coachee, per aiutarlo a raggiungere il suo obiettivo, rispettando le caratteristiche che trovi alla voce obiettivo:

☐ Se sapessi di non poter fallire, e solamente avere pieno successo, cosa faresti?

☐ Cosa vuoi specificamente?

☐ Dove ti posizioni ora rispetto all'obiettivo?

☐ Cosa vedrai, sentirai, proverai, ecc... quando avrai raggiunto l'ottenimento dell'obiettivo?

☐ Come farai a sapere che lo avrai ottenuto?

☐ Come farai a sapere che lo avrai mantenuto?

☐ Come farai a sapere che sarà parte di te (specialmente per abitudini da adottare)?

☐ È in tuo controllo o esistono elementi fuori dal tuo controllo?

☐ Come puoi fare per mantenere il raggiungimento dell'obiettivo sotto il tuo controllo?

☐ Di cosa hai bisogno per ottenerlo? Di quali risorse esterne e di quali risorse interne?

☐ Cosa farai come prima azione verso l'obiettivo e quando precisamente?

☐ Quale sarà il tuo secondo passo? E il terzo?

Capitolo 5
I cambiamenti

1 – Cambiando si impara

Si può diffondere l'apprendimento in maniera estremamente vantaggiosa e costruttiva attraverso cambiamenti all'interno dell'organizzazione.

Qualcuno di voi crederà che le aziende siano dedite all'apprendimento, soprattutto in questa epoca in cui se ne evidenziava chiaramente la necessità, invece purtroppo non è così, sembra quasi che molte di queste fuggano dall'apprendimento.

Sembrerebbe una follia, eppure ci sono delle motivazioni valide; comprendere quali sono le motivazioni, vi metterà nella condizione di essere in grado di fare la differenza.

"Il futuro entra in noi, per trasformarsi in noi,
molto prima di essere accaduto"
Rainer Maria Rilke

L'allontanamento dall'apprendimento ha diverse ragioni, la prima è che l'apprendimento richiede tempo e molti professionisti fanno fatica ad inserirlo nel proprio planning soprattutto se non ne sentono il bisogno.

Un tempo le comunicazioni erano lente, potevano volerci tre settimane perché una comunicazione arrivasse dalla direzione alla sua destinazione, rimaneva sempre tempo per riflettere attentamente sulle decisioni; adesso attraverso le e-mail, i fax, la posta celere ed i cellulari si comunica in pochi secondi e sembra essere più importante rispondere immediatamente, piuttosto che ponderatamente. Nelle imprese che non dedicano tempo alla formazione, all'apprendimento progettato, la prima cosa che si perde è la riflessione.

Quindi nella condizione di capo, la prima sfida da porsi è quella di fare in modo che i collaboratori più significativi abbiano del tempo da dedicare all'apprendimento.

È importante che vengano coinvolte tutte le persone che sono in contatto con l'azienda e che ognuno possa dare e ricevere un contributo di qualità, ciò che conta è far capire ai tuoi collaboratori che il tempo dedicato all'apprendimento vi consentirà di risparmiare molto tempo in futuro.

Molto spesso, l'apprendimento meditato, quello organizzato è destinato al fallimento, inoltre, sono necessari dei denari per formare le persone.

Però la formazione necessaria può avvenire anche in modo e veloce e facile.

I manager devono essere sempre disponibili ad agevolare la formazione e all'apprendimento di cambiamento, per questa ragione è importante, proprio perché a volte può diventare difficile diffondere l'apprendimento e cercare di renderlo intenzionalmente molto più agevole.

Deve pertanto diventare un comportamento che diventa un'abitudine, deve essere una presenza concreta nelle azioni di ogni collaboratore.

È necessario verificare e dedicare del tempo l'apprendimento, rendendola una componente vera e propria del lavoro.

È importante anche la formazione che aiuti i collaboratori a comprendere perché l'apprendimento è necessario, attraverso la formazione, si può aiutare ad identificare le abilità di cui avranno bisogno per far fronte ai cambiamenti sul lavoro, li si incoraggia a trovare nuovi modi di sviluppare nuove competenze.

"Diventerete ciò che cercate continuamente di essere"
Shri Ramakrishna

Aiutare gli altri a rendere possibile il cambiamento, con il passar del tempo tutte le persone apprenderanno nuove competenze e nuovi sistemi, miglioreranno e cresceranno culturalmente, saranno sempre più disposti verso l'apprendimento, considera che persino quando un'organizzazione oppone resistenza all'apprendimento ed ai cambiamenti, si può giungere al miglioramento totale, attraverso un'azione determinata ed impegnata che avrà sempre, come conseguenza, azioni dettate dall'intelligenza e dal buon senso.

2 - Cambiare le credenze

Ciò che ognuno di noi nella vita non fa, dipende soprattutto dalle convinzioni che ha su se stesso, da ciò che pensa di essere, o non essere, capace di fare.

Le convinzioni che abbiamo su noi stessi, agiscono come un filtro, sia per ciò che riguarda la nostra interpretazione della realtà sia per quel che concerne i nostri progetti e le nostre ambizioni. Fondamentalmente, le convinzioni sono i confini che limitano la nostra vita, sono il perimetro mentale dentro il quale ci muoviamo.

Le nostre convinzioni condizionano tutte le nostre azioni, a prescindere dal fatto che queste siano poi vere o false. Superare i nostri limiti interiori, ossia, abbattere le nostre credenze limitanti è assolutamente necessario se desideriamo apportare dei veri cambiamenti. Molte persone cadono nell'errore di apportare cambiamenti nella propria vita senza considerare i propri limiti. è anche vero che non è semplice mettersi in discussione e lavorare per apportare dei cambiamenti duraturi, resta però un passaggio indispensabile. Le nostre credenze, le nostre convinzioni, sono quelle che ci dicono cosa possibile e cosa non è possibile fare nella nostra vita. Vi sono una serie di programmi inconsci che spesso sabotano i nostri sforzi, quando cerchiamo di apportare dei cambiamenti nella nostra esistenza.

*"Chi dice che è impossibile,
non dovrebbe disturbare chi ce la sta facendo"*
Albert Einstein

Le convinzioni si creano grazie ad esperienze significative vissute, sono ben radicate dentro di noi e spesso sono influenzate da fattori esterno come come famiglia di origine, scuola, cultura, amici e tutta una serie di avvenimenti che hanno un ruolo incisivo nel creare questo patrimonio di convinzioni, siano esse positive o negative. Fondamentalmente tutta la nostra vita dipende da questo programma mentale. In verità, la differenza tra le persone che hanno successo e coloro che non ne hanno è data dal proprio sistema di credenze, quindi, comprendere come nascono le credenze significa poter capire che in noi ci sono punti di forza e punti di debolezza. I punti di debolezza sono rappresentati proprio dalle credenze limitanti; di alcune siamo consapevoli, di altre un po' meno, quindi prova a fare questo esercizio per iniziare a capire quali sono le tue credenze:

prendi un foglio di carta, dividilo in due parti con una riga centrale; da un lato scrivi tutte le tue credenze potenzianti, come, ad esempio, "ritengo di essere capace di fare bene...", dall'altro invece, elenca le credenze che limitano la tua vita, come, ad esempio, "credo di essere molto limitato nel fare...", ricorda di esprimere le credenze in positivo, ad esempio, evita di scrivere: credo di "non credo poter fare questo" invece scrivi: "credo di poter imparare a farlo". Dopodiché esamina bene le due liste, soprattutto quella con le credenze limitanti. Rifletti e decidi quali vorresti cambiare ed evidenzia gli elementi limitanti che vuoi modificare. Considerate che molte persone mi dicono di non avere credenze limitanti, questo capita proprio per quello che dicevo prima: può risultare frequentemente difficile definire limitante qualcosa che ritieni che sia vero, anche se è falso, quindi voglio fornirti qualche esempio banale ma significativo, di convinzioni limitanti e non vere, per aiutarti:

• L'amore non esiste.
• È impossibile diventare ricchi.
• Solo i raccomandati guadagnano tanto.
• Il successo è per pochi eletti.
• Sono sfortunato.

Questi sono alcuni noti esempi di credenze limitanti. Si può lavorare sul cambiamento delle proprie credenze limitanti, attraverso la linea del tempo, di cui abbiamo già parlato, oppure con la tecnica del cinema, in cui mi accingo a guidarti:

1.   Mettiti comodo, chiudi gli occhi e rilassati.
2.   Immagina di avere di fronte e uno schermo cinematografico.
3.   Su questo enorme schermo inizia a proiettare l'immagine di te stesso che rappresenti la nuova convinzione positiva.
4.   Quando l'hai costruita, immagina di sentire la tua voce esattamente corrispondente alla convinzione positiva.
5.   Immagina ora di andare dietro lo schermo cinematografico.
6.   Adesso, pensa di entrare dentro la grande immagine di te stesso, guarda attraverso i tuoi occhi dallo schermo, senti le sensazioni del tuo nuovo te stesso.
7.   Integrati nell'immagine fino a quando non sarai completamente a tuo agio.
8.   Adesso, puoi riaprire gli occhi.

In questa seconda parte torna a chiudere gli occhi, poi:

1.   Individua all'interno dello schermo il luogo in cui ci sono le cose di cui sei assolutamente certo e sicuro, ad esempio il sole o il sole che tramonta. Identifica quel luogo, come una scatola di cui puoi scegliere il colore.
2.   Adesso individua il luogo dove ci sono le credenze che sai che non sono più vere; immaginale in una scatola di un altro colore rispetto a quello delle convinzioni certe.
3.   Individua la convinzione limitante che vuoi rimuovere.
4.   Inserisci nella scatola delle convinzioni non più vere le immagini depotenzianti e la tua credenza limitante.
5.   Inserisci invece nella scatola delle convinzioni sicure, l'immagine potenziante costruita nella prima fase dell'esercizio.

Adesso apri gli occhi.

Qualora non riuscissi ad inserire la credenza limitante nella scatola delle convinzioni non più vere, può utilizzare l'immaginazione, puoi provare a pensare ad un'aspirapolvere che la aspira e la succhia via. So che molte persone credono di non essere in grado di visualizzare le immagini nella propria mente, ciò non è vero, se in questo momento io ti parlo del colore degli occhi di tuo padre, sono certa che puoi immediatamente visualizzarli. è sufficiente svolgere alcuni esercizi che possono migliorare la nostra vita anzichÈ fare il gioco di quella parte di te che non vuole il cambiamento, che ti riempie di scuse dettate dalla parte che non vuole cambiare le proprie convinzioni limitanti.

È importante iniziare proprio dall'abbattimento di questi muri, di queste credenze che impediscono di apportare il cambiamento positivo e costruttivo nella tua vita. Può esserti utile svolgere questi esercizi con l'aiuto di una persona che può leggere i vari passaggi mentre ti rilassi, oppure puoi farlo registrando i vari punti su un registratore.

Proviamo adesso a trasformare insieme una convinzione limitante.
Rilassati comodamente e chiudi gli occhi, poi pensa:

1.   Crea un'immagine che rappresenta la tua convinzione limitante di fronte a te. Concentrati su come ti senti nei confronti di quell'immagine.
2.   Adesso prendi tutto il tempo che vuoi, pensa a quattro momenti diversi estremamente positivi e potenziati della tua vita, momenti speciali e ricchi di risorse.
3.   Quando li hai pensati, crea di questi, quattro immagini.
4.   Metti l'immagine della tua convinzione limitante al centro, e ai suoi angoli quattro stati risorse dei tuoi quattro momenti positivi e potenzianti.

Osserva questi cinque quadrati e nota cosa accade. Se la tua reazione cambia positivamente, hai svolto bene l'esercizio. Se non senti alcun cambiamento, devi trovare altre immagini positive e ripetere l'esercizio. Affinché questa tecnica funzioni è importante che l'immagine negativa sia collegata con i quattro Stati di forza, perché solo in questa maniera è possibile un'integrazione di elementi positivi laddove mancano, per questa ragione, se la convinzione limitante rimane separata c'è il rischio che la tecnica non dia risultati.

Ho ritenuto utile passarti diverse tecniche, affinché tu possa scegliere quella più adatta per te, provando e sperimentando qual è quella che più ti assicura un risultato valido e permanente.

Considera che la programmazione del nostro inconscio non si limita alla nostra infanzia ma prosegue anche attualmente, anche in quest'istante possiamo costruire una tendenza potenziante o limitante. Una convinzione limitante si cementa nel momento in cui viviamo delle difficoltà ed entriamo nel circolo dei giudizi negativi nei nostri confronti, provenienti da noi stessi e dagli altri, quindi, quando si viene a creare una cosiddetta fase o spirale negativa. Però c'È un sistema per arrestare questo processo, per evitare questo fenomeno. Ad esempio, se per ragioni professionali, devi imparare ad usare il computer, rti capiterà, ai primi tentativi, di commere errori continui ed esagerati, così inizi a pensare di non essere portato, di non essere in grado di comprendere il mondo dell'informatica; facilmente ti capiterà che qualcuno faccia un commento negativo e questo rafforzerà ulteriormente il tuo presupposto limitante. Da quell'istante in avanti, se non fermi subito questo vortice, corri il forte rischio di creare una convinzione limitante che ridurrà le tue possibilità circa il contesto dell'informatica e che potrebbe poi estendersi anche in diverse altre aree. Invece, se ogni volta che ti trovi in un contesto simile, assumerai un atteggiamento mentale proteso al continuo apprendimento dagli errori, questo ti permetterà di bloccare ogni processo mentale negativo. Grazie a questo metodo, puoi affrontare l'errore come esperienza di crescita, per comprendere cosa hai fatto bene e cosa dovresti migliorare, ciò ti permetterà di agire nel modo corretto la prossima volta. Tieni presente che l'errore non esiste, esistono solo esperienze che fanno crescere, imparare e maturare.

"Non avere mai paura di fare qualcosa di nuovo, di diverso.
Ricorda che i dilettanti costruirono l'Arca
e i professionisti il Titanic"
Claudia di Matteo

Le esperienze negative non sono un fallimento, ma un feedback.
Inoltre, ricordati sempre di esaminare le tue credenze potenzianti, i tuoi punti di forza, perché sono un ottimo punto di forza per la tua autostima.

3 - Cambiare lo stato interiore

Possiamo eccellentemente utilizzare alcune tecniche di PNL per riuscire a gestire alcuni stati d'animo negativi.
Come?
Semplicemente iniziando da quello che fanno i bambini quando cominciano a scoprire il mondo, ponendosi domande.

Fai a te stesso le seguenti domande:

□ Come mi voglio sentire adesso?
□ Cosa stavo credendo prima per sentirmi in quello stato d'animo?
□ Cosa sono pronto a fare per cambiare stato d'animo?
□ Cosa posso imparare da questo stato d'animo?

Per avere la sicurezza in te stesso, nell'abilità di gestire un'emozione negativa, ripensa a quella volta in cui ti sei trovato in circostanze simili e come in passato sei riuscito a gestire questa emozione.
Eri depresso in quel periodo? Ricordati come ne sei uscito!
Eri frustrato per il tuo lavoro? Ricordati come hai trovato la soluzione!

Modellati sulle tue azioni del passato.
Fallo non appena avverti uno stato d'animo negativo, intervieni subito, non aspettare che i problemi si ingigantiscano.

• Emozioni di noia, impazienza, disagio, irrequietezza, ti fanno sentire che qualcosa non è completamente a posto.

▶ *Agisci:* chiarisci a te stesso come vuoi sentirti adesso, ciò che vuoi portare a termine. Cambia o perfeziona le tue azioni. Ci sono emozioni in grado di condizionare fortemente la tua vita e le tue azioni, prendiamone in esame alcune:

• Emozioni di paura, apprensione, ansia, ti procurano malessere e i dicono che bisogna essere più preparati per ciò che sta per accadere.

▶ *Agisci:* visualizza mentalmente la situazione di paura e decidi che cosa devi fare adesso per prepararti mentalmente e fisicamente. Calcola quali sono le azioni che devi compiere per affrontare al meglio la situazione. Una volta preparato, decidi di smettere di preoccuparti. Visualizza mentalmente nei dettagli come vuoi che vada la situazione.

• Emozioni legate al sentirsi feriti derivano dal senso di perdita di qualcosa, il messaggio che ricevi è di cambiamento di schema mentale o che le tue aspettative non sono adeguate.

▶ *Agisci:* sii consapevole che è possibile che tu non abbia perduto nulla. Rivaluta la situazione mettendo in dubbio le tue aspettative o sul fatto che la perdita eventuale ti abbia magari fatto guadagnare qualcos'altro! Forse hai giudicato il caso troppo severamente! Sii diretto con la persona che ti ha ferito e chiedi chiarimenti spiegando la tua reazione.

• Emozioni di rabbia, ira e risentimento, derivano dal perdurare e non aver affrontato situazioni in cui ci ti sei precedentemente sentito ferito; il messaggio che ricevi è solitamente che una delle tue regole o principi è stata violata da te o da qualcuno.

▶ *Agisci:* sii consapevole che forse sei stato frainteso e l'altra persona che ha infranto i tuoi principi magari non sa neanche di averlo fatto. Sii consapevole che le tue regole o principi non necessariamente siano sempre quelli giusti. Interrompi la rabbia chiedendoti: "Alla fine ne val la pena essere in questo stato?", "Come posso comunicare meglio le mie regole o principi agli altri?", "Cosa ho imparato da ciò?"

• Emozioni di frustrazione, derivano dalla tua attuale mancanza di progresso o sviluppo o dalla constatazione che qualcosa che stai facendo potrebbe essere fatta meglio, il messaggio che questo stato mentale induce e che potresti cambiare l'approccio per realizzare comunque quello che vuoi.

▶ *Agisci:* sii flessibile e cogli l'opportunità per generare del miglioramento. Cerca qualcuno che può ispirarti a migliorare in quella cosa, un esempio, un mentore.

• Emozioni di delusione, derivano dal sentimento di abbandono: stai per essere escluso da qualcosa o qualcuno, il messaggio che ricevi è che occorre cambiare le aspettative.

▶ *Agisci:* valuta un cambiamento di aspettative o impara da questa situazione. Stabilisci un nuovo obiettivo. Sii consapevole che forse sei troppo precipitoso e magari quella che vivi è soltanto una avversità temporanea. Abbi pazienza nel giudicare la situazione. Sviluppa l'abilità di attrarre a te aspettative positive (convinciti che quella cosa andrà bene e visualizzala nei dettagli di come esattamente vuoi che vada).

• Emozioni di senso di colpa, derivano dal risentimento per aver violato uno dei tuoi valori e principi e devi agire per correggere questa situazione.

▶ *Agisci:* ammetti apertamente che hai violato un tuo principio. Impegnati con te stesso e con gli altri a non ripetere questo comportamento in futuro. Non farti schiacciare dal senso di colpa, ora che l'hai ammessa devi abbandonarla! Continuare a colpevolizzarti non farà che peggiorare la situazione.

• Emozioni di inadeguatezza, trasmettono il messaggio che tu non credi di avere attualmente le informazioni, la sapienza, le capacità per svolgere un compito.

▶ *Agisci:* chiediti se è possibile che davvero tu non abbia le capacità oppure è più che altro mancanza di autostima. Se decidi che non possiedi le abilità necessarie per il compito, incoraggiati a prepararti per migliorarti. Trova un modello da stimare per diventare più adeguato alla situazione.

• Emozioni di impotenza e depressione, derivano dalla concentrazione negativa che hai su fatti accaduti in passato che sono sfuggiti al tuo controllo.

▶ *Agisci:* decidi quali fra le tante cose di cui ti occupi, sono essenziali e quali no e occupati di quelle necessarie. Crea le tue priorità, dei passi da fare per progredire in questa area e riprendi il controllo. Fai una lista di urgenze e seguila in ordine. Sii consapevole su ciò che non puoi controllare e fattene una ragione per vivere sereno ed in equilibrio.

• Emozioni di solitudine, derivano dalla mancanza di relazione con le persone alla quale tu vuoi bene e con cui ami stare in compagnia, cio; che devi fare è semplicemente tendere una mano verso la comunicazione.

▶ *Agisci:* sii consapevole che puoi iniziare a relazionarti subito e cambiare approccio. La gente pronta a voler bene a qualcuno è dappertutto. Identifica che tipo di relazione ti serve: Amicizia? Amore? Solidarietà? Empatia? Rispetto? Stima? Simpatia? Vai subito in cerca di opportunità.

Queste emozioni negative, se riconosciute in tempo, possono essere individuate ed eliminate sul nascere. Occorre sempre minimizzare lo stress emotivo personale derivante da situazioni sconvolgenti esterne e, per quanto possibile adottare un atteggiamento positivo ed ottimista verso la vita. Prosegui con le attività che ti piacciono e cerca persone con le quali puoi essere te stesso. Cerca il tuo gruppo dei pari.

4 - Cambiare identità

Ci sono delle domande molto significative che devi imparare ad usare per lavorare sulla tua identità che ti conducono a comprendere come le tue convinzioni su ciò che è possibile per te e su te stesso sono il risultato spesso solo di opinioni altrui.
Quindi pensando a come definisci te stesso, cerca di farlo riflettendo su quello che hai fatto nella vita o al ruolo che ricopri nella tua professione, per esempio puoi dire sono padre ed un professionista, un milionario ed un brav'uomo, ogni definizione estesa è estremamente importante.

Poniti queste domande:

□ Hai scelto tu, con consapevolezza, le caratteristiche della tua identità o hai lasciato che fossero le opinioni di altre persone a creare le convinzioni che hai su te stesso?

□ I comportamenti che addotti sono coerenti con la sua identità?

□ Quali di queste vorresti cambiare?

□ Che prezzo hai dovuto pagare per non cambiare un aspetto di te di cui non sei fiero?

□ Quanto pesa il passato su ciò che pensi di te?

□ Quanto pesa sulle scelte che vai a fare ogni giorno?

□ Quanto tempo dedichi a riflettere su ciò che vorresti essere e quali convinzioni vorresti avere?

Adesso svolgiamo insieme un esercizio che molto spesso facciamo durante i nostri corsi.

Mettiti seduto comodo e rilassato, respira profondamente e chiudi gli occhi e chiediti:

Chi sono?

Non porti nessun limite nella risposta, mettila per iscritto e poi chiediti:

Cosa penso di me?

Scrivi qualsiasi cosa ti venga in mente. Ti accorgerà che dopo le prime due risposte piuttosto prevedibilmente connesse alla tua professione ed alla famiglia, inizieranno ad emergere concetti diversi non collegati alla tua vita quotidiana, bensì collegati alla tua vera essenza, molto più profondi. In questa maniera, per ancora un quarto d'ora, vai avanti con una serie di definizioni che ti rappresentino veramente. Lasciati guidare con le risposte a queste domande:

☐ Qual è la descrizione di me stesso che sento più vera?

☐ Qual è l'essenza della mia identità?

☐ Ho le immagini o metafore che potrei usare per definire me stesso?

Possiamo fare un altro esercizio per assumere un diverso punto di vista sulla tua identità. Si tratta di trovare una definizione di te stesso in terza persona: immagina di trovare informazioni su di te sull'enciclopedia, quante sono le informazioni rilevanti che troveresti?
Adesso immagina di compilare una carta d'identità in cui devi riportare esattamente chi sei tu. Ora consideriamo quel che è venuto fuori dal tuo io più profondo, quello che hai compilato dall'enciclopedia e quanto descritto dalla tua nuova carta d'identità, certamente noterai qualche differenza. Può capitare anche che ci si trovi di fronte a definizioni totalmente diverse, ciò dimostra come la tua identità cambia in funzione dei pensieri che fai e del contesto nel quale la consideri, inoltre, questo esercizio ti fa comprendere che sei libero di dare più importanza ad un aspetto piuttosto che ad un altro senza mai, in nessuna maniera,

snaturare la tua vera essenza, perché ognuna delle definizioni su te stesso è ugualmente vera ma ognuna è parziale e contestualizzata.

Svolgendo quest'esercizio ti accorgerai che ci sono alcuni lati di te stesso che si ripresentano anche se con parole differenti, probabilmente sono aspetti che ti appartengono profondamente a cui vuoi rimanere legato, potremmo definirli un po' come il fulcro della tua identità. Scegli questi aspetti e riconoscili come vitali e utilizzali per descrivere una nuova definizione della tua identità.

Svolgendo questi esercizi ti accorgerai che si inizia fare più chiarezza su te stesso e ti renderai conto di scoprire nuove cose sul tuo conto. Avere consapevolezza delle definizioni sulla tua identità ti farà affrontare con più sicurezza le scelte che riguardano il tuo futuro. La tua identità, assieme alla tua mission e alla tua vision, indicano, sostanzialmente, quello che davvero conta per te, quali sono gli obiettivi a cui devi puntare per sentirti completamente realizzato.

Adesso, puoi compiere un ulteriore passaggio, poi scegliere di modificare consapevolmente le parti di te stesso che non ti soddisfano. Ti accorgerai che è possibile modificare quello che non ci piace e restare fedeli alla nostra nuova identità. Facciamo insieme questo esercizio:

Scrivi la lista di tutti gli aspetti che devono necessariamente far parte della tua identità, ad esempio, oltre ad essere un padre e un professionista, sei anche un figlio ed un fratello.

In base alle nuove caratteristiche, decidi subito chi vuoi essere, crea la visione più ampia, nessuno giudicherà le tue scelte, non porti limiti nella descrizione e non essere troppo modesto, considera che questo esercizio serve solo ed esclusivamente per te, nessuno ti giudicherà ciò che pensi o scrivi. Guardati dentro ed ascolta la tua essenza, la voce del tuo cuore.

Chiedi, che tipo di persona vorresti essere e cosa saresti in grado di fare, se avessi già raggiunto il tuo traguardo? Scrivi la tua nuova identità, scrivi chi diventerai. Adesso domandati cosa farai? Come ti comporterai? Cosa imparerai? Chi frequenterai?

Ciò serve a verificare una serie di azioni da seguire perché tu possa acquisire la consapevolezza di vivere secondo la Tua nuova identità.

Ora immaginata la tua nuova identità, ricordala molto spesso, fino a farla diventare parte integrante di te, parallelamente, inizia ad agire con comportamenti coerenti con essa.

Da adesso in avanti, avrai la possibilità di continuare ad ampliare la tua identità arricchendola con nuove relazioni, insegnamenti, azioni ed informazioni. Ricorda sempre che diventiamo ciò che pensiamo di noi stessi, quindi, prova a vivere come se avesse già raggiunto il tuo traguardo, calandoti totalmente nella persona che vuoi essere, ti accorgerai che riuscirai a diventarlo veramente.

5 - I consigli

Apprezzare e motivare

Bisogna comprendere che una lode meritata è un mattone assolutamente necessario per costruire un'organizzazione ad alti livelli di performance, è un passaggio estremamente significativo.

Siamo tutti abituati ben poco ai premi e molto più alla cultura della punizione, mentre è accertato che l'apprendimento più efficace avviene incoraggiando la parte migliore delle persone e non punendo quella peggiore.

"Chi ha occhio, trova quel che cerca anche a occhi chiusi"
Italo Calvino

Le aziende cercano continuamente nuovi sistemi per esprimere apprezzamenti positivi, anche in maniera pubblica e quelli che ci riescono, frequentemente, diventano posti piacevoli ed entusiasmanti in cui lavorare.

Ciò che puoi fare è domandarti come creare un ambiente di lavoro in cui questo riconoscimento avvenga su base regolare. Non sto parlando di riconoscimenti pubblici scenografici, da effettuarsi nelle occasioni speciali, ma bensì di incoraggiamenti costanti e continui per comunicare ai propri collaboratori che stanno facendo un ottimo lavoro.

"Ci sono persone che si soffermano
sui difetti dei loro amici. Non serve.
Io ho sempre rivolto la mia attenzione
ai meriti dei miei avversari
e ne ho tratto profitto"
Johann Wolfgang Goethe

Una delle strategie migliori con i collaboratori, sebbene estremamente semplice, consiste nel complimentarsi con loro, in maniera estremamente naturale, quasi per caso, fargli presente che hanno svolto un compito eccellente.

Questa azione solitamente promuove risultati sorprendenti. Tieni presente che quando le persone vengono elogiate, intensificano le attività per le quali hanno ricevuto i complimenti, quindi fai sempre i complimenti sinceri ed estremamente ben direzionati.

Le occasioni in cui possiamo esprimere apprezzamenti sono numerose come, ad esempio, quando le persone restano a lavorare fino a tardi per rispettare una scadenza, quando fanno più di quanto previsto dalle proprie funzioni specifiche, quando riorganizzano i propri impegni personali per il lavoro, si possono esprimere apprezzamenti in diversa maniera, invitando la squadra a pranzo fuori, regalando biglietti per eventi importanti o buoni omaggio per il cinema o concedendo un giorno di libertà. Ma soprattutto quel che conta è apprezzare le persone valide e ringraziarle sempre.

Ciò vale nella professione così come nella vita privata.

"I vostri sforzi per dare una mano dovranno basarsi su una reale preoccupazione nei confronti delle persone e non essere finalizzati solo a perseguire i vostri scopi personali. Solo così il vostro aiuto sarà accettato"
Philip B. Crosby

*"Le persone possono dubitare di ciò che dici,
ma crederanno a ciò che fai"*
Lewis Cass

Se ti trovi in una posizione di manager o di coach e rifletti su quali sono stati i leader della tua vita, ti accorgerai che sono stati, senza dubbio, le persone che sapevano che potevi fare di più di ciò che tu stesso immaginassi, che si aspettavano il meglio da te, le persone che riuscivano a farti oltrepassare i tuoi limiti.

Ciò si è verificato perché le aspettative positive hanno potenti effetti e tu puoi utilizzarle per aiutare le persone che lavorano con te ad abbattere le loro stesse barriere.

*"Gli esseri umani sono tra i pochi
ad avere l'abilità di imparare
dalle esperienze altrui,
ma sono molto riluttanti a farlo"*
Lou Holtz

I leader usano sistemi speciali per aumentare l'autostima dei propri collaboratori ed è incredibile ciò che gli individui riescono a fare quando credono in loro stessi.

Prova a pensare al fatto che se all'insegnante viene detto di uno studente che è eccezionalmente dotato, anche se questo ottiene risultati nella media, le aspettative condizionano l'insegnante e la sua capacità di essere paziente e disponibile; tutto questo contribuisce a raggiungere l'aspettativa di una performance eccezionale.

Le aspettative ti toccano dentro e vanno molto più in profondità di qualsiasi conversazione. Se ci riflettiamo, spesso facciamo profezia auto-realizzante sulla base di una quasi completa mancanza di dati quindi, perché non farlo in modi che portino fuori la parte migliore dei collaboratori che ti circondano?

Puoi utilizzare i tuoi collaboratori, interpretando le loro azioni in una maniera diversa. Pensa alle tue interpretazioni, non alle loro azioni, immagina che quelle persone siano collaboratori che stimi e per cui nutri una profonda ammirazione.

Le aspettative sono importanti nel modo in cui ci confrontiamo con i colleghi, con i consigli di amministrazione, con i clienti.

Avere delle aspettative non significa fidarsi ciecamente di qualcuno o non rendersi conto dell'incompetenza, quel che conta è l'atteggiamento mentale che riesca a far esprimere la parte migliore delle altre persone.

Può capitare a volte, che quella parte migliore non emerga, in quei casi farai ciò che devi fare. Inizia con il modellare le tue aspettative al fine di tirare fuori la parte migliore delle persone che ti circondano e la tua vita cambierà.

Inizia a chiederti, c'è una persona di cui hai fiducia da cui ti aspetti di meglio?

C'è invece un collaboratore che non tolleri, perché è proprio mediocre ma che vorresti riuscire ad ispirare? Immagina per pochi secondi ma in modo molto dettagliato, una specifica persona che riesci a malapena a tollerare e poi una che stimi, che credi voglia davvero dare il suo meglio e che è capace di portare avanti eccezionalmente un'idea.

Considera la prima persona con la seconda, nota le differenze ciò che pensi dell'una e dell'altra. Prendi quel che pensi della prima persona e poni sopra in modo totalmente sovrapponibile l'immagine della seconda persona su quella della prima, facendo in modo che diventi sempre più nitida. Liberamente, ripeti il processo ancora due volte, finché giungi a pensare alla prima persona nutrendo alte aspettative sulla base della fiducia nelle sue capacità.

Tra una settimana fai in una verifica e domandati: "Le mie aspettative hanno determinato dei cambiamenti nelle mie relazioni? Pensa alle occasioni durante la tua esistenza in cui avresti potuto estrarre la parte migliore delle persone intorno a te, semplicemente avendo fiducia in loro e nelle loro capacità. Adesso fallo con colleghi, dipendenti, familiari, amici e con i tuoi bambini.

"L'azione più motivante che una persona può fare per un'altra
è ascoltarla"
Roy Moody

Il gruppo dei pari

Le persone dunque sono molto influenti su di noi e sul nostro comportamento, sulle nostre aspirazioni. I nostri valori, in qualche misura ciò che vogliamo o non vogliamo dalla vita, dipendono anche dalle persone che frequentiamo. Noi umani tendiamo ad imitare i nostri simili, in particolare le persone che ci sono più vicine. Come bambini che cercano di replicare i comportamenti dei genitori, fanno proprie le frasi che ascoltano, si tratta quindi, da sempre, di istinto naturale. La cerchia di persone che frequentiamo ha un influsso su di noi ed in sociologia viene definita "gruppo dei pari". Questo gruppo è in grado di formare opinioni ed orientare il comportamento delle persone. Ovviamente possiamo scegliere liberamente chi frequentare, è importante però essere consapevoli del fatto che le persone, volenti o nolenti, influiscono sulle nostre opinioni e sui nostri comportamenti. Un individuo può impegnarsi in ogni contesto della propria esistenza e fare un ottimo lavoro su se stesso, pianificare perfettamente ed utilizzare tutti gli strumenti di cui dispone ma se frequenta persone che lo ostacolano e lo distraggono dai suoi propositi, che non frenano, difficilmente riuscirà a raggiungere i suoi traguardi. Riflettendo sul rapporto fra una persona ed il suo gruppo di pari, vi sono molte indicazioni da tenere presente estremamente utili, andiamo a considerarle insieme.

"La persona migliore per fare un lavoro è quella che lo fa
senza passare la patata bollente ad altri
e senza tornare indietro con delle scuse"
Napoleon Hill

Ognuno di noi tende a diventare simile alle persone che compongono il proprio gruppo dei pari. Praticamente, è come dire che le caratteristiche dominanti di un gruppo diventano contagiose, se si sta sempre con persone estremamente dinamiche probabilmente si sarà una persona attiva, se frequenti solo persone estremamente oziose e pigre probabilmente diventerai anche tu sempre più pigro. Difficilmente una persona supera le aspettative che il proprio gruppo di pari nutre su di lei. Infatti, spesso per non distinguerci troppo dalle persone di cui ci interessa la compagnia, ci troviamo a conformarci esattamente a ciò che essi si aspettano da noi.

"Le situazioni e le persone non possono essere cambiate da un'influenza esterna. Per cambiarle davvero, questa convinzione deve provenire dall'interno"
Phyllis Bottome

Se stai con persone che hanno sviluppato meglio talenti e abilità che vuoi perseguire, senza dubbio eleverai il tuo standard. Avere un buon esempio, dei validi modelli è un modo eccellente per accelerare il nostro processo di miglioramento e di crescita, per far questo, è saggio scegliere un gruppo di pari che abbiano raggiunto un livello superiore al nostro nelle aree che vogliamo sviluppare, è un sistema estremamente positivo e costruttivo; in questo modo assecondiamo una nostra tendenza all'emulazione, ponendoci degli esempi di successo.
Da questa riflessione passiamo ad analizzare il tuo attuale gruppo dei pari.

Inizia anche a domandarti se sai vedere l'influenza che esercitano su di te le persone che frequenti.

Domandati:

☐ Solitamente, chiedi loro consiglio?
☐ Ottieni giudizi?
☐ Tendi a modificare le tue opinioni e le tue convinzioni adeguandole alle loro?
☐ Cosa si aspettano da te?
☐ Li prendi a modello?
☐ Che tipo di persona vogliono che tu diventi?
☐ Se fossi esattamente come vogliono loro, come saresti e saresti soddisfatto di te stesso, se assomigliassi a loro?
☐ Ti piaceresti?

Adesso passa tutte le aree della tua vita ed elenca tutte le persone che per varie ragioni esercitano una qualche influenza in un contesto specifico e pensa alla tua mission, vision, identità e valori. Pensa all'area della famiglia, del lavoro, delle finanze, delle emozioni e della crescita personale. Rileggi i nomi della presente lista e fatti queste domande:

☐ Questa persona mi aiuta a raggiungere ciò che desidero e che per me è importante?
☐ Lei crede in me?
☐ Può darmi consiglio?
☐ Questa persona mi avvicinerà o allontanerà dal risultato che desidero?

Proviamo a fare questo esercizio per renderci consapevoli del nostro gruppo dei pari e riflettiamo sull'influenza che esercita sulla nostra vita e sull'impatto che questo gruppo di pari ha su di noi. Le persone con cui passiamo il nostro tempo, contribuiscono a determinare quello che pensiamo ed in verità, determinano in maniera importante anche come ci sentiamo. è ovvio che stare in compagnia di persone allegre divertenti ed entusiaste si fa sentire brillanti e vitali; stare assieme a persone pessimiste, triste e sconfortate ci fa sentire in maniera completamente diversa. è evidente che questi stati d'animo sono contagiosi, quindi inevitabilmente il nostro gruppo dei pari ci coinvolge anche emozionalmente.

Pensando a chi frequenti poniti queste domande:

☐ Che reputazione hanno queste persone?
☐ Hanno una vita familiare serena?
☐ Che vita conducono?
☐ Capiscono il valore dell'atteggiamento, degli obiettivi e dello sviluppo personale?
☐ Quanti libri hanno letto nell'ultimo anno?
☐ Quante persone hanno frequentato per sviluppare una nuova abilità?

Esamina i tuoi valori e domandati se le persone che frequenti sono in linea con essi. Per far ciò, domandati:

☐ Dove ti portano queste persone?
☐ Come ti fanno parlare?
☐ Cosa ti fanno pensare, leggere, fare?
☐ Che influenza hanno sulla tua capacità di agire, migliorare e sentirsi felice?
☐ E, soprattutto, le persone che frequenti chi e cosa ti stanno facendo diventare?

Quando persone sbagliate entrano nella nostra vita, influenzano terribilmente tutta la nostra esistenza, per questo bisogna stare attenti ad evitare che i soggetti sbagliati siano troppo vicini alla nostra sfera personale. Se rifletti, probabilmente conosci già qualcuno il cui atteggiamento e le cui abitudini stanno danneggiando le tue possibilità di successo e di felicità e minano continuamente il tuo ottimismo. Se l'effetto che hanno su di te è negativo, potrebbe essere necessario fare delle scelte determinate e definitive.

"Non è perché le cose sono difficili che non osiamo farle,
è perché non osiamo farle che diventano difficili"
Seneca

Rivalutare le nostre frequentazioni può essere difficile e può rappresentare un processo doloroso ma sono dolorose anche le conseguenze che derivano dal lasciare che altre persone esercitino un'influenza dannosa su di noi. A volte per salvaguardare il nostro futuro, è indispensabile staccarci da qualcuno. Naturalmente, il distacco nel caso di persone a noi vicine, richiede una riflessione attenta ed approfondita, ma inevitabilmente, se vuoi cambiare te stesso per un futuro migliore, devi allontanarti da chi ha un impatto negativo sulla tua vita. è altrettanto saggio scegliere accuratamente i proprio mentori; si può avere un buon coach che è proprio una persona di fiducia che capisca la tua motivazione e ti aiuti a controllare i progressi senza giudicarti e guidandoti nel capire come gestire gli eventuali ostacoli.

"Non lasciare che ciò che non sai fare,
interferisca con ciò che sai fare"
John Wooden

Parte III

Coaching in azione

Capitolo 1
Il coaching auto-motivazionale

1 – Guardiamoci dentro

Ognuno di noi è in grado di attuare il proprio cambiamento sia individuale che di gruppo. Troppo spesso gli eventi si trasformano e riteniamo che non siano sotto il nostro controllo, sino a quando non ne comprendiamo bene le dinamiche; quindi, acquisire consapevolezza dei propri meccanismi decisionali e comportamentali, emotivi e cognitivi, ci consente di evolvere e crescere, così come le persone che ci circondano e le organizzazioni entro le quali operiamo. Il coaching auto-motivazionale ci accompagna lungo il percorso del cambiamento individuale e ci aiuta a scoprire le nostre potenzialità, per poterle inserire nei gruppi dell'organizzazione a cui apparteniamo.

> *"Ogni crisi è come una moneta: da una parte porta con sé il pericolo, dall'altra l'opportunità. Capovolgete la moneta. Non perdetevi l'opportunità di emergere da questa crisi più forti e più intelligenti: dei sopravvissuti migliori"*
> *Jeffrey J. Davis*

Tutti noi possediamo degli strumenti per poter "cambiare" e se non li possediamo, possiamo certamente apprenderli. Uno dei principali strumenti è sicuramente il nostro inconscio; questo è molto potente e possiamo metterlo al nostro servizio con più efficacia, tanto nella vita privata che in quella professionale. Ciò che intendiamo per "cambiamento" è quel processo di trasformazione che porta una persona ad instaurare una relazione costruttiva con se stesso e con gli altri nel divenire un motore di un'evoluzione positiva e costruttiva, protagonista di una crescita che va al di là di se stesso, coinvolgendo il gruppo sociale e l'organizzazione nella quale opera. In Occidente, troppo frequentemente viene sopravvalutato l'aspetto "tangibile" sia dell'organizzazione che delle persone, mentre invece, dopo tanta esperienza in Oriente, posso dirti che è molto importante rivalutare le risorse umane, il riconoscimento dell'altro, l'interazione personale e l'apprendimento. Divenire consapevoli dei nostri bisogni e dei nostri desideri, dei nostri obiettivi, della distanza fra lo stato attuale e quello desiderato è possibile soltanto attraverso una decisa e precisa automotivazione che, fondamentalmente, consiste in un ascolto molto attento di noi stessi e nella disponibilità ad apprendere nuove convinzioni e nuovi comportamenti. Queste nuove forme di pensiero, che si sono rivelate estremamente efficaci tanto nell'area dell'apprendimento quanto nell'azione, nelle scuole e nelle università non hanno ancora, purtroppo, iniziato ad adottarlo.

"Piantate nella vostra mente i semi dell'aspettativa; coltivate pensieri che anticipino la realizzazione dei vostri obiettivi. Credete in voi stessi come persone in grado di superare tutti gli ostacoli e le debolezze"
Norman Vincent Peale

Svolgiamo insieme questo esercizio estremamente utile per creare il proprio modello di apprendimento nelle persone adulte.
Ripensa agli ultimi mesi e alle esperienze importanti di apprendimento, sia esso in aula, nella tua vita privata o professionale.
Riferendoti alle esperienze che hai elencato sopra scrivi, in maniera sintetica, gli elementi chiave che ti hanno portato all'apprendimento in ciascuna delle circostanze suddette.

Scrivi una breve definizione di cosa è, a tuo parere, l'essenza dell'apprendimento attraverso il coaching.

"Quando un uomo ha posto un limite a quanto farà, ha posto un limite a quanto può fare"
Charles M. Schwa

Va sempre tenuto presente che la motivazione è una forza interiore che conduce il nostro comportamento verso uno scopo, è sostanzialmente, l'essenza dei motivi, delle suggestioni e degli impulsi, sia culturali che creativi, che determinano l'azione di un comportamento. In un contesto professionale, motivare significa fondamentalmente ottenere che una persona faccia qualcosa perché egli stesso desidera farlo, condividendo obiettivi e risorse con gli altri partecipanti del suo contesto. I teorici della motivazione, a partire da Maslow in avanti, sono d'accordo sul fatto che le motivazioni siano distinte in primarie e secondarie, incentivanti ed attitudinali. Le motivazioni primarie sono di natura fisiologica e comprendono i bisogni fondamentali cioè la fame, il sonno, la sete e le pulsioni sessuali. Le motivazioni secondarie sono di natura personale e sociale e si acquisiscono mediante l'esperienza come ad esempio, il successo o la cooperazione e la competizione.
Il coaching è automotivazionale e punta esattamente a sollecitare le proprie potenzialità, in ogni singolo individuo. Questo viene espletato con successo in ambito sportivo, nella formazione accademica, nella formazione sociale e nella formazione professionale, soprattutto a livello manageriale, nella selezione del personale e nella formazione aziendale nonché nella formazione delle professioni sociosanitarie come per i medici e gli assistenti sociali, eccetera. Così come la motivazione si rivolge alla conoscenza dell'altro ed alla sua osservazione, per guidarlo verso comportamenti più efficaci. Dalla motivazione ci si rivolge alle proprie risorse interiori, all'analisi delle nostre capacità e alla loro valorizzazione.

"Se sei determinato, lavori duro
e hai una vision puoi arrivare ovunque"
Steve Jobs

Quel che è importante sapere è che per motivare bisogna essere motivati, quindi l'auto-motivazione diventa sempre più vitale, perché se non si è personalmente motivati, non possiamo motivare un'altra persona. è indispensabile quindi avere un comportamento assertivo, conoscersi e nutrire per se stessi una notevole autostima. Ogni azione di motivazione ha bisogno di avere un obiettivo, un impegno per il futuro, un preciso scopo. La motivazione quando viene attivata non ha un termine, è un processo continuo. Ogni motivazione deve essere seguita da gratificazioni ed apprezzamento, infatti per motivare gli altri bisogna essere capaci di apprezzarli e saper anche esternare chiaramente i propri apprezzamenti. La partecipazione è sempre motivante, quindi rendere molto partecipi le persone ad un progetto le rende maggiormente motivate. I progressi sono molto motivanti, difatti quando ci sono dei risultati positivi siamo certamente più motivati. La competitività è motivante solo quando si ha la possibilità di vincere; se non pensi di avere probabilità di successo e non credi nella possibilità di vittoria non sarai motivato e probabilmente, mancherai i tuoi obiettivi. Tutti sono in grado di automotivarsi, è solo necessario trovare lo stimolo giusto per ogni singola persona. Ognuno ha una sua personale chiave che lo motiva ad agire.

"Tutti noi possediamo delle capacità.
L'unica differenza sta in come le utilizziamo"
Stevie Wonder

Il senso di appartenenza ad un gruppo stimola la motivazione oltre che l'impegno. Indubbiamente, una persona esperta di automotivazione, può condurre un coaching auto-motivazionale integrando tutti gli aspetti dell'apprendimento e delle teorie motivazionali, sempre solo dopo che avrà sperimentato su di sé questo percorso di crescita personale, perché la auto-motivazione è sempre riferita alle risorse interiori di una persona, all'analisi delle energie personali ed alla loro valorizzazione. Una volta raggiunta una profonda conoscenza di sé e un ottimo equilibrio, ogni persona può realizzarsi, essere molto più sicuro ed avere una vita più soddisfacente, sia professionalmente che personalmente.

Nell'attuale realtà, i dirigenti nei diversi campi, necessitano tutti di più consulenza per poter sviluppare la propria motivazione, hanno bisogno di acquisire le conoscenze dal punto di vista del pensiero, dei concetti e della pratica che gli permettano di affrontare il possibile ed enorme ampliamento delle loro funzioni e possibilità. L'auto-motivazione è poi uno strumento estremamente utile per il professionista che non si sente ricompensato in maniera equa e non si applica più, oppure che è mirato esclusivamente al successo e di conseguenza, i suoi collaboratori si sentono frustrati, così le relazioni diventano difficili e questa mancanza di armonia relazionale porta cinismo ed indifferenza in azienda.

"Se c'è qualocsa che un uomo può fare bene,
gli dico semplicemente di farla.
Gli offro una possibilità"
Abraham Lincoln

Inoltre, il ruolo del manager è difficile perché deve saper far tutto, deve esser sicuro di se e ciò lo porta ad avere spesso un comportamento distaccato; questo crea barriere organizzative, e, nello stesso tempo, allontana i collaboratori, che non riescono a creare con lui nessun rapporto. I manager diventano, così quei famosi dirigenti ai quali si obbedisce ma con i quali non si vuole avere nulla a che fare. I manager che hanno capito il loro ruolo professionale, cercano di comprendere le contraddizioni e le situazioni problematiche che esistono nel loro campo, di imparare i comportamenti necessari per mantenere i rapporti con i collaboratori e per metterli al servizio degli obiettivi, cercano di non perdere la calma ed interiorizzare i conflitti ed imparano a prevedere i criteri di valutazione dei loro superiori.

Questi manager si fanno aiutare da un coaching, ascoltano i consulenti ed i formatori, leggono i libri giusti, imparano ad avere rapporti costruttivi con la loro squadra: in ognuna di queste azioni cercano di mettere a frutto tutto ciò che sanno, le loro idee e le loro esperienze. Il loro è indubbiamente un mestiere piuttosto complesso e faticoso, nel quale bisogna dare il meglio di sé; i manager sono sempre convinti che il lavoro abbia la priorità assoluta rispetto agli altri contesti della loro vita, infatti spesso gli altri settori sono totalmente in ombra come ad esempio la vita familiare e le amicizie. Ascoltando i discorsi del manager ci si accorge che sono prigionieri del loro ruolo, dando la precedenza ai compiti da portare a termine, al dovere da adempiere, alle prospettive di successo, e si trovano ad essere nervosi, stressati, stanchi, e privi di qualsiasi forma di tempo non lavorativo; ciò solitamente viene visto dal mondo che li circonda come segnali positivi, perché questi sacrifici sono ciò che serve per raggiungere il successo. A prescindere dal fatto che questi valori siano giusti o meno, molto spesso i nuovi manager non prestano attenzione ai segnali d'allarme, inclusi quelli lanciati dal proprio corpo e si trovano ad avere frequentemente infarti e collassi, perché il modo sbagliato di affrontare il proprio ruolo può sfociare in gravissime patologie e disturbi del proprio essere. Vi sono moltissimi disturbi psicosomatici, nevrotici, tipici del management, difatti nella nostra era si tende a lavorare sul ruolo professionale che cambia, sul valore e sulla possibilità di vivere in armonia, pur avendo potere ed influendo sui rapporti. In molte altre occasioni invece non vi sono problemi e non si manifestano sintomi preoccupanti ma vi è un dilagare di carenza di stimoli, di entusiasmo e prevale la noia ed allora il coaching è, se così si può dire, preventivo. Questo è il tipo di coaching a cui si approcciano generalmente i giovani che devono costruirsi un'identità professionale, cercarsi una professione adatta alle loro attitudini ed inclinazioni ed alle capacità che possiedono ma anche alle persone di una certa età, che vogliono correggere il loro obiettivo e necessitano di scoprire quante possibilità hanno ancora di centrare i loro goals, quante idee operative sono ancora in grado di attuare ed a cosa vogliono continuare a dedicarsi. Il coaching auto-motivazionale sviluppa le competenze delle persone e la loro nuova consapevolezza e nuove conoscenze, migliorando così l'autostima. Tutte le aziende hanno ormai compreso, in maniera chiara, che è estremamente remunerativo investire nelle risorse umane e nel loro sviluppo, quindi apprezzano questi mezzi innovativi per ottimizzare e valorizzare il personale.

"Il successo è figlio dell'audacia"
Benjamin Disraeli

Il coaching auto-motivazionale consente di ottenere benefici duraturi, non dipende da contesti organizzativi per i quali opera, migliora sempre le prestazioni ed è un processo che rinforza. è un momento di confronto con le proprie insicurezze, uno spazio per elaborare nuove risorse; potremmo, concludendo, definirlo un dialogo fra professionisti esperti che condividono i medesimi obiettivi, ossia, la crescita e lo sviluppo personale per arrivare ad un'organizzazione migliore.

Un tempo era sufficiente conoscere bene la propria professione per avere soddisfazione sia personale che economica; la preparazione teorica era significativa ma non fondamentale. Oggi non è più così e diventa necessario essere aggiornati continuamente e professionalmente, essere in grado di riposizionarsi per rimanere attivi sul mercato del lavoro. Non è più sufficiente una laurea o un diploma valido, né una specializzazione per essere collocati in maniera gratificante nel mondo del lavoro, dove, a 45 anni se non si investe sulla propria crescita professionale si è tagliati fuori. Per queste motivazioni diventa indispensabile trovare sempre dentro di sé le motivazioni forti e potenti che possano condurre ad una costruttiva e proficua crescita personale e professionale.

Quattro chiacchiere di coaching

"Comunicare l'un l'altro, scambiarsi informazioni è natura;
tenere conto delle informazioni che ci vengono date è cultura"
Johann Wolfgang Goethe

Filippo è un manager che da poco ha assunto un ruolo nuovo e mi è stato affidato dalla sua azienda come un talento da coltivare, chiedendomi di aiutarlo a identificare le proprie aree titubanti e rafforzare la sua sicurezza nell'azione.

Claudia: *Ciao Filippo, ci vediamo per la terza volta, nelle precedenti due abbiamo compreso qualcosa di più sui tuoi comportamenti e sulla percezione che hai degli altri. Abbiamo stabilito i tuoi obiettivi e le nostre azioni ad essi connesse. E oggi, come ti senti, cosa vorresti ottenere al termine di questa sessione?*

Filippo: *Sto bene e sono ansioso di proseguire la nostra conversazione. Dal nostro ultimo incontro ho letto il report con i punti di vista degli osservatori e sono rimasto stupefatto di fronte alle divergenze tra come mi leggono gli altri e come io vedo me stesso. Francamente credevo di aver compreso bene come cambiare atteggiamento ma mi rendo conto che a volte vado in confusione. Oggi vorrei chiarire le idee e avere più sicurezza.*

Claudia: *Cosa è accaduto in questo periodo in cui non ci siamo visti?*

Filippo: *Ho chiarito con me stesso le ragioni della mia insoddisfazione verso il mio lavoro e quando ha cercato di avere un cambiamento, l'ho bloccato proprio perché avevo le idee molto confuse sul mio ruolo. Adesso inizio a dargli una forma più chiara. Prima ero proprio in un momento di grande confusione, possiamo dire che il lavoro non mi piaceva più, volevo qualcosa di diverso ma non sapevo cosa, avevo molte idee ma non riuscivo a metterle a fuoco, credo che sia stato proprio questo a condurre il mio capo a propormi questo percorso con te.*

Claudia: *Ma questa è un'ottima occasione per dare un ottimo feedback al tuo capo! Vedrai che presto vorrai ringraziarlo di persona. Tornando a noi, raccontami cosa è successo? Cos'è che finalmente vedi più chiaro?*

Filippo: *Voglio dare un feedback positivo al capo. Innanzitutto mi sono reso conto di non essere contento del fatto che non riesco a condurre nuovi clienti all'azienda, mi accorgo di avére meno capacità dei miei colleghi nell'acquisire nuovi clienti. Mi rendo conto che di fronte alle cose nuove, alle persone nuove, mi blocco, temo che mi chiedano qualcosa di tecnico e che non mi venga in mente qualche sciocchezza per proseguire il discorso. Credo di essere un buon progettista ma di non essere assolutamente in grado di creare nuovi business. Mi rendo conto che l'azienda sia stimata ed impegnata sul portare fatturato nuovo e non vorrei essere tra quelli che lavorano sotto tono ed in silenzio, vorrei proprio fare qualcosa, ma non so proprio cosa.*

Claudia: *Parlami della relazione fornitore-cliente, com'è e cosa ti blocca nell'approccio verso un cliente nuovo? Cosa temi che accada di così negativo?*

Filippo: *Ho paura della sua reazione, penso che il mio prodotto potrebbe non itetessarlo, temo di non saper tenere viva la conversazione, ho paura che mi faccia domande a cui non so rispondere, insomma, ho paura di rendermi ridicolo e far brutte figure.*

Claudia: *Adesso immagina di vedere un film nella tua mente e parlami di una visita perfetta al tuo cliente cioè, come vorresti esattamente che si svolgesse, possiamo chiamarla la tua "visita ideale."*

Filippo: *Mi piacerebbe che il cliente mi accogliesse con un sorriso, felice di vedermi; io gli parlerei con molta sicurezza del mio prodotto, lui si dimostrerebbe molto interessato, mi farebbe una serie di domande a cui io risponderei perfettamente perché conosco ogni dettaglio tecnico. A quel punto il cliente mi chiederebbe di preparare l'offerta. Questa sarebbe una visita perfetta: avrei suscitato il suo interesse, che è quel che conta perché se il cliente sceglie me ed il mio prodotto, dopo, non sarà un problema chiudere l'affare.*

Claudia: *Bravo Filippo, ottimo film! Adesso, prova ad identificare quali sono gli elementi della tua spiegazione al cliente che hanno suscitato il suo interesse e la sua attenzione verso te.*

Filippo: *Conoscevo molto bene il prodotto, quindi ho mostrato al cliente, non solo i dettagli tecnici ma anche i vantaggi applicativi dello stesso perché questo lo aiuterà ad utilizzarlo meglio.*

Claudia: *Come facevi a conoscere così bene il prodotto e le risposte alle sue domande del cliente?*

Filippo: *Nello studiare prima, avevo imparato le caratteristiche che interessano l'acquirente, avevo preparato una bella presentazione che spiegava le applicazioni ed i risultati che avrebbe potuto ottenere e tutti i benefici derivanti.*

Claudia: *Che cosa pensava esattamente il cliente?*

Filippo: *Pensava a tutto ciò che il prodotto poteva fare di buono per lui, oltre al fatto che tutti possono usarlo e risparmiare cosi denaro e tempo.*

Claudia: *Come hai spiegato questi vantaggi?*

Filippo: *Nella presentazione c'erano statistiche, referenze, esempi e casi reali che io ho tenuto in memoria, in attesa delle domande del cliente. Ho avuto questo materiale a disposizione, preparando prima, cosi ho tenuto sotto controllo tutti gli elementi che potevano agganciare l'interesse del cliente, compresi i dettagli tecnici. Effettivamente io penso prima ai dettagli tecnici per mostrare la complessità del sistema, ma forse queste sono informazioni che potrei dare in un secondo momento.*

Claudia: *Mi pare che tu abbia fatto proprio un bel lavoro, adesso mi domando se esiste una presentazione così come tu me l'hai illustrata, che possa effettivamente esserti utile.*

Filippo: *C'è molto poco, qui abbiamo ristrutturato, al momento abbiamo una presentazione, ma è molto generica, potrei chiedere ai ragazzi del marketing che sono molto bravi di preparare una brochure o una cosa simile.*

Claudia: *Come preferisci che questa presentazione sia strutturata? Come pensi di raccogliere questi dati? Il reparto di marketing agisce in maniera autonoma?*

Filippo: *I ragazzi sono bravi con le presentazioni, ma mi piacerebbe suggerire la struttura, tipo cosa mettere prima e cosa dopo. Ho in mente chiaramente come vorrei che fosse la nostra brochure. Posso preparare una bozza che avrà il marketing da mettere in bella copia aggiungendo o qualche numero o qualche statistica, insomma alcuni dati che ritengono utili, così credo che potrebbe venir fuori un buon lavoro.*

Claudia: *Perfetto, sei già in azione! Già ti vedo di fronte al tuo cliente con la tua perfetta presentazione che scorre con sicurezza, fluidamente, una pagina dopo l'altra. Ti sento che rispondi in maniera esauriente alle sue domande e il colloquio fila perfettamente liscio sino al tuo traguardo. perché non inizi subito a preparare la bozza?*

Filippo: *Non saprei... non saprei, sono così impegnato, certo mi piacerebbe averla al più presto così da poterla utilizzare da subito con il prossimo cliente. Ma posso dirti che dalla prossima settimana mi impegno a raccogliere dati e domani vedo il mio capo gliene parlo e gli chiedo alcune informazioni.*

Claudia: *Benissimo allora ci vediamo martedì. Da quando dici deduco che sarai pronto con questo materiale a prescindere dalle altre cose che hai da fare, giusto?*

Filippo: *Esatto! Sì, dai, parlo domani con i responsabili, massimo dopodomani, gli spiego e faccio vedere le mie idee e gli chiedo se mi fanno questo favore. Credo anche che questo tipo di presentazione potrebbe essere utile anche ai miei colleghi, gli porterò tutto il materiale e loro lo confezioneranno assieme, sono sicuro che facendolo assieme e con cura, saremmo molto veloci ed efficienti. Credo proprio che questa idea piacerà al capo.*

Claudia: *Bene, allora, domani o dopodomani parli con il capo e con il marketing organizzando per bene il tutto.*

Filippo: *Credo che ci vorranno un paio di settimane per avere il lavoro pronto.*

Claudia: *Se vuoi mandarmi il tuo lavoro, possiamo, la prossima volta, riguardarlo insieme per vedere se hai effettivamente pensato a tutto e per decidere la sequenza con cui presenti le informazioni, prima di procedere alla stesura definitiva.*

Filippo: *Magari, grazie, allora io preparo il lavoro e te lo mando, così vediamo se ho trascurato qualcosa. Mi piace molto confrontarmi con te e non dover fare tutto da solo, mi fa acquisire sicurezza in quello che sto facendo e mi fa esser certo che sia fatto bene.*

Claudia: *Mi fa molto piacere saperlo, allora aspetto posta da te e ci vediamo tra due settimane.*

Filippo: *Grazie infinite Claudia, di tutto, alla prossima.*

"Cerca prima di capire
e solo dopo di essere compreso dagli altri"
Stephen Covey

2 - Il percorso di coaching

"Giudicate un uomo dalle sue domande
più che dalle sue risposte"
Voltaire

Un percorso di business coaching è sempre organizzate in diverse fasi. Vi è un primo incontro, per comprendere se il coaching è l'intervento adeguato alle esigenze del cliente.

Così abbiamo fatto ultimamente io e Gilberto, un Manager con cui ho appena concluso un percorso di business coaching. Nella prima fase abbiamo avviato il percorso e Gilberto mi ha descritto l'azienda in cui lavora e le figure interne con cui si relaziona; analizzare il contesto di riferimento ha consentito a Gilberto di osservarlo dall'esterno per poter chiarire meglio a se stesso le dinamiche in cui è inserito. Contemporaneamente questo ha consentito a me di capirne di più sulle relazioni più importanti, sulle difficoltà riscontrate con alcune persone, su eventuali giochi di potere interne all'azienda e quindi di poter avere una cornice di riferimento e di poter contestualizzare il suo disagio. Nella fase seguente Gilberto ha approfondito il suo ruolo di manager, mi ha descritto accuratamente le attività richieste dal suo ruolo, la sua funzione e le sue risorse. Quest'opportunità di descrivere cosa l'azienda gli chiedesse in quanto manager e analizzare in maniera distaccata cosa lui deve fare, con chi e come, lo ha dissociato a livello emotivo tra il se stesso persona Gilberto e il manager Gilberto. Ciò gli ha consentito di analizzare il tutto dall'esterno. senza interpretazioni soggettive e personali, comprendendo quale era precisamente il ruolo di manager che gli veniva richiesto e quali le aree da sviluppare per ricoprire meglio il suo ruolo. Così, abbiamo lavorato insieme per individuare le competenze necessarie per svolgere la sua professione, quindi ci siamo impegnati su flessibilità, negoziazione, assertività, soluzione dei problemi ed auto organizzazione. Dopo di che, ho fatto con Gilberto, una serie di giochi di ruolo, tecniche creative, visualizzazioni, brainstorming ed al termine di tutte queste attività, abbiamo completato delle schede di valutazione dei comportamenti da lui messi in atto, specificando anche il momento in cui li aveva attuati e l'intenzione. L'esercizio ha prodotto a molte riflessioni ed infinite delucidazioni ed illuminazioni. Sessione dopo sessione, Gilberto si è reso conto di agire in maniera professionalmente nuova all'interno del suo contesto. Io l'ho supportato con entusiasmo nella sua crescita e nel suo sviluppo, aiutandolo a notare i successi e ad apprendere dagli errori, ciò ha consentito che si attuassero in lui cambiamenti duraturi e consapevoli. Gilberto al termine del nostro percorso di coaching, si è dichiarato estremamente soddisfatto, con la certezza d'aver notevolmente aumentato l'autostima ed il senso di fiducia, di aver sviluppato nuove competenze fondamentali ed ha notato il cambiamento dei suoi colleghi nei suoi confronti, nonché il suo capo ha dimostrato, in diverse occasioni, di apprezzare il suo spirito collaborativo propositivo, tanto da coinvolgerlo in nuovi progetti e da essere consultato per opinioni personali e professionali. Tutte le sue relazioni sono diventate più serene e cordiali, Gilberto ha compreso che il suo ruolo non necessitava solo di un'alta competenza tecnica, ma mancava delle giuste competenze relazionali.

"La cosa più importante nella comunicazione
è ascoltare ciò che non viene detto"
Peter Drucker

3 - Gira la ruota

Nel momento in cui decidi di intraprendere un percorso di auto coaching, stai esplorando il tuo presente e progettando il tuo futuro; quindi devi necessariamente possedere le giuste risorse ed essere in grado di decidere, al fine di poter passare dallo stato attuale allo stato desiderato. Il primo passaggio da compiere è quello di distinguere gli obiettivi, che sono di vario tipo: vi sono obiettivi finali, sono cioè la destinazione finale a cui vogliamo arrivare e vi sono obiettivi operativi, che rappresentano il percorso, cioè la maniera in cui vogliamo arrivare al nostro traguardo. Solamente dopo aver stabilito in maniera chiara gli obiettivi a lungo termine, si passa ad occuparsi degli obiettivi al medio e breve termine che sono quelli che ci sosterranno, lungo il nostro percorso. Ad esempio, elenca in maniera scritta, tre obiettivi a lungo termine che siano di lavoro, salute, vita privata, che desideri che si verifichino nei prossimi 10 anni. Fatto ciò, scrivi tre obiettivi a medio termine che vuoi che diventino realtà nei prossimi cinque anni, dopodiché scrivi tre obiettivi da concretizzare nei prossimi due anni ed infine, ancora tre che debbono diventare realtà entro un anno. Fallo con calma, prendendoti tutto il tempo che serve, accertati che siano S.M.A.R.T. e che siano congruenti con i tuoi valori, ciò è molto importante perché per ogni obiettivo bisogna conoscere il valore che lo ispira e vivere questo valore durante tutto il percorso. Per stabilire un piano d'azione, bisogna verificare nel tempo e quindi farne una rappresentazione, ciò può essere fatto utilizzando la time line, sulla carta, oppure sul pavimento. Stabilito il piano d'azione, si compie il passo d'inizio, distinguendo nel proprio piano d'azione due percorsi paralleli: un esterno, cioè costituito dalle azioni che si intraprendono e portano dei cambiamenti visibili anche agli altri ed uno interno, che non è visibile, ma è costituito dal tuo personale apprendimento e sviluppo. Trattandosi di un'auto coaching è importante che tu agisca in contemporanea su entrambi i livelli. è basilare, durante un percorso di coaching effettuato su noi stessi, prendere un impegno molto serio nei confronti della nostra felicità e della nostra vita stessa. Il nostro percorso inizia dall'analisi dello stato attuale, ciò significa rilevare il nostro stato al momento, individuare i problemi, risolverli e valutare i risultati ottenuti. Per quel che concerne invece lo stato desiderato, dobbiamo definirlo con attenzione, individuare chiaramente i nostri obiettivi, gestirli e valutare attentamente i risultati. Una maniera eccellente per poter valutare la nostra situazione attuale è rappresentato dalla ruota della vita, che è uno degli strumenti principali del coaching, perché ci consente di analizzare la situazione attuale e di riflettere su ogni singolo aspetto che caratterizza la nostra vita. Molto frequentemente abbiamo una visione estremamente parziale o confusa di quello che accade intorno a noi e nella nostra vita. A volte pensiamo che ci vada tutto male quando magari abbiamo problemi soltanto in ambito lavorativo, così come, pur avendo una splendida vita sociale ed un'ottima salute, ci lamentiamo che le cose non vanno affatto come dovrebbero, solo perché abbiamo una relazione sentimentale che non ci soddisfa.

"Ci troviamo continuamente di fronte a una serie di grandi opportunità brillantemente travestite da problemi insolubili"
J. W. Gardner

Diventa, quindi, necessario avere uno strumento che ci permetta di riflettere chiaramente su ogni singolo aspetto che caratterizza la nostra esistenza, per tracciare un quadro chiaro e complessivo che ci permetterà di stabilire qual è la giusta rotta da seguire.
La ruota della vita è un po' come una mappa tramite la quale analizziamo i diversi aspetti della nostra vita, concentrandoci su ognuno, perché così facendo si arriverà ad analisi e considerazioni estremamente più precise. il metodo permette di ottenere una visione della situazione attuale estremamente nuova per identificare, in maniera chiara e semplice, le aree che necessitano un intervento, così si ha la possibilità di verificare bene gli obiettivi e ai può portare finalmente equilibrio ed armonia nell'intera esistenza.

La ruota è divisa in dieci quadranti, uno per ciascuna area chiave.

Questa offre la possibilità di auto valutare gli ambiti più importanti della vita, in sostanza, ogni spicchio del cerchio rappresenta un aspetto particolare dell'esistenza:

▶ Salute

▶ Emozioni

▶ Lavoro e carriera

▶ Crescita personale

▶ Ambiente e beni materiali

▶ Famiglia

▶ Vita sociale

▶ Finanze, risparmi ed investimenti

▶ Missione personale ossia il proprio contributo al mondo

▶ Svago e divertimento

Passando in rassegna ognuno di questi aspetti, al fine di poterli valutare in maniera precisa, dopo averci riflettuto in modo approfondito, prova a dare ad ognuno un punteggio da 1 a 10, a seconda di quanto sei soddisfatto in quell'ambito. Il centro del cerchio corrisponde ad 1, la circonferenza esterna corrisponde a 10, quindi se sei piuttosto soddisfatto del tuo aspetto fisico, della tua salute e della tua vitalità certamente potrai riempire i primi tre settori dello specchio della salute. Proseguendo nella stessa maniera, riempi ogni spicchio della ruota. Frequentemente nella ruota della vita c'è un punto sul quale agire, un'area su cui, anche con un minimo sforzo, si possono ottenere notevoli risultati.

Confrontati mensilmente con la tua ruota della vita, per avere un feedback riguardo all'auto coaching che stai facendo a te stesso. La ruota della vita ti permetterà di evidenziare le aree problematiche sulle quali lavorare con gli strumenti che hai a disposizione e gli obiettivi ed i risultati che vuoi raggiungere in un tempo determinato e definito, così da passare allo stato desiderato. Ad esempio, per ciò che riguarda l'analisi dello spicchio della ruota riferito alla crescita personale, pensa al tempo che dedichi al tuo miglioramento, alle attività che svolgi per crescere veramente, a ciò che fai per arricchire la tua interiorità; potrebbe essere la lettura di un buon libro o la frequenza di un corso; tieni presente che la crescita personale e professionale è uno strumento efficace tra i migliori per ottenere una qualità della vita sempre più alta. Per questo fine, prova ad esempio a chiederti:

□ Dedichi il giusto tempo alla tua crescita personale?
□ Dai abbastanza tempo alla lettura?
□ Vorresti specializzarti in qualche area specifica?
□ Sei gratificato dalle cose nuove che impari?

Per ciò che concerne lo spicchio che riguarda il lavoro e la carriera, questo rappresenta la tua posizione professionale, il livello di soddisfazione per le mansioni che svolgi, la tua retribuzione, il grado di responsabilità che hai, ect. quindi domandati:

□ Quanto sei soddisfatto del tuo lavoro?
□ Fai ciò che ti piace o sei lontano da ciò che ameresti fare veramente?
□ Pensi che la tua posizione sia giusta per le tue capacità?
□ Vorresti avere più oppure meno responsabilità?
□ Sei stimolato dal tuo lavoro?
□ Hai una buona relazione con i tuoi colleghi?
□ Sei soddisfatto di quel che pensano di te?
□ I tuoi rapporti sono improntati sulla stima e la collaborazione reciproca?
□ Sei gratificato dai tuoi guadagni o vorresti guadagnare di più?
□ In caso affermativo, quanto vorresti guadagnare di più?
□ Sei stimolato dal tuo lavoro o ne sei solamente stressato?
□ Ti senti crescere professionalmente e costantemente, o ti senti bloccato e impossibilitato ad andare avanti?

Arrivando poi allo spicchio delle finanze, dei risparmi e degli investimenti considera quanti soldi sei riuscito a risparmiare sinora, alla tua relazione con il denaro, la tua capacità di risparmiarlo, investirlo ed amministrarlo. Le domande da porti sono:

□ Sei soddisfatto dei tuoi risparmi?
□ Guadagni da permetterti la vita che desideri?
□ Sai risparmiare?
□ I tuoi risparmi sono sufficienti per fronteggiare eventuali imprevisti?
□ Hai un rapporto sereno con il denaro o una relazione ansiosa?

Prosegui nella medesima maniera di riferimento ad ogni singolo spicchio dell'intera ruota della vita, assegna un punteggio ad ogni aspetto che avrai considerato, poi uniscili poi tra di loro, segnando sui 10 raggi e colorando all'interno della figura, potresti accorgerci di avere una ruota con una forma assolutamente strana ed instabile ed è esattamente la ruota sulla quale al momento è appoggiata la tua esistenza, ti renderai conto immediatamente che non ha nemmeno l'aspetto di una ruota perché ha una forma irregolare, non puoi girare come dovrebbe e certamente non guideresti un'automobile con ruote simili. Non angosciarti, sappi che pressochÈ tutte le ruote, sono piuttosto sbilanciate perché l'istinto naturale delle persone è esattamente quello di privilegiare un aspetto della propria esistenza piuttosto che un altro, e ciò inevitabilmente produce una serie di squilibri di cui frequentemente non ci accorgiamo, ma che possono causare facilmente insoddisfazioni e malessere. La funzione di questo esercizio è proprio quella di arrivare ad avere una visione più completa e globale, conducendoci a riflettere sulla nostra vita attuale Osservando la ruota ti sarà semplice comprendere quali sono le aree che stai trascurando e che meritano un'attenzione in più per arrivare a raggiungere il tuo equilibrio. Dopo aver analizzato la tua situazione attuale, è estremamente utile riflettere su come erano i nostri spicchi della ruota nel passato. Pensa alle tue aree, cinque anni fa.
Solitamente, ci sembra che la nostra vita non cambi mai, ma non è così.
Attraverso la ruota della vita osserva il tuo passato e ti accorgerai, ponendoti le medesime domande dell'esercizio precedente, che in questo

ultimi cinque anni hai realizzato una serie di cose estremamente valide, senza quasi essersene accorto. Frequentemente, infatti, ricordiamo gli ostacoli incontrati lungo le nostre strade ma dimentichiamo i successi ottenuti nei nostri percorsi. Quando avrai compilato la ruota del tuo passato, confrontala con quella del presente e rifletti sui cambiamenti che si sono verificati nella tua vita nel corso degli ultimi cinque anni; questo ti permetterà di comprendere quali scelte e decisioni hanno influito sulla tua esistenza. domandati, ad esempio:

□ Cosa è accaduto in questi cinque anni?
□ In quale area è diminuita la tua soddisfazione?
□ In quale è invece aumentata?
□ Cosa hai amato di più di questo intervallo temporale?
□ Quali sono stati i momenti migliori?
□ Cosa hai fatto di veramente importante per te?
□ Che cosa hai imparato?

Siamo adesso giunti al momento di creare la nostra ruota del futuro, considera che questa ruota è forse la più importante perché è quella che ti indicherà precisamente la direzione da seguire per raggiungere il traguardo e ti darà il livello di soddisfazione con cui devi agire in ogni area della tua vita.

Adesso sei più esperto e pratico ed estremamente più consapevole, dopo aver fatto le ruote del passato e quella del presente, quindi puoi decidere lucidamente dove vuoi trovarti tra cinque anni. Replica lo stesso esercizio, compila la ruota, poi fai la valutazione di ogni area e scrivine le ragioni. Da lì parte la tua immaginazione, segui l'istinto e ascolta il cuore e la testa, pensa esattamente alla direzione verso cui vuoi muoverti, immaginala molto spesso e chiediti esattamente quale vuoi che sia il livello di gratificazione e soddisfazione in ognuna delle aree della tua ruota.

Poni a te stesso tutte le domande che ti vengono in mente in ogni area specifica su cui stai concentrando la tua attenzione e nota i risultati che puoi raggiungere in ogni contesto. Fai molta attenzione a seguire solo quelli che stabiliranno la via da prendere, la rotta da percorrere, cioè renderanno realtà i tuoi sogni.

Il mio consiglio è di non elencare milioni di attività, progetti e sogni da realizzare perché così rischi poi di non trovare effettivamente il tempo necessario per portare avanti tutto il programma; è meglio stabilire pochi e precisi obiettivi per singolo spicchio.

L'utilizzo di queste ruote e la coscienza degli aspetti importanti della tua esistenza sono capaci di farti comprendere da dove vieni, dove ti trovi al momento e dove vuoi arrivare; ti fanno individuare gli aspetti su cui lavorare e ti fanno muovere, come una bussola, nella giusta direzione per far diventare così la tua realtà.

"Il punto di partenza per produrre miglioramento
è riconoscerne la necessità.
Questo riconoscimento deriva
dall'individuazione di un problema.
Se nessun problema viene individuato,
il miglioramento non verrà riconosciuto come necessario"
Masaaki Imai

Capitolo 2
Il Management

1 - Il trend nelle risorse umane

La letteratura manageriale è stracolma di parole estremamente positive come "globalizzazione", "cambiamento" e "flessibilità", ciononostante le persone vivono questi concetti come negativi a livello individuale, soprattutto per ragioni psicologiche di scarsa fiducia in se stessi e di poca consapevolezza. La "flessibilità" è un obiettivo basilare per le imprese moderne; a livello personale questa implica di cambiare luogo e datore di lavoro, nonché contenuti del proprio lavoro, più volte nel corso della propria vita professionale. Molto frequentemente i professionisti non sono affatto preparati ad affrontare queste sfide, ciò evidenzia la necessità di un sostegno che gli permetta di conseguire gli obiettivi all'interno dei nuovi modelli di lavoro. Anche la "globalizzazione" mette in crisi le credenze stabili delle aziende e dei professionisti perché si trovano del tutto impreparati di fronte a nuova maniere di pensare ed una cultura multiforme.

> *"Il management non è un'arte, è una disciplina"*
> *Noël Goutard*

Per i professionisti che devono affrontare queste nuove sfide, il coaching è un supporto per superare i momenti di difficoltà e di poter avere successo in un contesto che cambia.

Analizzare le tendenze del management delle risorse umane ci fa comprendere l'evoluzione possibile del coaching; i trend più recenti sono senza dubbio:

► La gestione dei talenti

► L'adozione del cambiamento

► La gestione della conoscenza

► La Gestione dell'invecchiamento dei professionisti

► La gestione del tempo lavorativo e del tempo libero

► La gestione delle diverse popolazioni aziendali

► La gestione della leadership

Questi sono i termini di attualità, quindi il coaching sarà sempre più incentrato sulla capacità di produrre supporto alle suddette tematiche.

> *"Una leadership efficace dà le priorità.*
> *Un management efficace è l'autorità che le concretizza"*
> **Stephen Covey**

Nell'evoluzione delle risorse umane, il ruolo delle persone e dei gruppi cresce sempre di più, conseguentemente tutte le metodologie che sostengono le persone e le squadre nell'organizzazione, acquisiscono un quadro sempre più centrale nel futuro della gestione delle risorse umane.

> *"Il management è il più vecchio dei mestieri*
> *e la più recente delle professioni"*
> **Lawrence Lowel**

2 - Il coaching per il successo

Sto lavorando con un giovane executive francese, Pierre, che ha una serie di problemi di accettazione da parte dei collaboratori più anziani ed anche di orientamento di carriera. Io e lui abbiamo analizzato insieme le competenze, le opportunità di sviluppo ed abbiamo studiato insieme l'organigramma e le figure chiave, abbiamo scandagliato la sua autostima, disegnato la sua carriera, analizzato la sua capacità di guidare un team e controllato le sue capacità di comunicazione interpersonale. Pierre, oggi, è diventato direttore marketing per il Medio Oriente di una famosa multinazionale. Lo osservo e noto che adesso gestisce perfettamente lo stress ed è anche estremamente abile nel guidare la squadra in maniera elastica seppure molto determinata. In un altro caso, ha chiesto il mio supporto una coppia che non riesce ad avere continuità nel proprio business e sta rischiando, al momento, la perdita del controllo dell'attività. il marito non gode peraltro in questo periodo nemmeno di buona salute.

Come ci siano mossi?

1. Abbiamo chiarito insieme la Vision, abbiamo analizzato le competenze, le risorse aziendali e personali e rivisto le tecniche organizzative.

2. Abbiamo poi lavorato sulla comunicazione interna e rinforzato le capacità dirigenziali.

3. Abbiamo tenuto molto più focus sul business, previsto l'affiancamento di un manager, richiesto determinazione e trasparenza nella comunicazione, capacità di prendere decisioni più veloci e significative. Entrambi, sono diventati più concreti ed essenziali e puntano sul lavoro di squadra e sul talento.

Noto con soddisfazione che hanno imparato a delegare e possono contare su un personale più motivato ed incentivato e poi, entrambi sono al momento molto più ottimisti e positivi. Ad ogni persona è data la possibilità, attraverso lo studio e la pratica, di acquisire competenze e comportamenti da mettere in atto, per raggiungere quegli obiettivi ed ancor più si apprende, imparando quali sono le abitudini più importanti messe in campo dalle persone che hanno raggiunto il massimo successo, perché, prendendo le suddette abitudini, potrai applicarli ad ogni singola area del tuo business. Riflettendoci, lo scopo di ogni azienda non è solo quello di far profitto è invece quello di creare e saper mantenere i clienti perché, ogni profitto è sempre il risultato dell'impegno volto a creare e mantenere nel tempo un certo numero di clienti. Quindi, è importante essere sempre orientati verso i clienti, entrare nel loro stato d'animo, arrivare a guardare le cose dal loro punto di vista; il cliente deve essere al centro dei pensieri di un imprenditore affinché questo possa diventare un imprenditore di successo.

> *"Esiste solo un capo supremo: il cliente.*
> *Il cliente può licenziare tutti nell'azienda,*
> *dal presidente in giù,*
> *semplicemente spendendo i suoi soldi da un'altra parte"*
> *Sam Walton*

La soddisfazione del cliente è lo scopo di ogni attività imprenditoriale, perché il business può crescere ad espandersi solo grazie alla soddisfazione dei clienti ed a saperli soddisfare meglio di quanto facciano le aziende in competizione con noi. Esattamente come, al contrario, il business peggiora quando non si soddisfano le richieste dei propri clienti e si deludono le loro aspettative rispetto ai prodotti, ai servizi o ai costi. Per muoversi nella giusta direzione, devi fondamentalmente domandarti sempre, cosa agli occhi del tuo cliente viene considerato "valore". Io ritengo che abbiano enorme valore, ad esempio, la chiarezza essere trasparente su di sé come persona, prima ancora che come professionista, quindi, per me, è necessario raggiungere una chiarezza assoluta nelle varie aree.

"I consumatori, cercando la qualità e il valore,
fissano gli standard di accettabilità
dei prodotti e dei servizi,
esprimendo un'opinione a suon di dollari"
Ronald Reagan

Puoi iniziare formulando la tua Vision per il tuo futuro professionale ideale, perché là dove non c'è una visione chiara e motivante, gli individui perdono l'entusiasmo e l'impegno e non hanno la possibilità di seguire la giusta rotta, proprio perché non è stata tracciata. Nella professione è indispensabile avere una visione, così come importante nella vita privata, è la vision e che ci motiva e ci ispira costantemente. Per definire la Vision in maniera chiara si può utilizzare la visualizzazione, immaginando, ad esempio, di non avere nessun limite, di poter creare il proprio lavoro esattamente come lo si desidera. Bisogna fare molta attenzione alle parole che utilizzi per descrivere la tua azienda ed i tuoi talenti, ad esempio, puoi utilizzare parole come: qualità, eccellenza, integrità, competenza, efficienza.

Organizza la tua azienda per fare una gara in cui siano queste le parole che verranno utilizzate, quanto più possibile, in futuro quando si parlerà di te e della tua impresa; utilizzare le giuste parole, vi consentirà di lavorare e mettere in atto le azioni necessarie per trasformare queste parole nella tua realtà professionale. è importante poi pianificare bene qual è la tua Mission per il tuo business e per i tuoi clienti ossia perché fai ciò che fai? qual è lo scopo della tua professione?

Rispondere precisamente a queste domande, ossia definire il tuo concetto di Mission, ti porta a comprendere pienamente la ragione del tuo impegno.

Domandati:

□ Perché hai intrapreso questa attività?
□ Cosa ti spinge a impegnarti?
□ Cosa hai da offrire ai clienti?
□ Che risultati vuoi ottenere?
□ La tua attività migliora la vita dei clienti?
□ Perché scegli di fare quel che fai?

Con più chiarezza riesci a rispondere ad ognuna di queste domande, tanto meglio riuscirai ad organizzare in maniera efficiente il tuo business. Il passaggio seguente è senza dubbio quello di pianificare bene i tuoi obiettivi. Come ben sai, avere obiettivi è necessario ed allenandoti alla chiarezza nei confronti degli obiettivi, puoi estendere a tutti i tuoi collaboratori la giusta spinta, perché ogni giorno si muovano nella giusta direzione.

"Il più prezioso patrimonio di un'azienda
è rappresentato dai suoi clienti,
perché senza clienti
non possono esistere le aziende"
Claudia di Matteo

Di qualsiasi cosa ti occupi, è necessario che tu abbia un'ottima organizzazione marketing; è fondamentale che sviluppi la capacità di pensare in termini di marketing e vendite, sempre tenendo la concentrazione sui tuoi clienti e su ciò che potresti fare per fornirgli ogni giorno dei servizi e prodotti sempre più attraenti e validi. è molto importante dare la priorità al marketing, poiché molti imprenditori commettono l'errore di lasciarsi distrarre continuamente da questioni burocratiche, amministrative e meeting vari, senza dedicare veramente del tempo vero al marketing.

"Il profitto negli affari deriva dai clienti fidelizzati,
coloro che fanno una buona pubblicità ai vostri prodotti
e che vi portano gli amici come nuovi clienti"
W. Edwards Deming

Il cliente resta sempre il centro di tutto perché è lui che stabilisce il nostro fallimento o il nostro successo, quindi il nostro obiettivo è quello di soddisfarlo e renderlo fedele, tenendo saldamente in mente che ciò che i clienti acquistano costantemente è, senza dubbio, il "miglioramento". Ogni persona crede nella motivazione di migliorare in qualche maniera la propria vita o la propria professione, quindi devi imparare a trasmettere al tuo cliente che, acquistando da te, ne avrà dei concreti vantaggi, il marketing e le strategie e le vendite sono finalizzate esattamente a questo scopo. Va tenuto presente che i clienti sono fondamentalmente complessi, voglio il massimo dando il minimo e lo vogliono velocemente, molto spesso ciò che fino a ieri era soddisfacente oggi non basta più, pertanto, per soddisfare i clienti di oggi, sempre più esigenti, è necessario che l'imprenditore sviluppi la capacità di migliorare costantemente ciò che vende. Diventa, quindi, necessario migliorare i propri prodotti e rendere più efficienti e veloci e convenienti i propri servizi, questo significa essere orientati al cliente e poter rimanere in vetta nel mercato. Che tu sia all'inizio di una nuova attività o che lavori per altri, ricorda sempre di tenere la concentrazione sul cliente, perché questa la prima azione prioritaria da fare, per il tuo successo.

> *"I vostri clienti più insoddisfatti*
> *sono la vostra più grande fonte di apprendimento"*
> *Bill Gates*

Per sviluppare l'abitudine a pensare da imprenditore, tieni presente che oggi ad una persona che ha diverse qualità valide, quelle che le consentono di avviare e di far crescere un business di successo, nonostante la aguerrita competizione, le caratteristiche di cui deve essere necessariamente munito perché, sono in assoluto, la flessibilità e la velocità. Quindi, innanzitutto abituati a muoverti rapidamente verso l'opportunità, mai verso i problemi, agendo in maniera veloce, così da poter soddisfare rapidamente i tuoi clienti. Considera che le grandi aziende tendono a muoversi lentamente, mentre gli imprenditori hanno il gran vantaggio di poter sfruttare la velocità. Nella nostra società il tempo è decisamente un fattore critico, quindi più velocemente si è in grado di servire i clienti, più valore attrattivo avranno i tuoi servizi e prodotti ai loro occhi. La flessibilità significa avere il desiderio di sperimentare continuamente nuove possibilità, ti accorgerai che, nel business, la maggior parte delle cose non hanno mai successo la prima volta, quindi, più cose diverse proverai, più rapidamente sarai in grado di metterle in pratica e più probabilità di riuscita avrai, anche perché, la maggior parte dell'attività imprenditoriale ha successo proprio fa quando fa qualcosa di nuovo, rispetto al solito. Quindi, tieni sempre la mente aperta verso le idee nuove e sii sempre disponibile ad apportare rapidamente le correzioni necessarie se qualcosa non funzionasse.

"La semplice soddisfazione dei clienti non è sufficiente per guadagnarsi la loro fedeltà. Essi, infatti, dovranno sperimentare un servizio eccezionale per segnalarvi agli amici e per acquistare nuovamente i vostri prodotti"
Rick Tate

Ricorda che vi sono alcune abitudini assolutamente necessarie per poter sviluppare un business di sicuro successo:

1. La pianificazione

È necessario pianificare le tue attività in maniera precisa e dettagliata, per portare a termine i tuoi piani ottenendo i risultati desiderati. Per pianificare meglio impara a farti delle domande e datti delle risposte, in questa maniera:

☐ In cosa consiste esattamente il prodotto o il servizio che sto offrendo al mio cliente?

☐ Perché il mio cliente compera da me?

☐ Che cosa rappresenta il valore per il mio cliente?

☐ Quali elementi rendono il mio servizio superiore a quello dei miei competitori?

☐ Perché alcune persone non acquistano da me?

☐ Cosa percepiscono quando acquistano dal mio competitore?

☐ Cosa posso fare per acquisire i clienti dei miei competitori?

☐ Cosa può convincere le persone ad acquistare da me e non da altri?

Solo quando avrai risposto accuratamente ad ognuna di queste domande, potrai passare alla pianificazione, stabilendo gli obiettivi specifici.

"L'unico modo per essere soddisfatti di qualcosa
è essere convinti di aver fatto un buon lavoro"
Steve Jobs

2. L'organizzazione

Organizzare le persone e le risorse necessarie prima di iniziare, significa mette re assieme tutte le risorse che durante la fase di pianificazione si sono reputate indispensabili, e nessuna, proprio nessuna, deve mancare all'appello.

3. Assumere le persone giuste

Il 95% del processo è determinato dalla qualità e capacità dei tuoi collaboratori.

> *"Quando un'organizzazione si impegna a creare un ambiente*
> *capace di stimolare la crescita di tutte le persone*
> *che vi lavorano, iniziano ad accadere cose incredibili:*
> *nascono ovunque nuove idee,*
> *la gente inizia davvero a lavorare insieme,*
> *si evidenziano nuove opportunità,*
> *i clienti iniziano a notare i cambiamenti,*
> *un insieme di persone inizia a riconoscersi come un team"*
> *Joyce Wycoff*

4. Impara a delegare

Non saper delegare può portare al fallimento, causando il più delle volte prestazioni sotto la media delle persone che collaborano con te. Molti imprenditori tendono a voler fare tutto da soli, per mantenere il controllo delle mansioni, mentre invece è davvero importante imparare a saper delegare.

Un imprenditore deve selezionare due o tre mansioni principali prioritarie che danno valore all'azienda e delegare il resto.

Delegare significa fare le cose attraverso gli altri, e ti consente di alzare il livello delle tue prestazioni e moltiplicare la tua capacità professionale.

5. Verificare il processo

Questo significa saper fare un'accurata supervisione del lavoro, è importante saper controllare l'esecuzione dei compiti accertandosi che venga rispettato il livello di qualità richiesto e siano rispettati anche i tempi.

"Un'organizzazione adulta è quella in cui le persone hanno le conoscenze, le capacità, il desiderio e l'opportunità di avere successo a livello personale in un modo che porta al successo di tutta l'organizzazione"
Stephen R. Covey

6. Misurare la performance

Ciò significa stabilire degli standard misurabili attraverso punteggi e fare in modo che i parametri siano rispettati, affinché si possa valutare l'operato di ognuno. Puoi scegliere i parametri come credi, ciò che conta è che tutti i tuoi collaboratori li riconoscano e che vengano verificati costantemente.

7. Verificare i risultati ottenuti

Questo significa tenere alto il livello dell'informazione, e vuol dire far sì che le figure chiave della tua azienda, ad ogni livello, conoscano quali sono i risultati raggiunti finora. Considerate che le persone che fanno parte di un'azienda hanno il bisogno di sapere e capire ciò che accade intorno a loro, ciò vi consentirà di avere collaboratori più motivati e felici e di conseguenza risultati migliori.

Infine, cerca di acquisire la determinazione alla vittoria, devi sviluppare cioè una volontà di vincere ben oltre le previsioni. La determinazione a vincere oltre gli ostacoli e le difficoltà è una forza motrice che spinge verso l'impegno e quindi verso una carriera di successo. è una caratteristica che si può allenare e potenziare attraverso l'esercizio, senza consentire mai alla possibilità del fallimento di arrestarti, di bloccarli, anzi proseguendo verso la tua meta, indipendentemente da ciò che succede attorno a te. Motivarsi al successo è motivo di entusiasmo anche le verso le reti che ti circondano, quindi spingono tutti a superare i propri limiti e a migliorarsi raggiungendo così dei risultati eccezionali.

> *"L'organizzazione dipinge il proprio scenario,*
> *lo osserva con il binocolo e cerca di trovare*
> *un sentiero nel paesaggio"*
> *Karl E. Weick*

Estremamente utile è anche essere sempre aperti alle nuove idee, alle novità. è importante anche riflettere e pensare prima di agire. Troppo frequentemente, quando si è sotto pressione, si arriva a conclusioni affrettate e si prendono decisioni, senza considerare tutte le possibili implicazioni. La nostra mente è una macchina eccezionale ma dobbiamo lasciarle il tempo per riflettere, perché tutti i diversi elementi di informazione devono necessariamente essere elaborati dalla tua mente per un po', per essere veramente capace di decidere al meglio e non commettere errori che potrebbero rivelarsi drammatici e definitivi. Per questa ragione sentiamo tanti imprenditori dire "se solo avessi pensato un momento di più, non avrei mai preso quella decisione!"

> *"Dal punto di vista dei collaboratori un bel posto dove lavorare*
> *è quello nel quale si crede alle persone per le quali si lavora,*
> *si è orgogliosi di ciò che si fa e piacciono le persone*
> *con le quali si trascorre la giornata lavorativa"*
> *Robert Levering*

Poi è molto significativo cercare di essere sempre estremamente pratico, concreto ed oggettivo, tenendo separata la realtà dalla fantasia e basando le tue scelte su verità dimostrabili, specie quando riguardano i clienti, il mercato, ed i prodotti e servizi che offri.

Un'altra abitudine di successo è senza dubbio quella di confrontarsi con altri imprenditori, per sviluppare progetti più validi, per avere un' idea migliore; per esempio, dagli incontri di brainstorming a cui ho assistito un'infinita di volte, nascono idee geniali e soluzioni eccezionali.

Il mio consiglio è di fare, almeno una volta a settimana, uno di questi incontri, per ascoltare e far sentire le proprie idee e proposte, quindi fai sì che il brainstorming diventi una regola nella tua professione.

3 - Il Team Building & il Team Coaching

L'amministratore delegato deve essere capace di occuparsi delle assunzioni di fare in modo che la sua squadra abbia voglia di lavorare insieme per un obiettivo comune, e, quando necessario, deve occuparsi dei licenziamenti. è importante che il capo stabilisca la direzione e ogni volta che ne ha l'occasione richiami l'attenzione degli altri sulla strategia, sulla vision, perché è la strategia che definisce la direzione, ciò è rilevante perché quando la direzione è ben definita le persone si uniscono e riescono a conseguire risultati importanti.

Per semplificare possiamo dire che la vision è il dove sta andando l'azienda ed i valori sono il come ci arriva. I valori derivano dagli esempi, ci dicono quali siano i comportamenti possibili, i manager trasmettono valori con ogni loro azione, reazione e decisione. Tutte le persone ed i collaboratori traggono orientamento per i propri valori interpersonali, la lealtà, l'onestà, la collaborazione, la fiducia, anche dai comportamenti ai livelli più alti della gerarchia aziendale.

Quando formuli la tua strategia, fallo con il tuo team, per costruirne una squadra forte e solida. Non cercare semplicemente di guidare la tua squadra, cerca di sviluppare la tua squadra, di lasciare che sia la squadra stessa a sviluppare il progetto, occupati quindi di organizzarli ed orientarli nella giusta direzione.

"Nessuno di noi è tanto in gamba
quanto noi tutti messi insieme"
Roy Kroc

Nelle grandi squadre ognuno porta il meglio di sé, ognuno fa ciò che sa fare meglio e lo fa eccellentemente. In questa maniera il lavoro è ripartito tra le forze di tutti.

Bisogna riunire il gruppo, analizzare i percorsi di formazione, le competenze, le preferenze e adeguare il lavoro da svolgere da quel che si è rilevato, in modo che le funzioni siano attribuite a coloro che le porteranno a termine nel modo più rapido ed appropriato. È naturale che coloro che hanno ottime attitudini relazionali dovrebbero lavorare a contatto con le persone, mentre coloro che preferiscono lavorare in solitudine debbano occuparsi della ricerca e della creazione delle infrastrutture. Inoltre, ti consiglio, non limitarti ai punti di forza soltanto aziendale, ma tieni presente anche alcune caratteristiche personali, come per esempio, l'abitudine alla verifica delle informazioni, la capacità di gestire lo stress, l'abilità con le nuove tecnologie, il pensiero strategico. Ci sono milioni di modi per identificare diverse caratteristiche mentali e sappi che queste diventano notevoli punti di forza per la tua azienda, quando vengono impegnate nella giusta sfida, quindi, impara a riconoscere le capacità dei membri del tuo team, tutti insieme potrete trasformare quelle capacità in eccezionali punti di forza; è noto, l'unione fa la forza e la squadra nel suo insieme sa molte più cose che ogni singola persona presa singolarmente.

"Ritrovarsi insieme è un inizio,
restare insieme è un progresso,
ma riuscire a lavorare insieme è un successo"
Henry Ford

Vi sono moltissimi punti di forza in ogni azienda e possono essere punti di forza mentali, come ad esempio: capacità di lavorare sotto pressione, capacità di pensare sul breve periodo e sul lungo periodo, il perfezionismo, l'orientamento all'azione o l'orientamento all'obiettivo; vi sono poi punti di forza delle persone, che possono essere: l'empatia, l'esperienza, la leadership, l'abilità di negoziazione, e poi, abbiamo diversi punti di forza generale come, la comprensione degli aspetti tecnici, la capacità di pensare in modo operativo o l'esperienza nella finanza, nel marketing e infine, vi sono punti di forza specifici come, ad esempio, l'esperienza aziendale precedente o l'esperienza nel settore specifico o la conoscenza del mercato, detto questo, analizza tutti i punti di forza per utilizzarli a tuo vantaggio.

Controlla l'impegno della tua squadra, mantieni la maggior flessibilità che puoi, finché non sei certo di aver scelto il percorso giusto, fai molta attenzione agli impegni che vengono assunti in quanto sono vincolati ad un percorso determinato sul lungo periodo e siccome non puoi prevedere il futuro, scegli gli impegni maniera molto oculata.

Concludendo il consiglio che voglio darti, è quello di dedicare più tempo alla leadership e alla gestione del tuo team. Una buona squadra deve avere certezze, deve credere nella direzione da seguire, devi mantenere la tua squadra sulla rotta scelta, fare in maniera che i collaboratori lavorino in maniera armonica e che ognuno stia utilizzando i propri punti di forza. Fondamentalmente, il tuo compito è quello di creare un ambiente in cui la tua squadra possa dare il meglio di sé, riconosci quindi ai tuoi collaboratori i loro meriti, celebra i loro successi ed i loro traguardi e . quando si verificano degli errori, aiutali ad apprendere, comportandoti in questa maniera starai costruendo una cultura aziendale che sollecita la forza di ognuno, non amplificare gli errori, utilizzali invece come opportunità per esaminare di nuovo i punti di forza della squadra, e cambiare le tue modalità o la tua organizzazione. Quando la tua squadra va sicura sulla vostra rotta, tracciata insieme, puoi anche farti un po' da parte e lasciare che siano loro a raggiungere il traguardo.

"Un gruppo diventa un vera squadra quando tutti gli individui che lo compongono sono abbastanza sicuri di sé e del contributo che possono dare, da riuscire a lodare con entusiasmo, la preparazione degli altri partecipanti"
Claudia di Matteo

Il capo deve occuparsi delle risorse economiche e stabilire come utilizzare il denaro, se farà bene questo compito, finanzierà progetti che sono di supporto alla strategia aziendale ed eviterà tutti quelli che implicherebbero perdite di denaro e che non sono utili alla strategia.

Quando l'amministratore non è esperto di questioni finanziarie, le sue decisioni in merito all'amministrazione delle risorse economiche frequentemente determinano il totale fallimento dell'azienda stessa.

Possiamo definire il Team Coaching, un punto d'incontro tra sviluppo, consulenza e formazione. Consiste nell'osservare con molta attenzione sia la dimensione individuale personale che le dinamiche di gruppo che emergono via via nel corso degli incontri.

Il team coaching soddisfa le esigenze delle aziende perché permettere alle proprie risorse di sviluppare le competenze individuali e collettive necessarie per l'evoluzione ed il successo nei vari contesti organizzativi.

Al termine di un percorso di team coaching ogni singola persona avrà sviluppato le competenze per diventare coach di se stesso, abbandonando tutte le vecchie abitudini che lo bloccavano inizialmente. Ciò accade perché il percorso di coaching insegna ad imparare, e permette di cogliere le proprie possibilità, essendo un processo di sviluppo cucito proprio sulle capacità di crescita personali, è un insieme di tecniche per migliorare le performances e la capacità di apprendimento. Se ne deduce quindi, che il team coaching è una modalità di formazione molto innovativa, per questa ragione riscontra pareri sempre più favorevoli dalle aziende e registra sempre più successi in termini di esiti positivi e di efficacia.

In particolar modo, il team coaching consiste sostanzialmente in un programma in cui, un gruppo di lavoro impara come risolvere problemi operativi complessi oppure affrontare cambiamenti in maniera collaborativa, prendendo spunto anche dalle competenze e dall'esperienza dei colleghi, operando tutti insieme in una maniera molto più efficace di come sarebbe accaduto se avessero fatto ognuno singolarmente.

"Perché dovrei riempire la mia mente con informazioni di carattere generale quando attorno a me ho uomini capaci di dirmi tutto ciò che mi serve?"
Henry Ford

Il team coaching rispetto al coaching individuale velocizza i risultati, permette all'azienda di ottenere risultati su 4 o 5 persone contemporaneamente e consente di sperimentare immediatamente il team-working.

Gli obiettivi di un percorso di team coaching sono, riassumendo:

- aumentare la consapevolezza di sé
- accrescere l'autostima
- saper padroneggiare le situazioni critiche e le relazioni in maniera propositiva e positiva
- rendere più efficaci i comportamenti
- fornire un'esperienza pratica e realista di cambiamento e di crescita

Quindi, il team coaching consente di sviluppare nel gruppo nuove consapevolezze, nuovi comportamenti ad atteggiamenti incrementando la performance a livello professionale ed inoltre, fornisce ad ogni persona un piano di sviluppo individuale.

> *"Mostrate fiducia nei vostri uomini*
> *ed essi faranno in modo di meritarsela;*
> *trattateli da professionisti seri,*
> *ed essi faranno di tutto per non deludervi"*
> *Ralph Waldo Emerson*

Inoltre, ho notato che, molto frequentemente, l'esperienza vissuta all'interno delle sessioni crea un clima che si rivela estremamente utile anche nella vita privata di ogni singolo cliente.
In Italia il coaching opera soprattutto nelle aziende, maggiormente quando è necessario lo sviluppo di alcune competenze trasversali, per le persone su cui l'azienda conta , frequentemente, si punta sul coaching anziché sulla formazione in aula.

Le competenze certamente incrementate dal team coaching sono: comunicazione, pianificazione, soluzione dei conflitti, leadership, delega, lavoro di squadra, incrementare la motivazione, veicolare messaggi strategici alle persone, permette una migliore comprensione di sé e del contesto in cui si lavora, valorizzare le proprie risorse e quelle del contesto.

Nel team coaching ci si avvale di uno strumento prezioso il Report, che è sostanzialmente la storia dell'intero percorso del cliente, cioè contiene la sua unicità e la sua evoluzione dalla partenza all'arrivo.

Solitamente io preparo due diversi report, uno molto dettagliato per il cliente e un altro, conclusivo, molto più sente sintetico, per il suo capo. Nel report per il coachee, viene assegnato un livello per ognuna delle sue competenze, ossia comunicazione efficace, assertività, autorevolezza, flessibilità mentale, libere scelte e delega, dove il punteggio può essere molto critico, basso, buono, alto, molto alto. Ciò avviene verbalizzando ogni dialogo ed i vari comportamenti non verbali e paraverbali qualora siano significativi, una sezione del reporter è specifica per le competenze da tenere attive con più impegno, e poi c'e una voce che suggerisce i corsi di formazione da frequentare, suggerisco solitamente alcuni testi da leggere che possano arricchire la persona ed il suo livello di consapevolezza maturata durante il percorso. Nell'ultimo incontro poi, con il cliente ed il suo capo, si considerano tutte le aree in cui bisognerà fare attenzione, frutto di una serie di domande che verranno poste sia al capo che al cliente e relative alla loro relazione, dopodiché si scrivono le azioni migliorative che entrambi si impegnano ad attivare.

La parte più emozionante del percorso di team coaching, è senza dubbio quella finale, ci si accorge spesso che dopo solo quattro incontri, persone che si conoscevano da decenni, si vedono sotto una luce completamente diversa. Sia i clienti che il capo e il coach vivono una sensazione di completezza, di soddisfazione e nello stesso tempo un pizzico di melanconia perché è l'ultimo incontro di questo percorso. Si sente proprio la forte percezione, estremamente tangibile, del proprio cambiamento in miglioramento, in quest'ultima sessione, nell'ultimo colloquio proprio tutti i partecipanti lo sentono in maniera estremamente evidente. Dopodiché si fa colloquio finale, che è quello a tre, con i responsabili dei ragazzi che hanno preso parte al gruppo.

"Negli Stati Uniti c'è la tendenza a descrivere il lavoro di gruppo come un modo per aumentare la produttività. In Giappone, invece, la tendenza è quella di descrivere questa attività come un modo per incrementare le abilità e le conoscenze delle persone"
J. Ara

Capitolo 3
Il Leader

1 – L'essenza della leadership

La principale richiesta dei professionisti a cui mi capita di far coaching nelle aziende è che sentano fortemente una notevole mancanza di leadership, e per leadership, non si intende affatto avere qualifiche eccellenti né grossi compensi economici, la leadership è, in verità, una relazione tra una persona ed un gruppo di persone e la capacità di guidare questo gruppo di persone al successo. La leadership ha a che fare con le emozioni, la motivazione, le ispirazioni e la capacità di entrare in sintonia. Non è come il management che si presta sistemi e a strutture e può essere insegnato con i metodi classici tradizionali. Le persone guardano al leader per avere una direzione. Se i tuoi collaboratori non conoscono la direzione in cui si muove la propria organizzazione, non potranno raggiungere i loro ed i tuoi obiettivi. Le azioni e le decisioni del leader determinano la direzione dell'azienda, per cui la direzione è la chiave per la creazione di una giusta relazione di leadership. Naturalmente i collaboratori devono avere fiducia nel proprio leader e la fiducia si costruisce sull'onestà e sull'integrità. Si debbono necessariamente definire i valori in maniera chiara e poi vivere sul serio i propri valori; le azioni devono ricalcare i valori, indipendentemente da quali essi siano, sempre con estrema coerenza.

La coerenza è un altro elemento basilare della leadership, se un leader cambia continuamente direzione, le persone non lo seguiranno, tutti hanno bisogno di leader affidabili, soprattutto in questi tempi di continui cambiamenti.

"Chi vorrebbe essere leader ma non lo è, dice le cose. I bravi leader le spiegano. I leader migliori le dimostrano. I grandi leader le ispirano"
Claudia di Matteo

Inoltre, i collaboratori devono sentirsi connessi al propri leader. I leader possono creare questa connessione attraverso i valori condivisi. Pertanto, è necessario delineare i vostri valori di comportamento, la condotta, i processi decisionali e l'organizzazione.

La direzione, la coerenza, l'integrità e la connessione creano la relazione di leadership, poi però per portare la propria azienda al successo, bisogna rispettare alcuni punti focali, come, la concentrazione, il focus sulla vendita per evitare qualsiasi distrazione; lavorare e puntare sulle forze individuali anziché perdere tempo a sviluppare i punti deboli; lavorare sui punti di forza della organizzazione; lavorare sullo sviluppo delle attitudini delle persone. La maggior parte delle aziende assumono in base a specifiche esperienze professionali ed ai curricula, cioè in funzione dell'onorabilità, mentre invece l'azienda strategica assume in funzione delle attitudini, perché si possono sviluppare abilità nelle persone, ma è molto più difficile formare le loro attitudini. Stimola i tuoi collaboratori ad esprimere il meglio di sé, fornisci loro la direzione lasciali lavorare senza attribuire a te stesso troppa importanza, perché ogni volta che una singola persona troneggiava, tieni conto che abbassi il quoziente intellettivo della tua azienda.

Concludendo, se vuoi diventare un leader aziendale di successo dedica del tempo a lavorare sulla capacità di relazione e sugli aspetti meno materiali della leadership, e ricorda sempre che questa consiste, fondamentalmente, nell'ispirare gli altri con passione e nel seguire i sogni e nel fare tutto quel che occorre affinché diventino realtà.

2 - Leadership e piano strategico

"È la qualità della leadership, più di ogni altro fattore,
che determina il successo o il fallimento
di qualsiasi organizzazione"
Fred Fiedler e Martin Chemers

Quando comunichi la direzione e i valori della tua azienda devi necessariamente far sì che la direzione diventi azione.

A volte ciò non si verifica perché al vertice c'è una leadership molto debole e l'organizzazione perde l'orientamento, così perde tempo e denaro; capita anche che la squadra senza una leadership forte, si possa perdere nella confusione, è un problema se manca quella sinergia che traduce la direzione della leadership nei sistemi di management, diventa quindi indispensabile collegare tra loro il management e la leadership per fornire all'azienda la spinta propulsiva necessaria, vitale ed indispensabile.

La Vision di ogni azienda, contiene lo scopo ed i suoi valori. Devi trasmettere ispirazione che determina la strategia.

La strategia dell'azienda è l'obiettivo più alto del management; l'orientamento deriva direttamente dalla vision e dalla mission dell'azienda, queste sono il luogo naturale della leadership.

Un buon piano strategico non è sufficiente da solo a realizzare la VISION ma contribuisce alla sua concretizzazione. Capire dove stiamo andando è il primo passo, per compierlo, dobbiamo sapere dove ci troviamo, così da poter tracciare il giusto itinerario: una valutazione strategica fornisce il punto di partenza, solo da li possiamo stabilire il nostro percorso.

Vi sono molti professionisti che considerano solo criteri di valutazione finanziaria di livello macro per comprendere dove si trovano: ad esempio gli obiettivi di ricavo e di profitto, le quote di mercato, io ritengo che questa sia solo una parte dei criteri da utilizzare e che per allineare un'organizzazione, siano necessarie valutazioni più profonde e riguardino sia l'interno che l'esterno di una struttura come, ad esempio, quali sono le capacità dell'organizzazione, come si posiziona rispetto alla concorrenza, se la nostra azienda ha i collaboratori giusti, se la cultura aziendale da supporto a questi collaboratori, se l'organizzazione possiede e sa trattenere i migliori clienti, e così via. Il punto è che è necessario fare una valutazione efficace attraverso una combinazione di criteri soggettivi e oggettivi.

Fatto questo , siamo forniti di un punto di partenza e di un punto di arrivo. Adesso possiamo tracciare la nostra rotta e dare forma al nostro piano strategico. Difficilmente sarà una linea retta, perché gli imprevisti sono sempre in agguato ed ogni variazione del piano può cambiare il risultato, per questa ragione, diventa importante fare regolarmente delle sessioni di aggiornamento sull'organizzazione. Attenzione, perché troppo spesso apprendiamo molto ma molto di ciò che impariamo finisce nel dimenticatoio. Detto questo, quando lavori sulla definizione del piano strategico di quest'anno o del prossimo anno e con tutti i tuoi collaboratori , vai a rivedere quello dell'anno precedente. Domandatevi cosa ha funzionato? Cosa non ha funzionato? quali presupposti erano sbagliati? che cosa la squadra non è riuscita a fare? Cosa pensava di non riuscire che invece ha fatto egregiamente? Dedicare del tempo a comprendere le capacità di un'azienda e il suo contesto, ti potrà aiutare enormemente quando utilizzerai queste informazioni per rivedere il tuo piano strategico.

"Se la produttività è bassa e la qualità scadente
bisogna guardare al sistema e non ai singoli"
Edwards William Deming

3 – Più forti della crisi

È difficile mantenersi in equilibrio nei periodi di totale incertezza, ci sono fasi estremamente stressanti in cui ci si sente davvero schiacciati dalle circostanze, eppure, i veri leader rimangono solidi e stabili, integri con la loro vision inscalfibile ed incrollabile, questo accade perché sanno di dover essere la base della sicurezza per tutti gli altri. Ma chi sarà la base per loro?

Tanti fattori trasformano il modo in cui viviamo e rendono il futuro sempre più incerto e meno prevedibile, non si può più credere a risorse finanziarie sicure, né su una crescita costante, e diventa estremamente facile farsi dominare dallo stress , quando si fa fatica raggiunge risultati attesi. Nella nostra cultura occidentale standard sembra non esserci il modo di imparare le abilità per fronteggiare le incertezze, mentre si può tentare di mantenere la calma, la pazienza e soprattutto la mente lucida. Ma il mio consiglio è quello di osservare i progressi ed i progetti dei tuoi affari, di dividere i tuoi obiettivi in tanti obiettivi più piccoli. Cerca di raggiungere almeno un primo obiettivo intermedio a settimana, fai in modo di mantenere il progresso sempre costante, in questa maniera sentirai come stai avanzando nei tuoi progressi.

Il punto è non stabilire obiettivi solo per gestire i progetti, ma anche per gestire le proprie emozioni, se misceli gli obiettivi e le emozioni , noterai che puoi finalmente sentire i progressi che fai anche se i risultati non sono ancora palesi. Cerca di avere anche degli obiettivi operativi che sono quelli che consentono di misurare ciò che sta facendo. Se, ad esempio il tuo obiettivo è ottenere tre appuntamenti con tre nuovi clienti, l'obiettivo operativo può essere quello di chiamare ogni giorno 10 rivenditori al dettaglio selezionati dall'elenco telefonico, ecco questo è l'obiettivo operativo. Quando ti accorgi che non riesci a portare a termine i tuoi obiettivi operativi, domandati perché, la risposta ti guiderà a scegliere un modo migliore per raggiungere il risultato. Se, ad esempio non fai le 10 chiamate perché sulla guida ci sono solo tre nomi possibili, dovrai individuare un altro canale per trovare possibili clienti.

Gli obiettivi operativi ti danno sostanzialmente la possibilità di realizzare dei piccoli successi quotidiani sul tuo percorso in direzione dei tuoi obiettivi superiori.

Se ti senti schiacciato dallo stress pur raggiungendo gli obiettivi minori, forse dovreste affrontare lo stress in maniera diretta e diversa.

"Un obiettivo è un sogno con una data di scadenza"
Steve Smith

Puoi riflettere mezz'ora ogni giorno, fare dell'esercizio fisico e trovare il tempo per rilassarti per allentare la tensione. Stabilisci l'orario in cui smetti di lavorare e dedicati a qualcosa che non abbia nessun rapporto con il lavoro, ti dico ciò , perché so che può essere complesso separare il lavoro e la vita privata, ma può essere estremamente di aiuto per la tua mente.

Può essere un momento pessimo dalla tua professione, magari il mercato non è favorevole, la competizione è molto forte e la distribuzione non funziona, in questo caso prova a stabilire dei limiti equilibrati per te stesso, stabilisci quanta energia, temp, denaro e impegno vuoi dedicare all'impresa, stabilisci con chiarezza in che maniera saprai se l'attività non sta funzionando. Potresti, ad esempio, stabilire che tre mesi consecutivi di perdite finanziarie ti stanno comunicando che non ha più senso continuare le attività esterne e interne al momento, perché sappi che sapere che esistono delle condizioni precise per interrompere qualcosa, può essere estremamente tranquillizzante. Naturalmente, nel frattempo dai il meglio di te, dai il massimo impegno. Ovviamente avrai elaborato con cura i tuoi obiettivi operativi ed i tuoi obiettivi finali, quindi saprai in anticipo ciò che stai facendo e potrai intraprendere delle azioni per assicurarti una buona riuscita, qualora qualcosa lo stesse funzionando come previsto.

Sempre in riferimento allo stress, tieni presente che non ti stressa solo la confusione nella gestione del tempo, ma anche quello nella gestione dello spazio. Il disordine, ad esempio, annebbia la nostra vision, e ostacola il successo, inoltre, riuscire a tenere il disordine sotto controllo ha un effetto liberatorio. Se la tua scrivania è libera è più facile creare, così come una lavagna pulita o un foglio bianco sono un invito alla creatività, eppure, tutti abbiamo generato una tale abilità nel generare continuamente disordine, che abbiamo continuamente l'impressione di essere sommersi da caos mentale, disordine materiale, disordine elettronico e disordine nella programmazione.

Ma il caos ha un prezzo, e solitamente nasce dal rimandare continuamente le decisioni.

Rimandiamo, archiviamo, non decidiamo per mancanza di informazioni o per mancanza di tempo. In verità ogni singola cosa non sarebbe così drammatica ma, nell'insieme, essendo sommersi continuamente di richieste di informazioni diventa un'enorme onda anomala difficile da gestire e da arginare. Allora, inizia da oggi a riordinare la tua vita, noterai che questo avrà un effetto sui tuoi sentimenti, sulla produttività e soprattutto sulla tua capacità di pensare con chiarezza e lucidità.

Metti in ordine innanzitutto la tua scrivania, sistema i piani di marketing, le fatture varie, i documenti, le lettere dei clienti, dividi in raccoglitori e metti tutto in un archivio ordinato, dedica un'ora per qualche settimana per riorganizzare sempre meglio tutti i raccoglitori e sistemare tutte le tue carte. Da adesso in avanti, abbi a portata di mano molti raccoglitori vuoti, un'etichettatrice, etichette adesive, e quando c'è un documento che non sai dove archiviare, crea un nuovo raccoglitore, selezionando come "rilevante" da giustificare un raccoglitore, se non lo è veramente, allora gettalo via, così facendo avrai eliminato il disordine nell'archiviazione.

Per affrontare il disordine dovuto alla mancanza di informazioni utilizza un raccoglitore che sarà definito, "In attesa di ulteriori informazioni", archivia li i documenti e e completali nel momento in cui ritieni che le informazioni saranno disponibili, prova dedicare mezz'ora a integrare la documentazione con quelle informazioni e arriva a chiudere queste pratiche, ricorda di controllare regolarmente la documentazione in sospeso. I raccoglitori, inoltre, fungono da promemoria per cui la tua mente non dovrà perder tempo a pensare a ciò che manca. Per quel che concerne la mancanza di ordine, dovuto alla mancanza di tempo: identifica tre cose in sospeso da troppo tempo ed inseriscile subito in agenda con scritto "adesso oppure eliminare per sempre", se non meritano uno spazio in agenda adesso, non sono così importanti da essere svolte e possono essere cestinate.

Esistono tipi di disordine diversi dal disordine materiale: mettiamo continuamente in disordine i nostri pensieri con altri pensieri di scarsa importanza, il nostro tempo con attività di bassa utilità, i nostri processi attraverso l'eccesso di burocrazia ed organizzazione.

Se osservi adesso il tuo computer, probabilmente che accorgerai che c'è un disordine elettronico che rispecchia il tuo disordine materiale e mentale, persino all'interno del tuo pc.

"Per prima cosa cercate di rendere i vostri ideali ben definiti, chiari, pratici, trasformandoli in obiettivi. In secondo luogo verificate se avete tutti i mezzi necessari per perseguirli: capacità, soldi, materiali, metodologie.
In ultimo fate in modo che tutti i vostri mezzi siano indirizzati al raggiungimento dell'obiettivo"
Aristotele

Non basta prepararsi belle liste delle cose da fare per essere più organizzati.

A proposito delle liste di cose da fare, prova ad utilizzare questo metodo, ha funzionato eccezionalmente con tanti professionisti che hanno fatto coaching con me: organizzati la vita professionale avendo due diverse liste di cose da fare.

Ossia, compila una lista generale delle cose da fare, in questa lista si inserisce tutto, le cose più importanti e le cose più irrisorie, fallo scrivendo su un blocchetto che porterai sempre con te, smettendo subito di appuntare le cose su pezzi di carta volanti, foglietti adesivi e appunti scarabocchiati velocemente, tutto, ma proprio tutto, deve essere scritto nella tua lista generale delle cose da fare, probabilmente sarà enorme, ma non ti preoccupare, perché nel prossimo passo la ridurremo fino a farla diventare assolutamente gestibile.

Ogni mattina prendei poi un foglio bianco e scrivi cose da fare per quel giorno, a questo punto avrai la lista generale delle cose da fare, proprio da questa lista seleziona 9 cosa da fare, non di più, inserendole divise questa maniera, tre cose di alta priorità, tre di media priorità e tre di bassa priorità.

Poi organizzati la giornata in base a quelle nove cose. In quella giornata svolgi solo quelle nove cose e segna di averle svolte a fine giornata, sulla tua lista generale.

Il giorno dopo, riorganizzati alla stessa maniera con altri 9 punti.

Se ti accorgi che della tua lista generale rimangono alcuni punti per diverse settimane, chiediti se veramente hai intenzione di occupartene, se decidi di farlo, inseriscili nella tua lista quotidiana, altrimenti eliminali dalla lista generale.

Questo metodo ti fornisce la mole generale delle cose da fare ma con una lista del giorno più gestibile e rilevante.
Inoltre, scrivere le tue cose da fare, te le fa osservare più spesso e ti rende più consapevole dei compiti che tendi abitualmente a rinviare e di quelli che, invece, porti a termine velocemente.
Volendo potrai poi ampliare questa tecnica, specificando luoghi e persone. Ad esempio potresti scrivere tutte le cose che puoi fare all'interno dell'ufficio e invece le cose che puoi fare in altri luoghi in un'altra pagina, le telefonate potrebbero occupare un'altra zona della lista, quindi quando andrai ad osservare la tua lista generale e sarai vicino a un telefono potresti fare le telefonate della lista.

Può essere molto utile tenere una pagina dell'agenda per assistenti e collaboratori, così, quando li incontri, con un'occhiata quella pagina puoi visualizzare le cose da fare che li riguardano e tutto viene sbrigato in maniera parecchio più rapida ed efficiente.

4 - Il capo coach

Le imprese di oggi, si evolvono a velocità pazzesca e, tropo spesso cadono nell'errore di non considerare con la giusta enfasi, l'importanza del fattore umano, che è invece proprio la risorsa primaria per il benessere dell'azienda nella sua globalità!

Oggi più che mai è NECESSARIO che in ogni campo, ogni manager, interagisca in maniera coinvolgente ed umana con i propri collaboratori, per ottenere alti livelli di produzione ed avere un'impresa veramente dinamica.

Chiunque deve, nella sua professione, coordinare, gestire ed indirizzare altri individui, deve essere capace di notevoli abilità, tecniche specifiche e strategie di comportamento, per far sì che vi siano motivazione, passione, cambiamento, superamento dei limiti e miglioramento continuo.

Attivare il miglioramento, il cambiamento e la motivazione vera è necessario per superare anche problemi più complessi.

> *"L'insegnante migliore è colui che suggerisce*
> *piuttosto che dogmatizzare*
> *e ispira chi lo ascolta*
> *con la sua voglia di imparare"*
> *Edward Bulwer*

Tutte le aziende, piccole, medie e grandi devono imparare ad adottare modalità operative e regole d'azione che possano gestire in maniera efficiente il rapido fenomeno evolutivo.

La figura del capo si è oggi estremamente trasformata, sono state formulate varie competenze ed il capo deve necessariamente diventare anche un Coach, deve essere in grado di gestire compiti e carenze, deve motivare, responsabilizzare e guidare tutta la sua squadra.

Diventa quindi indispensabile saper allineare gli obiettivi dell'impresa con quelli di ogni singola persona che ne fa parte, pertanto, l'esperienza aziendale si tramuta in un'esperienza individuale, ciò evidenzia la rilevanza del rapporto tra il capo ed i suoi collaboratori.

Non è più sufficiente il sapere, bisogna agire, pensare e vivere le emozioni.

Perché vi sia una relazione di aiuto effettivo tra il capo e i suoi collaboratori ci deve essere uno scambio emotivo e sentimenti di accettazione , riconoscimento ed accoglienza; ciò implica che il capo sia pronto a prestare aiuto e ad aprirsi agli altri, i collaboratori sono pronti a farsi aiutare con buona disposizione relazionale e d'accettazione, queste due condizioni sono necessarie perché si attui il vero cambiamento.

Il capo Coach è aperto ad accogliere ed apprezzare le persone che vuole aiutare, è predisposto positivamente a contribuire alla creazione di un rapport empatico per costruire una relazione funzionale ed estremamente stabile. Sa leggere il mondo dell'altro, evita ogni ostilità che può scaturire davanti ad alcune resistenze da parte del proprio interlocutore; rispecchia la persona e lo aiuta ad evidenziare i suoi valori primari , per trovare un maggiore equilibrio.

Controlla le proprie emozioni ed evita ogni comportamento reattivo, soprattutto di tipo aggressivo, favorisce invece una disponibilità affettiva priva di giudizi e sempre molto empatica.

Capisce il mondo dell'altro ed offre consapevolezza e conoscenza. è sempre estremamente attento alla comunicazione, verbale, non verbale e paraverbale ed ha uno stile comunicativo estremamente accurato per essere sempre più credibile ed acquisire sempre più fiducia da parte dei suoi collaboratori, che ascolta sempre in maniera estremamente attiva, completa, fiduciosa, sincera e funzionale.

"Aiutare il management a capire che deve partecipare in maniera attiva ai programmi della Qualità significa offrire al progetto maggiore visibilità e assicurare la collaborazione di tutti"
Philip B. Crosby

Ha la capacità di creare e trasmettere sicurezza, di guadagnare il rispetto e la fiducia dei suoi collaboratori, dimostra interesse genuino per il loro benessere attuale e futuro. è una persona estremamente integra , onesta, sincera, che mantiene le promesse. Sa supportare nuovi comportamenti e crede nell'idea innovativa. Sa cambiare prospettiva e sperimentare nuove opportunità di azione, è sempre estremamente presente e flessibile, sa affrontare le emozioni e gestirle senza esserne travolto e condizionato. Sa comunicare con efficacia ed ascoltare attivamente, egli sa porre le giuste domande , condivide ed offre sempre feedback costruttivi, sa creare nei suoi collaboratori consapevolezza e sa facilitare l'apprendimento dei risultati, aiuta a progettare le giuste azioni, pianificare e stabilire gli obiettivi, creando e mantenendo un piano d'azione efficace, sa gestire il progresso delle responsabilità mantenendo sempre l'attenzione su ciò che è importante.

Fà in modo che ogni persona all'interno dell'azienda, comprenda la sua importanza, capisca cosa sa fare meglio e quindi abbia piena consapevolezza di se stesso e delle proprie competenze, per poter agire nelle situazioni di difficoltà ricordando sempre i propri punti di forza.

Il capo coach, sa bene che personalità e comportamento non sono la stessa cosa; la prima è radicata in noi, mentre invece il comportamento è costituito dalle nostre azioni e parole, tutti abbiamo una personalità radicata ma tutti possiamo scegliere sempre il nostro comportamento.

A volte i nostri collaboratori assumono un comportamento totalmente insensato nonostante gli avvertimenti, poi iniziano a temere fortemente il proprio licenziamento, e proprio così facendo, innescano il noto meccanismo della profezia autoavverante, cioè l'evento negativo prospettato si concretizza e facilmente la persona che lo temeva, potrebbe essere licenziata.

Il capo giusto sa bene come non far cadere i suoi collaboratori in questo circolo vizioso delle profezie autoavveranti e sa come guidarle ad un comportamento più adeguato, facendoli concentrare sulle proprie capacità, sui propri talenti e non sui limiti, assumendo così un atteggiamento vincente.

Un capo Coach inoltre, sa valutare e scegliere le persone giuste con cui collaborare, perché sa che questa capacità consente di costruire un'organizzazione di alta performance e di promuovere la propria carriera, e inoltre, vuole rendere felici propri collaboratori perché, le persone, sono al centro, e vengono prima di ogni strategia.

"Ci sono due tipi di persone che ti diranno
che non puoi rappresentare
la differenza nel mondo:
quelle che hanno paura di tentare
e quelle che hanno paura che tu ce la faccia"
Ray Goforth

Un vero manager, sa sempre scoprire quale sono le specificità di ognuno e sa assegnare quindi ad ogni individuo la mansione più adatta a lui.
Saper scegliere le giuste persone permette anche di avere ottime relazioni personali professionali, questa è un'altra soddisfazione verso il proprio lavoro, quindi è una risorsa fondamentale per ogni organizzazione.
Naturalmente, è più facile incontrare persone medie che persone brillanti, così com'è facile fare errori di valutazione, personalmente, consiglio di cercare persone che condividono già i valori di riferimento dell'azienda, perché un'azienda può formare competenze ma non il carattere. Dopodiché, credo che un vero capo coach , non solo scelga, ma sappia farsi scegliere, nel senso che l'individuo che si sceglie deve scegliere l'azienda, deve essere cioè interessato veramente alla posizione offerta.
Abitualmente, i professionisti vengono selezionati in base al controllo delle referenze, analisi dei curriculum ed interviste efficaci, dopo questo passaggio bisogna essere in grado di attrarre e motivare gli elementi più validi, quindi un buon capo, deve senza dubbio, a mio parere, domandarsi, mettendosi veramente nei panni del suo interlocutore, chiedersi se ciò che sta proponendo è veramente la miglior opzione che può offrire. Ciò significa che il capo deve sapere da cosa è motivato quell'elemento, cos'è che lo gratifica, inoltre, deve saper instaurare un rapporto personale. Ai nostri giorni, i candidati non cercano solo un riscontro economico ma una posizione sfidante per dare il meglio di sé,

in un ambiente che gli consenta di crescere all'interno dell'organizzazione con un capo che stimano e colleghi che valgono. Possiamo dire che far arrivare un'impresa all'eccellenza non ha che fare con la retribuzione dei suoi dirigenti, ma molto con la qualità delle persone e con i rapporti di fiducia che intercorrono fra capo e collaboratori. Qui il contatto personale rimane sempre insostituibile, costruire solide relazioni ed avere rapporti di fiduci, sono i pilastri fondamentali della leadership e richiedono sempre carattere e competenza.

Concludendo, in campo, dai sempre ai tuoi colleghi e collaboratori, il giusto tempo e le tue piu sentite attenzioni.

Capitolo 4
Business Coaching all'opera

1 - L'azione

Stabilito il punto di partenza, quello di arrivo e la rotta da seguire, l'azione passa dalla leadership al management.

A questo punto i managers devono programmarsi con un piano che potrebbe essere di questo tipo:

1. Avere diversi obiettivi intermedi misurabili.

2. Conoscere i passaggi cruciali del percorso pianificato.

3. Fare regolari sessioni di ri-pianificazione.

4. Ordinare diversi gruppi di persone.

5. Monitorare il piano e se occorre, modificarlo.

A questo punto la vision della leadership inizia a diventare concreta, ma il lavoro del leader non è affatto terminato! Il capo deve continuare a far sentire la forza della sua presenza, ricordando sempre la destinazione finale ed i valori e la sostengono.

Ci saranno casi in cui i collaboratori saranno demotivati, tu dovrai fornirgli prontamente una nuova ispirazione. I progetti potrebbero andare alla deriva, dovrai verificare che l'organizzazione sia ancora sulla rotta corretta.

Una pianificazione strategica ben fatta e ricca di energia , fornirà la mappa che consente di allinearsi con la visione del leader , ricordando sempre che è durante il viaggio che si vive e si impara, non solo quando si è arrivati a destinazione, quindi sarà un percorso estremamente stimolante.

È basilare che tutte le persone che lavorano nella tua azienda sappiano bene quale sia la direzione in cui si muove l'organizzazione, quindi ricorda sempre di farla conoscere a tutti, devi accertarti che tutti abbiano un chiaro legame con la vision e la mission della tua azienda. Ricorda che la pianificazione è estremamente importante ma lo è anche l'azione, troppo frequentemente si preferisce l'una all'altra, ma così si rimane bloccati in programmazioni eterne o in fasi esecutive totalmente insensate.

Rifletti quindi con molta attenzione sull'organizzazione e mantieni l'equilibrio, perché 10 giorni di programmazione ben fatti sono più preziosi di un intero anno di azioni inutili nella direzione sbagliata.

2 - Il marchio e i suoi principi

Il tuo marchio è quel che ti consente di differenziarti dalla concorrenza, assicurandoti così la tua efficacia personale e quella della tua attività. In funzione del tuo marchio, le persone che rispondono, che ascoltano e acquistano o meno da te, in base a questo si stabilisce quanto comprano, quanto sono disposti a pagare ecc...

In effetti ognuno di noi possiede già un proprio marchio personale, perché sei te stesso il tuo prodotto più importante: fattori come la tua immagine o la tua reputazione, soprattutto il modo in cui le persone ti percepiscono, le virtù, i valori, le qualità e le caratteristiche che ti attribuiscono.
Puoi scegliere se creare il tuo marchio personale consapevolmente o lasciarlo semplicemente al caso. Nella scelta va considerato attentamente ciò che vorresti che le persone pensassero su di te, puoi assicurarti che tutto ciò che fai e dici sia coerente con quell'immagine.

> *"Dimentica il meglio, abbraccia il diverso"*
> *Tom Peters*

Fondamentalmente, il proprio marchio è costituito da due elementi, ossia le promesse che fai, quindi l'immagine che dai di te , e le promesse che mantieni, pertanto la tua reputazione. Le promesse devono essere coerenti e fedeli , debbono dire che sei il tipo di persona che porterà un potenziale cliente a desiderare di fare affari con te, viceversa, il tuo marchio personale deve eliminare ogni sensazione di rischio connesso a trattare con te.
Quando comprendi qual è il tuo cliente ideale, quali sono le caratteristiche, i valori e le virtù che cercheranno nel fornitore di un prodotto, mandagli lo stesso in sintonia con quel profilo e ciò contribuirà fortemente a costruire il tuo marchio personale.

Nel costruirlo, è importante essere onesti con se stessi, essere autentici ciò significa mettere fiducia in ogni relazione sia personale che professionale. Dopodiché, considerato il fatto che le aspettative deluse sono il peggior nemico di ogni trattativa e di ogni relazione, ricorda sempre che il tuo marchio esiste solo fino a quando mantieni le tue promesse, sei fedele alla parola data, ed alle cose che ti sei impegnato a fare.

Detto questo, tieni sempre sotto controllo il tuo comportamento, se vai fuori strada, rimettiti, immediatamente in carreggiata. L'immagine conta, la personalità ha un 'importanza fondamentale, è però rilevante anche il tuo aspetto, il tuo abbigliamento, la postura, il tuo atteggiamento. Se sei brillante, cordiale, affabile e sorridente con gli altri, gli altri saranno lieti di relazionarsi con te, si fideranno di più e saranno più felici di fare affari con te. Il tuo comportamento influenza l'impressione che gli altri si fanno di te, cerca di essere sempre puntuale agli appuntamenti, sii affidabile e mantiene la parola data e non venir meno agli impegni presi.

Qualora non riuscissi a farlo, comunicalo immediatamente, scusati e dai dalle spiegazioni, rassicura che non si verificherà mai più una situazione similare, resta sempre sensibile ai bisogni dei clienti, torna da loro rapidamente, sviluppa un senso di urgenza, diventa il tipo di persona che fa tutto subito e presta molta attenzione alla qualità del tuo lavoro, e ricorda che ci sono solo sette principi validi per creare un marchio personale e portare la tua attività a livelli di eccellenza come sogni.

3 - I principi del marchio

La specializzazione: concentra il tuo marchio su un obiettivo specifico da raggiungere nella tua professione, non diversificare, seleziona uno specifico prodotto, servizio, o un settore in cui puoi primeggiare.
La leadership: impegnati a diventare una delle persone più informate e più qualificate, la piu rispettata nel tuo campo. Dedicati con costanza a diventare il migliore

La personalità: costruisci il tuo marchio intorno alla tua personalità, in ogni suo aspetto. Fai in maniera che tu venga percepito come una persona degna di fiducia, positivo e affidabile.

La distinzione: distinguiti, esprimi il tuo personale in maniera unica. Cerca di essere percepito come unico, differenziati da tutti gli altri che cercano di attirare l'attenzione del tuo potenziale cliente.

La visibilità: per essere efficace il tuo marchio deve essere visto ripetutamente e costantemente. quindi cerca di essere in continua attività, fatti notare, partecipa e presenzia, più viene visto e più sarà forte il tuo marchio.

Coerenza: cerca di avere un comportamento coerente e semplice sia in pubblico che in privato, così le persone sentiranno l'allineamento e la congruenza tra la tua persona pubblica e quella privata, occhio: entrambe devono essere autentiche e non personaggi costruiti.

Perseveranza: sostieni costantemente il tuo marchio personale, dagli il tempo di crescere, rimanigli fedele anche nei momenti difficili, sino a fissarlo nella mente delle persone.

Investire tempo e energia nella creazione del proprio marchio porta enorme soddisfazione, le persone si fideranno di te ed accetteranno le tue indicazioni, acquisteranno da te anche a prezzi più alti rispetto alla concorrenza, ti forniranno contatti che apriranno porte e creeranno qualche opportunità. Un marchio positivo ti da la possibilità di ricevere più facilmente appoggio e sostegno.

Ricorda sempre che ogni cosa può svalutare o valorizzare il tuo marchio, ogni tua parola può aggiungere o togliere qualità, quindi devi fare attenzione a tutto ciò che fai e dici, in maniera da non danneggiare la percezione che vuoi che gli altri abbiano di te.

Prova con le seguenti domande:

☐ Con quali parole ti descrivono le persone?

☐ Con quali parole vuoi che ti descrivano?

☐ Perché un marchio basato sull'immagine di te convincerà il cliente ad acquistare da te?

☐ Quali benefici il cliente si aspetta quando acquista il tuo prodotto o servizio?

☐ Mantiene le promesse?

☐ Quali cambiamenti potresti apportare per essere coerente con il tuo marchio personale?

☐ Quali azioni ti impegni a compiere perché i tuoi valori, il tuo atteggiamento e il tuo comportamento siano coerenti con l'immagine che desideri dare di te?

E infine, metti in pratica le idee geniali che hai, non lasciarle più a fare le ragnatele in un cassetto della tua mente!

4 - Non perdere tempo

Il tempo è sempre la nostra risorsa più preziosa. Ognuno di noi ne ha a disposizione la medesima dose ma alcune persone sanno utilizzarlo bene, sanno fare di più con meno tempo, ottenere di più con meno tempo, altre persone.... no. Si può imparare, esistono diversi modi di utilizzare il tempo a nostro vantaggio e vorrei illustrarteli, per mostrarti come impiegarlo in modo efficace attraverso la delega ,ad esempio, puoi renderti di nuovo padrone di una eccezionale dose di preziosissimo tempo.
Attraverso la legge di Pareto hai compreso la distinzione tra attività di alto valore e quelle di basso valore, poi hai lavorato sulle tue abitudine per individuare le attività da eliminare.

Adesso, parliamo della delega che ti permette di avere più tempo da dedicare all'azione, capire queste cose avrà i massimi risultati positivi sulla tua attività. è indiscutibile: per fare ciò che sai fare meglio, devi necessariamente delegare resto.
Potremmo dire che dovresti delegare qualsiasi attività che possa essere svolta da una persona che guadagna meno della tua quota oraria, o meno che di quello che tu desidereresti come tariffa oraria, perché, è evidente, fare ulteriori attività di valore inferiore costituiscono un investimento del tutto inefficace nel contesto delle tue capacità ed energie, e del tuo tempo. Quando hai stabilito quale attività delegare, naturalmente scegli una persona di provata competenza a cui delegarle, non necessariamente competente quanto te, ma che abbia la qualità e l'esperienza sufficiente per svolgere il compito a lei delegato, la scelta è nel tuo interesse prima ancora che nell'interesse della persona alla quale deleghi.
Nel delegare ricorda che è sempre importante far sentire le persone ispirate perché così termineranno il compito in maniera efficiente ed eccellente. Stabilisci naturalmente una scadenza, un termine di consegna, perché senza nessuna scadenza il lavoro potrebbe essere trascinato nel tempo, con pessima frustrazione da parte tua e della

persona che si occupa del lavoro. Perché una delega sia efficace bisogna assicurarsi che la persona abbia tutte le risorse necessarie per portare a termine il lavoro in modo completo. Non commettere mai il grande errore di dimenticartene: ricorda, delegare non significa abbandonare.

"Il tempo scorre lentamente, ma passa velocemente"
Alice Walker

Essere efficaci oppure inefficaci, è la più importante di tutte le capacità per ottenere il massimo rendimento dal tuo tempo.
Per poter ottenere il massimo rendimento dal tuo tempo devi seguire queste regole: dedicare meno tempo alle attività di basso valore e più tempo alle attività di alto valore, iniziare sempre facendo cose nuove molto produttive e mai cose vecchie e improduttive, dedicare più tempo possibile alle attività importanti e urgenti.

"Chi fa un uso pessimo del tempo
che gli è stato messo a disposizione,
spesso è tra coloro che si lamentano
di avere poco tempo"
Jean de la Bruyere

Vilfredo Pareto noto per la sua applicazione della matematica all'analisi economica, sviluppò un concetto chiave di gestione del tempo, una sua teoria, la sua legge sui redditi, una formula matematica che intendeva dimostrare che la distribuzione dei redditi, delle ricchezze nella società seguono uno schema costante nel corso della storia, in tutte le società del mondo.
Pareto affermò che il 20% della popolazione guadagnava l'80% del reddito, che possiede l'80% delle ricchezze. Ai nostri giorni, la legge è stata ampliata e viene chiamata regola dell'80-20, questa regola stabilisce che l'80% dei risultati che ottieni è dato dal 20% del tuo impegno.

La legge di Pareto ha anche attinenza con altri aspetti del mondo degli affari, difatti, di solito il 20% dei tuoi clienti rappresenta l'80% del tuo fatturato, il 20% dei prodotti rappresenta l'80% delle tue entrate, il 20% delle tue iniziative di marketing frutterà l'80% dei tuoi risultati così come il 20% dei tuoi collaboratori produrrà l'80% del lavoro.

In riferimento alla produttività personale la legge del miglioramento paretiano, è un principio estremamente influente che puoi utilizzare per aumentare la tua produttività personale, perché, applicandolo alla pratica ed alla gestione del tempo, ti conduce rapidamente a risultati eccellenti. Ti permette di fare alcune cose di più, fare alcune cose di meno, ti spinge a fare qualcosa che non stavi facendo, a smettere di fare qualcosa che stavi facendo. Andiamo per steps:

individua le tue attività di valore massimo, il 20% delle cose che fai giorno che contribuisce per l'80% al valore del tuo lavoro.

Poi, devi individuare le attività di valore minimo, l'80% delle cose che fai sempre ma che contribuiscono di meno al valore del tuo lavoro.

Inizia a dedicare più tempo alle attività di alto valore.

Delinea ed elimina la maggior parte delle attività di minor valore possibile.

Fondamentalmente, l'applicazione della legge di Pareto ti consente di aumentare il livello della tua produttività personale, chiarendo le decisione sul miglior uso che puoi fare del tuo tempo.

Sperimentata su te stesso l'impatto positivo sulla tua produttività, applicando rigorosamente la regola dell'80 - 20 alla tua giornata lavorativa.

Comprendere le differenze tra attività di alto valore e attività di basso valore ti permette di assicurarti di dedicare la maggior parte del tempo ad attività che ti procurano il massimo rendimento.

"È il lavoro che non inizia mai
quello che richiede più tempo per essere terminato"
John Ronald Reuel Tolkien

Capitolo 5
Soddisfare i clienti

Ogni professionista può soddisfare i propri clienti a diversi livelli, naturalmente più alto sarà il livello di soddisfazione e maggiore sarà l'efficacia del professionista e la fedeltà dei propri clienti.

Un cliente può essere soddisfatto, soddisfatto oltre le aspettative, entusiasta, stupito sino alla massima soddisfazione.

Se riesci appena a soddisfare le aspettative dei tuoi clienti, sappi che è il requisito minimo per poter sopravvivere sul mercato. In questa posizione, non puoi contare sulla fedeltà dei tuoi clienti, se un concorrente offrirà di più i tuoi clienti ti abbandoneranno, così come se solo una volta non li soddisferai, coloro sceglieranno qualcun altro. Devi domandarti esattamente cosa si aspettano i clienti da te, e fare tutto ciò che puoi, per soddisfare pienamente le loro aspettative.

> **"I clienti detestano quando perdiamo il loro tempo!"**
> **Claudia di Matteo**

Per avere un cliente soddisfatto più del previsto, devi aver superato il livello di soddisfazione delle loro aspettative; ciò può verificarsi dopo una telefonata premurosa, un servizio molto veloce, un prodotto di gran lunga migliore degli altri.

Questo tipo di soddisfazione del cliente fornisce un valore aggiunto, che rende i clienti fedeli e ti pone in netto vantaggio rispetto ai concorrenti, facendoti aumentare la tua capacità di creare reddito, perché, solitamente i clienti apprezzano un servizio che sa superare le loro aspettative e sono disposti a pagarlo, quindi, facilmente puoi aumentare i margini di profitto.

Prova a pensare a come ti sei sentito quando qualcuno ha superato le tue aspettative e pensa come potresti superare le aspettative dei tuoiclienti.

Quando si riesce a trasmettere entusiasmo e piacere ai clienti, questi ricevono un servizio di un livello che li fa felici e non si soddisfano solamente i suoi bisogni, ma si tocca proprio un livello emozionale.

Quando i clienti vivono questo tipo di esperienza, per la concorrenza diventa molto, ma molto improbabile riuscire a portarteli via. Ci sono diverse maniere per poter entusiasmare i clienti e creare reddito, diciamo, ad esempio, che possiamo scegliere tra prima classe o classe economica su un aereo, è evidente che ci sono persone disposte a pagare il triplo del prezzo del biglietto per avere più spazio ed un miglior servizio.

Entusiasmare i tuoi clienti significa fondamentalmente dimostrargli che tenete a lui, e lui senza dubbio vi ricambierà con fedeltà ed entusiasmo.

Per ottenere il quarto livello della soddisfazione di un cliente, quello che lo porta allo stupore dato dalla massima soddisfazione, non devi solamente soddisfare o superare le sue aspettative, neanche solo entusiasmarli, devi lasciarli veramente senza fiato.

Quando sarai capace di fare questa operazione in maniera regolare ed idonea, otterrai, senza dubbio, la posizione dominante sul mercato e le tue entrate cresceranno vertiginosamente.

Se liberi la tua immaginazione, ti verranno in mente tanti modi per poter soddisfare veramente i clienti.

Ciò che devi tentare di fare, in continuazione, è di migliorare il livello di soddisfazione del cliente, attraverso prodotti e servizi e, se vuoi diventare il numero uno, cerca sempre il modo per stupirli, ciò ti garantirà la loro fedeltà, si creerà un notevole passa parola che farà crescere il tuo business in maniera esponenziale.

"Le cose davvero importanti sono raramente urgenti e le cose urgenti sono raramente davvero importanti. Le cose poco importanti diventano urgenti per la mancanza di pianificazione"
Dwight D. Eisenhower

Ti faccio un esempio di un professionista che senza dubbio ha saputo stupirmi.

Per varie ragioni personali, ho passato molto tempo in un contesto medico, fra specialisti, cliniche ed ospedali in Italia e all'estero, insieme al mio bambino. C'è stato un medico, che si è rapportato a mio figlio come fosse una persona preziosa, davvero speciale ed ha trattato me con quella sensibilità e quell'empatia che non avevo mai provato prima con nessun altro specialista, ha cercato di rassicurarmi e di distrarmi, pur effettuando i medesimi esami diagnostici che avevano effettuato precedentemente anche altri specialisti. Il mio bambino è stato divertito, intrattenuto e distratto, e solo in quell'unica volta non si accorse del peso del problema che stava vivendo.

Lo stesso specialista, mi chiamò il giorno seguente per darmi i risultati degli esami svolti il giorno prima, che mi inviò poi a casa assieme a un biglietto molto affettuoso, firmato da lui personalmente.

Questo comportamento mi toccò nell'anima, coinvolse ogni mia emozione, decisamente mi stupì in maniera eccezionalmente positiva. Certamente ho indirizzato a lui, tutte le persone che hanno avuto bisogno di quel tipo di specialista e lo ricorderò sempre come un ottimo professionista, capace di essere anche una persona eccezionale.

Concludendo, chiediti sempre cosa si aspettano i tuoi clienti quando comperano i tuoi servizi o prodotti, domandati se veramente soddisfi le loro aspettative, e che cosa potrai fare da adesso per assicurarti di soddisfare sempre le loro aspettative nel futuro, e che cosa potresti fare addirittura per superarle, cosa potresti fare per entusiasmarli, per stupirli. Più aumenterà la tua efficacia della soddisfazione dei clienti, più riuscirai ad acquisire e mantenere i tuoi clienti.

Nella nostra epoca, un cliente indirizzato a te dal tuo cliente soddisfatto è un bene prezioso da reperire e proteggere attentamente.

"Cercate di passare molto tempo a parlare faccia a faccia con i clienti. Sareste stupiti di sapere quante aziende non ascoltino la loro clientela"
Ross Perot

Guadagnare la fiducia di un cliente è più semplice , se è stato segnalato da qualcuno e si fida di te perché erediti parte della sua fiducia inoltre, puoi muoverti più velocemente attraverso il processo perché è più semplice costruire un rapporto, è meno frequente avere lamentele, ed è estremamente più semplice vendere ad un cliente a cui sei stato raccomandato, piuttosto che ad un cliente reperito magari attraverso il marketing telefonico. Detto questo, saper innescare una catena che ti procuri continuamente nuovi clienti, sarebbe un traguardo a dir poco eccellente, perché si creerebbe la possibilità di lavorare con i clienti acquisiti tramite altri clienti, e tutti i clienti saranno al massimo livello di customer satisfaction nei tuoi confronti e nei confronti dei tuoi servizi e prodotti.

Altrettanto importante è riuscire a mantenere i propri clienti già acquisiti. I clienti che da te hanno avuto il massimo della soddisfazione ben difficilmente ti abbandoneranno, perché, come sappiamo, le persone ricercano il piacere e si allontanano dal dolore, ed una persona che ha già avuto piacere nel trattare con te e con la tua azienda sarà lieta di rivivere la sensazione piacevole e non correrà il rischio di un'esperienza dolorosa a causa delle incognite di un cambiamento, il cliente soddisfatto non si lascia tentare, resta fedele e questo dev'essere il tuo obiettivo.

Chiaramente per ottenere questo, devi assicurarti di arrivare al massimo livello di soddisfazione dei clienti, esamina e aggiorna frequentemente le strategie per soddisfare i tuoi clienti perché questa è una chiave importante per attirare e mantenere i clienti.

Dopodiché dimostrati sensibile ai suoi bisogni anche dopo che la vendita sia stata conclusa.

Puoi farlo attraverso un biglietto di ringraziamento, una telefonata per verificare come si trova con il suo prodotto, ricorda che l'attenzione al servizio clienti è essenziale per costruire la loro soddisfazione e la loro fedeltà nei tuoi riguardi.

"I clienti non si aspettano che siate perfetti.
Vogliono semplicemente che risolviate i problemi
quando si verificano"
Donald Porter

Sappi che il 90% dei clienti insoddisfatti non fa più affari con le aziende che non hanno soddisfatto le loro aspettative ed ognuno di questi clienti insoddisfatti ne informa altre nove persone, cio dice un'indagine condotta dall'ufficio di ricerche del mercato, che ha rilevato la possibilità che ciascuna di queste nove persone ne informi altri cinque, ciò significa che l'insoddisfazione di un solo cliente raggiunge altre 45 persone. Comprendi quanti danni può creare una pubblicità così negativa per ogni azienda? Ebbene, senza una seria attenzione alla soddisfazione del cliente, è molto probabile che si verifichi quanto sopra.

Purtroppo un cliente soddisfatto non condivide l'entusiasmo con altri nove colleghi o amici, che poi lo comunicano ad altre cinque persone, il numero dei clienti che raccontano un'esperienza positiva, è un 10° del numero di coloro che raccontano un'esperienza negativa.

Quindi mentre un ottimo servizio clienti è essenziale per eliminare o almeno ridurre un po' la pubblicità negativa, non si può contare su un passa parola entusiasta per creare lo stesso flusso di contatti, pertanto, è necessario elaborare un programma che crea i nuovi contatti tramite i clienti.

I contatti possono essere chiesti alle persone, chiedi che facciano il tuo nome e quello della tua azienda, puoi chiederlo prima di una vendita, oppure a vendita conclusa, in maniera estremamente garbata e gentile.

Matteo ha a che fare con un cliente molto soddisfatto ed entusiasta, Matteo sa che egli costituisce una fonte potenziale di ottimi contatti, egli, quindi chiede gentilmente di mettersi in contatto con altre persone che apprezzerebbero la sua stessa esperienza.

Solitamente le persone entusiaste sono liete di condividere con colleghi, amici e parenti quanto hanno vissuto. Ma è importante che sia tu a iniziare il processo di costruzione della rete di contatti, anche perché, persino se un ottimo cliente entusiasta ti raccomandasse a qualcuno, è piuttosto improbabile che questa persona si metta in contatto con te, devi sempre essere tu a prendere l'iniziativa. Come ha fatto Matteo, che sa bene come soddisfare le persone e procurarsi nuovi clienti. Quando sei riuscito ad ottenere una serie di nominativi che desideravi, devi sviluppare questi contatti. Innanzitutto scrivi una nota al cliente e che ti ha fornito nomi e suggerimenti e rassicurarlo sul fatto che tratterai il suo amico con ogni riguardo. Questo gesto è importante perché consolida il tuo rapporto con lui, ed in futuro, ti farà ottenere altre vendite e nuove contatti. Quando avrai parlato con il nuovo nominativo che ti è stato fornito, parla con il tuo cliente, raccontagli com'è andata, questo passaggio è importante per diverse ragioni. Se per caso l'affare è andato in porto, il cliente sarà disponibile a collaborare se conosce altre persone che potresti contattare. Se invece l'affare non fosse andato in porto, ad esempio non avessi concluso la visita, il tuo cliente potrebbe contattare il suo amico, scoprirne la ragione, evidenziare nuovamente la sua soddisfazione e magari lo condurrà ad un cambiamento di idea, quindi in ogni caso, può esservi di aiuto. Infine, per esprimere la tua riconoscenza e rafforzare il rapporto con il tuo cliente poi mandargli un omaggio dopo aver concluso la vendita alla persona che lui ti ha suggerito, il pensiero naturalmente deve essere proporzionato al peso dell'affare concluso; ma a prescindere dal valore, assicurati che sia di ottima qualità perché sarà l'immagine di te e del tuo buongusto. Queste sono senza dubbio alcune strategie di successo per creare una valida rete di contatti. Naturalmente molto dipende da te, dal tuo modo di essere, l'autodeterminazione, il tuo lavorare sull'eccellenza, la tua vera premura nei confronti dei clienti. Dedicati sempre a trasformare i tuoi clienti in sostenitori, perché questa è la più saggia ed economica strategia di marketing che tu possa mettere in pratica.

"Il cliente merita di ricevere esattamente
ciò che gli abbiamo promesso"
Philip B. Crosby

Capitolo 6
L'abitudine e la delega

L'abitudine determina quasi tutto quello che facciamo. Nelle nostre giornate, le nostre abitudini scelgono cosa diciamo, cosa facciamo, come reagiamo, come rispondiamo, c'è quindi un fortissimo legame tra il nostro stile di vita e le nostre abitudini.

Esistono abitudini vitali molto produttive, ma anche abitudini estremamente inefficaci che ci danneggiano e ci frenano.

Prova chiederti se c'è qualcosa nella tua vita che, sapendo ciò che sai adesso, eviteresti di fare oggi, se avessi ancora l'opportunità di farlo nuovamente?

Poniti domande anche sulle tue relazioni, sono sincere o c'è qualche rapporto che rappresenta un esagerato impegno di energia, e quanto tempo ed emozioni ci investi?

Chiediti se all'interno della tua azienda vi siano relazioni che hanno smesso di essere costruttive proficue.

C'è un settore del mercato che sta rendendo ma dove non dovresti essere?

Ci sono dipendenti che non dovresti assumere?

È evidente che quando instauriamo un rapporto, assumiamo un dipendente, o lanciamo una strategia di marketing siamo convinti che ne riceveremo dei benefici.

Nel tempo però, le esigenze cambiano in funzione delle circostanze, quindi, ciò che ieri aveva senso potrebbe non averné oggi.
Bisogna quindi liberarsi dalle abitudini non più giuste della nostra vita, impegnandosi con coraggio e determinazione, bisogna essere drammaticamente onesti con se stessi nella propria autovalutazione.

Analizza tutti gli elementi significativi e poi cerca di cambiarli per renderli funzionali, oppure abbandonarli definitivamente.
È un'analisi che puoi fare nella tua vita privata così come nella tua attività aziendale, perché noi, come disse Aristotele, siamo ciò che facciamo ripetutamente, l'eccellenza, dunque non è un'azione, ma un'abitudine.

"È importantissimo che i vertici di un'organizzazione siano orientati alla qualità. In assenza di manifestazioni di interesse sincere da parte del top management, ai livelli più bassi accadrà ben poco"
Juran Joseph

Capitolo 7
Strategie in movimento

1 - Le 7 "P" del marketing

Il piano di marketing è quello che ti consente di attirare clienti. E come sai, senza clienti, non può esserci nessun business, quindi ci sono degli elementi indispensabili da considerare mentre si elabora un piano di marketing, questi elementi possono essere applicati ad ogni attività aziendale, ad ogni settore e sono strettamente collegati, ogni singolo cambiamento di solo uno di essi può modificare la tua produttività, e sono: il *prodotto*, il *prezzo*, le *persone*, la *promozione*, il *packaging*, il *posizionamento* e il *posto*.

Nel generare il tuo piano di marketing, innanzitutto devi definire il tuo prodotto devi, cioè, domandarti che cosa vendi esattamente. Molte persone sbagliano e definiscono il proprio prodotto per ciò che è, come potrebbe essere "offriamo servizi legali" oppure "vendiamo abbigliamento da donna" ecco, questo è l'errore, perché le persone non acquistano da te in realtà ciò che vendi, ma sono interessate a ciò che il tuo prodotto può fare per loro ossia, innanzitutto devono sentire un bisogno, poi, devono essere convinti che il tuo prodotto soddisferà questo bisogno più facilmente e più economicamente rispetto alla concorrenza.

A questo punto, quello che devi domandarti è quindi "quale bisogno viene soddisfatto dal mio prodotto?" oppure, potresti, ad esempio, chiederti "quale problema risolve il mio prodotto" ad esempio nel caso del guardaroba femminile potremmo dire" aiutiamo la donna ad apparire ricca di fascino con il guardaroba ideale.

Sostanzialmente devi definire il tuo prodotto in termini di benefici che puoi offrire al consumatore perché, ricorda, il miglior prodotto o il più brillante servizio, verranno venduti solo se si soddisferanno un bisogno percepito.

Il secondo elemento importante è il prezzo.

Quanto costa il tuo prodotto, come è stabilito il suo prezzo? è competitivo con gli altri sul mercato?

È flessibile, nel senso che puoi aumentarlo o diminuirlo? è organizzato per i diversi sistemi di pagamento, accetti pagamenti con carta di credito? è importante per i tuoi clienti questo, come sei organizzato con gli assegni? Spedisci i tuoi prodotti, aggiungi anche le spese di spedizione o offri dei buoni? Soprattutto devi ricordare sempre che a determinare il prezzo è soprattutto la concorrenza.

Poi, è ora di riflettere sulle persone coinvolte nel processo di vendita. Innanzitutto studia il tuo cliente, pensa al profilo dei clienti che hanno già acquistato, l'età media, la professione, la loro condizione finanziaria, il sesso, il potere d'acquisto e poi, potresti informarti su cosa leggono, dove fanno acquisti e quant'altro possa essere utile nell'attuale visione di marketing. Dopodiché crea il tuo cliente ideale, descrivendolo nel dettaglio perché ciò ti sarà utile quando sarà il momento di stabilire come arrivare a lui e trasformarlo in cliente vero.

Poi, passa alla tua forza di vendita, al gruppo di venditori, conti solo su di te per ora, oppure hai dei rappresentati autonomi? è importante è che le persone che si occupano del rapporto con i clienti siano in sintonia con il profilo del cliente che tu hai stabilito, altrimenti non potranno creare con loro nessuna relazione, questo è un elemento assolutamente necessario nel processo di vendita. Se hai delle persone addette all'assistenza clienti accertati che siano ben preparata per questo lavoro. Avere le persone migliori nelle posizioni chiave della vendita e dell'assistenza dà enormi benefici da abbinare alla tua strategia di marketing.

Il quarto elemento è quello della promozione, ossia il modo in cui promuoverai il tuo prodotto, il tuo servizio e te stesso. Questo è un settore che devi analizzare studiando bene il rapporto tra costi e benefici. La pubblicità può essere estremamente costosa però può accrescere efficacemente la notorietà del tuo prodotto, devi capire il mezzo di comunicazione più adeguato, questo passaggio è di notevole importanza. La carta stampata è un antico mezzo promozionale, in tal caso accertati che venga creato un buon annuncio pubblicitario, ad esempio, le regole per scrivere un annuncio per la rete Internet sono diverse da quelle per scrivere un annuncio per la carta stampata, ma fai anche attenzione a scegliere il momento giusto nella giornata o il tipo di programma in cui puoi trasmettere il tuo annuncio, che deve essere in sintonia con il profilo del tuo cliente ideale. Il telemarketing è un'altra possibilità. E poi c'e il piano di marketing, qui occorre comprendere più di una strategia promozionale, ma prima di sceglierle, fai un controllo inefficace, conosci a fondo il tuo prodotto, i prezzi che pratichi, i collaboratori, i sistemi di informazione, perché questa è la base che ti serve per costruire una solida strategia di marketing che possa davvero far crescere la tua attività.

Il Packaging

Fondamentalmente questo rappresenta il modo in cui cliente "vede" il tuo prodotto. Vi sono diversi tipi di packaging, è importante riferire sempre il packaging alla persona, cioè alla tua categoria di clienti. Presta sempre attenzione anche al packaging di te stesso, se ad esempio di occupi di consulenze finanziarie, sforzati di apparire affidabile, nel tuo abbigliamento , nel modo di porti, di fare e di parlare. Il messaggio tacito ma lampante che devi inviare ai tuoi clienti, è "guardami, ti assomiglio e posso capire e soddisfare i tuoi bisogni".

Il Posizionamento

Comprendere come posizioni te stesso ed il tuo prodotto in relazione alla concorrenza è un elemento fondamentale. Come può attirare il tuo cliente verso di te? Quale è il tasto con cui toccarlo? Per capire queste cose devi riflettere sulle ragioni per cui il cliente sta comprando il tuo prodotto. Perché il tuo prodotto soddisferebbe meglio di altri il suo bisogno? Rispondendo a questa domanda, sarai in grado di posizionare il tuo prodotto. Se i clienti cercano soprattutto la qualità, allora dovrai posizionarti come fornitore di un prodotto che garantisce le migliori prestazioni e la maggior durata. Se invece i clienti cercano rapidità della consegna potresti offrire il servizio più veloce sul mercato, se invece quello che più conta è il prezzo, allora potreste avere i prezzi più bassi. L'importante è che poi tu sia in grado di mantenere le promesse fatte e gli impegni presi quando ha posizionato il tuo prodotto.

Il Posto

Il posto è quello in cui il reddito del prodotto ha un impatto significativo sul tuo successo.

Gli studi legali specializzati in diritto societario, ad esempio, si trovano sempre in centro, in palazzi molto eleganti e ricercati, i piccoli studi legali sono spesso in periferia in edifici molto meno lussuosi. Tieni presente che il luogo nel quale svolgi la tua professione deve essere apprezzato dai clienti, deve essere un contesto che li fa sentire a loro agio. Oggi, anche Internet è un luogo per concludere affari. In questo caso se hai un tuo sito, accertati che sia congeniale al tuo cliente ideale come fosse l'arredamento del tuo ufficio. Domandati se potrebbe esserti utile cambiare posto, cambiare arredamento o magari cambiare la strategia in Internet per essere più competitivo.

"La mente è come il paracadute. Funziona solo quando è aperta"
Albert Einstein

328

2 - Business in crescita

Esistono alcune strategie fondamentali per aumentare i profitti in ogni azienda ed attività imprenditoriale.

In questo passaggio voglio guidarti attraverso i diversi modi per incrementare le vendite lorde nette, per esplorare la redditività dei prodotti, dei clienti e per analizzare come diminuire i costi di vendita, affinché ognuno di voi sia in grado di apportare i cambiamenti che produrranno entrate e vendite superiori.

La produzione di reddito è quella che consente ad ogni attività, piccola media o grande di sopravvivere; quindi è questa in assoluto la prima necessità da soddisfare. Per far crescere la propria impresa è necessario potenziarla, ciò significa sviluppare delle strategie che conducono le tue vendite a livelli alti, ma serve la garanzia che contemporaneamente la crescita delle tue entrate possa tradursi in un flusso superiore di profitti.

Vedremo di seguito le migliori maniere per aumentare le proprie entrate, ognuno di questi metodi, produrrà risultati fondamentali, riuscire a seguirli ti condurrà con certezza ad una crescita eccezionale.

Per vendere di più
Per vendere di più è importante far crescere il proprio portafoglio clienti, quindi inizia a domandarti ad esempio, in che maniera puoi attirare quanti più clienti possibili? Quali sono le strategie che ti consentiranno di avere più clienti?

Vendere più frequentemente ai tuoi clienti
Vendere più di frequente a coloro che sono già tuoi clienti, ti consente di incrementare gli affari. Ad ogni cliente acquisito, cerca le maniere per aumentare l'opportunità di vendita in alcuni periodi dell'anno o in occasione di eventi specifici. Domandati quindi, come puoi aumentare la frequenza con cui i tuoi clienti acquistano?

Vendere qualcosa di diverso

Puoi pensare di vendere anche dei prodotti aggiuntivi. Domandati cosa può interessare ad una persona che sta acquistando il tuo prodotto o servizio, probabilmente vi è la possibilità di vendere prodotti accessori ai clienti che già possiedi.

Porta a termine vendite più significative

Cerca di portare a compimento vendite più consistenti, chiediti come puoi far salire la media degli introiti che derivano dalle tue vendite.

Aumenta i tuoi prezzi

In questo caso ti domanderai come poter giustificare l'aumento di prezzo ai tuoi clienti, semplicemente aumenta il valore percepito della tua offerta. Tieni sempre presente, che quel che determina il prezzo è la tua concorrenza; devi quindi trovare una maniera per differenziare la tua offerta da quella dei tuoi competitors, nella mente dei tuoi clienti.
Puoi migliorare il controllo qualità, o il packaging dei tuoi prodotti.

Rendi le tue vendite più redditizie

Finora abbiamo parlato dei modi per aumentare le entrate delle vendite lorde; ma ciò che è fondamentale per ogni attività è rappresentato dal cash flow e dal profitto. Questo si può ottenere aumentando le entrate delle vendite lorde, ma anche aumentando il margine di reddito derivante dalle vendite. Analizza la redditività di ognuno dei tuoi clienti, noterai che varia in maniera evidente, alcuni clienti richiedono molta assistenza rispetto ad altri, alcuni altri restituiscono i prodotti molto più spesso, l'entità dell'acquisto di ogni cliente cambia , ognuna di queste variabili influenza enormemente il margine di reddito di ogni vendita.
Determina anche il margine di reddito di ogni prodotto: se l'offerta comprende più di un prodotto, noterai che alcuni sono più produttivi e remunerativi di altri. Alcuni prodotti impiegano più tempo ad essere conosciuti, altri hanno un margine più alto dovuto al prezzo corrente, concentrati quindi sul commercio dei prodotti più remunerativi.

Abbassa i costi di vendita

Analizza i tuoi processi di vendita: te ne occupi personalmente o utilizzi canali di distribuzione indipendenti? Paghi delle commissioni? Sono adeguate? Ossia sono abbastanza alte da attirare rappresentanti abili ? Fornisci supporto ai tuoi distributori, alla tua forza di vendita con materiale pubblicitario, un buon marketing, offri cataloghi, opuscoli eccetera? Riesci a massimizzare il guadagno delle spese di pubblicità di promozione? Hai dei sistemi per seguire i costi di vendita?

Ricorda che è molto importante cercare in continuazione modi per aumentare le entrate, sia lorde che nette; in questo contesto altamente competitivo nel quale operiamo, non c'è niente che rimanga fermo, bisogna essere sempre in movimento, devi solo comprendere se ti stai muovendo in avanti o indietro, la direzione in cui ti muovi è data dalla tua capacità di far crescere le entrate ed i tuoi profitti.

Facciamo insieme un esercizio.

Rifletti e rispondi alle seguenti domande

☐ Che miglioramenti puoi apportare ai tuoi prodotti per renderli più interessanti e maggiormente vendibili?

☐ In che maniera puoi cambiare per migliorare le tue strategie di vendita e di marketing per chiudere un numero superiore di vendite?

☐ Che prodotti e servizi aggiuntivi potresti vendere ai tuoi clienti?

☐ In che maniera si può aumentare l'entità media di ogni vendita?

☐ Cosa puoi fare per giustificare ai tuoi clienti un eventuale aumento di prezzo?

☐ In che modo puoi aumentare il margine di reddito di ogni singola vendita?

☐ Cosa farai immediatamente, da adesso, in base a ciò che hai compreso, leggendo questo paragrafo?

"Esperienza è il nome che tutti danno ai propri errori"
Oscar Wilde

3 - Profitti al massimo

L'obiettivo finale di ogni l'imprenditore è quello di aumentare i profitti e ottenere il massimo guadagno possibile dal proprio investimento di capitali, energia e tempo, ciò non dipende solamente dalle vendite, perché queste sono solo una delle unità di misura dell'efficacia.

Un certo margine di utile viene realizzato da ogni prodotto, servizio, attività o cliente, a volte, ci possono essere delle perdite in una o più di queste aree. Ciò che bisogna fare nello sviluppo della propria attività è stabilire dove impiegare maggiormente il tuo denaro, l energie e il tuo tempo in base a ciò che ricaverai dal tuo investimento.

Per poter comprendere le capacità di creare profitto alla tua azienda, devi iniziare ad esaminare la tua percentuale di guadagno personale. Da una prospettiva personale il tuo investimento maggiore è senza dubbio il tempo. In riferimento a questo è senza dubbio utile porti una domanda: darei ad un'altra persona alla mia tariffa oraria , da compiere questa stessa attività ? Se hai risposto si a questa domanda, significa che non stai traendo dal tempo che dedichi al lavoro il massimo utile, ossia, stai investendo il tuo tempo in un ambito che ti rende meno di quanto sarebbe ottimale, e, parallelamente ti fa pagare costi che derivano dalla perdita di opportunità, questo di conseguenza influenza la capacità generale di realizzare profitto della tua azienda.

È il principio che devi infondere nella cultura dell'organizzazione perché esattamente come te, tutte le persone dovrebbero sviluppare l'abitudine a pensare in termine di tempo, seguendo fondamentalmente questa regola basilare: svolgere esclusivamente quelle attività per cui paghereste un'altra persona quanto guadagnate, o anche di più, ed eliminate, delegando, tutto il resto.

"Il miglioramento non ha alcuna possibilità
di essere portato avanti, fino a quando le persone
non si renderanno conto che è assolutamente necessario"
Philip B. Crosby

Il costo dei collaboratori è una delle spese più significative per la maggior parte delle aziende.

Solitamente quando un'azienda cresce, ci sono dipendenti, collaboratori, varie persone assunte, che diventano elementi stabili anche nei momenti in cui ci sarebbe bisogno di un cambiamento, perché numerosi imprenditori sono impegnati nella creazione di prodotti, nella realizzazione di servizi, nella produzione di reddito, da non prestare più attenzione alle performance dei propri collaboratori, per questa ragione, con l'andar del tempo spesso si finisce con l'avere una squadra inefficiente che vale meno di ciò che costa.

Ma sai bene che i tuoi dipendenti vanno considerati come rivestimento e quindi devono garantire un margine di guadagno sostenibile, ebbene, ancor meglio sarebbe che realizzassero un utile ottimale.

Adesso chiediamoci come può essere misurato questo margine? Evidentemente quest'elemento muta a seconda del settore e delle dimensioni dell'azienda; ma in generale, ogni dipendente dovrebbe contribuire alle entrate lorde dell'azienda in misura da tre a sei volte l'importo del proprio compenso, oppure, possiamo dire che le entrate realizzate dalla tua azienda dovrebbero essere da tre a sei volte lo stipendio dei tuoi dipendenti. E se sei a capo di una piccola azienda ricorda di includere anche te stesso in questo calcolo, anche se non percepissi uno stipendio, rappresenti comunque l'azienda, domandati qualora tu non fossi lì, quanto paghereste un'altra persona per svolgere la tua attività? Nota bene che un errore molto frequente fatto dagli imprenditori è proprio quello di dimenticare il costo del loro contributo quando vanno a calcolare la redditività della loro azienda.

La redditività è naturalmente data anche e soprattutto dai clienti.
Vi sono clienti che procurano più reddito rispetto ad altri, ve ne sono alcuni che sono addirittura una passività.

Devi essere in grado di individuare quali sono i tuoi clienti più importanti, più redditizi, per far questo puoi porti le seguenti domande che ti permetteranno di esaminare la capacità di redditività dei tuoi clienti:

☐ Quanto di frequente ogni cliente acquista da te?

☐ Qual è l'entità di ogni acquisto?

☐ Qual è il margine di profitto del prodotto acquistato?

☐ Quanto tempo viene dedicato all'assistenza clienti dopo la vendita?

A questo punto torna ad essere significativa da legge di pareto, il 20% della gente può determinare l'80% dei profitti. A questo punto devi capire cosa fare dei clienti non redditizi. Vi sono molte aziende con circa il 10% dei clienti non redditizi, ti consiglio di essere scrupoloso nell'escluderli, sappi che costano indipendentemente dalle entrate che producono, perché nessuna azienda può permettersi di portare pesi che non danno frutti.
Anche le iniziative di marketing portano a spendere dal 25 al 35% delle entrate e spesso gli imprenditori non conoscono il vero margine di profitto di queste iniziative. Detto questo, prima di adottare una nuova iniziativa di marketing, devi stabilire come misurerai il suo impatto non solo sulle vendite ma anche sul profitto. Per far questo evita di attendere sino a quando l'operazione di marketing sia stata del tutto completata, stai vigile sul sistema di controllo con il quale poi valuterai l'efficacia del programma mentre si svolge. Esamina le spese di marketing e di vendita che già esistono, l'aumento delle vendite costituisce un ottimo obiettivo ma non certo se va a sminuire il risultato finale.
Ogni prodotto realizzato ha un margine di profitto sulla somma investita, nella tua azienda ci sono diversi prodotti, ognuno di questi realizza il suo margine di profitto. Ciò che devi fare è stabilire l'utile su ciò che hai investito in ciascuno dei tuoi prodotti. è importante perché l'eliminazione di un solo prodotto che non porta frutti, perché questo

può fare un'enorme differenza tra una crescita forte e stabile ed una performance mediocre, e persino tra la crescita vertiginosa o il fallimento definitivo della tua azienda. Studia accuratamente i tuoi prodotti e domandati , oltre costi di base quali sono tutte le spese che rientrano nella consegna al consumatore del prodotto finito, ricorda di considerare la ricerca e lo sviluppo, la promozione, i costi del marketing , in servizio di assistenza, i costi generali amministrativi e tutto il resto. Anche in questo caso naturalmente, inserisci anche il costo del tuo tempo, applicata la tariffa oraria alla quantità di tempo che dedichi allo sviluppo, progettazione, la creazione e la vendita e di tutti i servizi relativi ai prodotti.

Molti imprenditori mettono assieme tutte le spese e tirano a indovinare quanto sia attribuibile ad ogni prodotto, è un grande errore, ciò che devi fare è un vero prospetto dettagliato, per conoscere sino all'ultimo euro quanto guadagni sulla vendita di ogni singolo prodotto. Questa analisi dei costi, quando sarà terminata, togliendo semplicemente da quell'importo il costo effettivo dello sviluppo, della vendita e della consegna, ti darà la possibilità di stabilire la sua esatta redditività. è importante domandarsi quali prodotti realizzano il massimo profitto e quali il minimo. C'è qualche prodotto che chi manda addirittura in perdita?

Passando ai mercati, così come accade per i prodotti, sai che vi sono mercati redditizi gli altri no. Ad esempio, se vendi nei mercati stranieri, avrà probabilmente costi di marketing e di pubblicità più alti, in compenso, potresti avere costi di fabbricazione più bassi; se esporti prodotti all'estero ci saranno tasse da pagare e spese doganali. Considera che, a volte, i costi inaspettati del commercio nei mercati all'estero, possono fare la differenza tra un'impresa di successo e un totale disastro finanziario.

Quindi, nell'esaminare il mercato, domandati: quali sono i mercati più redditizi? Alcuni di questi mercati esigono investimenti più elevati per raggiungere il successo? C'è una differenza in termini di utile realizzabile sui prodotti? Quali sono i costi dell'assistenza ai clienti? Quali sono i costi di spedizione e le spese aggiuntive vendendo su mercati diversi da quello locale?

Al termine di queste analisi sulla redditività ti troverai finalmente nella condizione di poter prendere delle decisioni precise ed agire di conseguenza. Quindi, riassumendo, cosa farai con i collaboratori che non lavorano quanto e come dovrebbero?

Stabilisci gli obiettivi che devono raggiungere e fornisci loro la formazione ed il supporto necessari perché ci riescano, qualora fallissero, non sono i collaboratori di cui hai bisogno.

Quando hai capito quali sono i clienti poco redditizi liberati di loro, questo ti lascerà le risorse per attrarne altri ad alto profitto.

Elimina i prodotti che ti fanno perdere denaro e non ti procurano un alto profitto, attivati per renderli redditizi o per aumentare i loro margini: aumentare i prezzi? O ridurre costi? O modificare l'offerta? Cerca di evitare di innamorarti di un prodotto quando, anche se vende molto, non potrà mai portarsi ad un livello di profitto accettabile, quindi va necessariamente eliminato.

Studia i mercati, non fare l'errore di non fare differenza tra un mercato e l'altro. Domandati se esiste un modo per tagliare i costi in un mercato straniero? Se non riesci ad aumentare la redditività in un mercato straniero, lascialo.

Misura sempre l'efficacia dell'azienda e il suo profitto, quindi ricordati di esaminare in maniera regolare la redditività dei tuoi collaboratori, dei clienti, delle iniziative di marketing, dei prodotti e del mercato. Liberati dagli elementi che non riescono a raggiungere il giusto livello di performance e non gettare mai via il tuo tempo, adotta questa strategia già singolarmente, ma soprattutto per rendere la tua azienda una delle più efficaci del settore in cui operi.

"Il successo non è definitivo e l'insuccesso non è fatale.
L'unica cosa che conta davvero, è il coraggio di continuare"
Winston Churchill

Riepilogando, devi individuare:

▶ Le attività maggiormente redditizie e quelle che lo sono meno

▶ I collaboratori più redditizi quelli che lo sono meno

▶ I clienti più redditizi

▶ Le iniziative di marketing più redditizie

▶ I servizi ed i prodotti più redditizi

▶ Il mercato piu redditizio

Conclusione

La nostra società economica, in competizione con i mercati internazionali può raggiungere obiettivi soddisfacenti solo se le organizzazioni fanno un salto di qualità nella gestione delle risorse umane; ciò è possibile proprio con il supporto dello strumento del business coaching.

È lo strumento perfetto per la crescita del singolo e dei gruppi, perché conduce alla capacità di esprimere con pienezza le proprie potenzialità. è una metodica che consente di orientarsi, attraverso un percorso funzionale, alla piena realizzazione delle nostre capacità in sintonia con i nostri principi e valori. Proponendo un percorso formativo basato su conoscenza, obiettivi, motivazione di impegno, oltre che innovazione, spirito di appartenenza, versatilità, quindi strutturato a misura di uomo per poter realizzare pienamente le tue risorse variegate, ricche e complesse ed inaspettate.

Dalla lettura di questo testo risulterà evidente come il coaching sia uno strumento assolutamente valido per la sua efficace flessibilità, per poter attuare strategie aziendali che mirano a sviluppare la loro risorsa più importante: il capitale umano.

La tecnologia ci affascina e fa parte della nostra vita, a volte ci spinge a ritmi esageratamente veloci, in tempi talmente stretti che diventa complesso anche solo scambiare due parole, eppure, in verità la vera differenza la fa sempre "l'essere umano e "l'essere umani", anche nella nostra professione, bisogna sempre saper passare da una mail ad una stretta di mano sentita.

La vera sfida è essere capaci di essere diversi, di investire energia, tempo e risorse personali nella costruzione di un rapporto umano a sfondo lavorativo e questo richiede delle specifiche caratteristiche.

Innanzitutto devi crederci, poi volontà e flessibilità. Molta leadership che si manifesta nel delegare, coinvolgere, motivare ed inspirare.

È un lavoro impegnativo e costante ma anche estremamente gratificante.

Per qualche manager addirittura innato, ma con la pratica è raggiungibile da ognuno di voi. I nostri collaboratori sono il core business della nostra attività, epr cui non possiamo assolutamente perdere competenze chiave: non rinunciare mai ai veri talenti.

Lo scenario post crisi ha evidenziato un grande cambiamento, la necessità dis elezionare e favorire le "leve soft" (una leva hard è ad esempio, la renumerazione economica) diversificate per fasce di professionalità.

La possibilità di fare formazione, di apprendere, di crescere è certamente un argomento molto attrattivo per i più giovani.

Anzi, c'e una reale e seria rivalutazione internazionale (lavoro molto in Europa e nei paesi extraeuropei) sulla formazione customizzata. Mentre invece la visibilità ed il riconoscimento interessano in particolar modo le persone con più esperienza.

Per tutti, indistintamente, è basilare l'ambiente di lavoro, , il clima interno, il senso di appartenenza ed il life work balance, cioè l'equilibrio tra le priorità di lavoro (carriera ed aspettative) e quelle di vita (salute, famiglia, soddisfazioni personali).

Queste leve danno enorme valore alla persona, sia in termini di crescita che che di attenzione, perché sono basate sulla valutazione individuale di ogni collaboratore.

Dunque la comunicazione all'interno della nostra attività, è vitale e crea un senso di appartenenza ed identificazione.

La sezione Risorse Umane è orientata sia allo sviluppo del business dell'attività che alla cura del cliente. Le linee strategiche HR devono essere congiunte alle linee di implementazione aziendale e debbono essere sinergiche per il raggiungimento dei nostri obiettivi (la nostra mission)

La vision di insieme dell'attività ti permette di organizzare al meglio le funzioni relative alle risorse umane, di affidare compiti definiti sviluppando le attitudini naturali.

Ti stimola, inoltre, a trovare soluzioni diversificate, e a scoprire, per esempio, la dimensione del gioco, facendo godere al singolo un suo momento di protagonismo.

E poi, dai spazio alla fantasia, una passeggiata in un parco, può farti scoprire su un tuo collaboratore molto più del più dettagliato curriculum.

Tutto ciò che hai letto sinora, se è messo in pratica nella tua vita professionale, ti darà un notevole valore aggiunto, sia come professionista che come persona, perché nella nostra attualità professionale, la formazione e l'apprendimento per gli imprenditori ed il management, un fattore assolutamente strategico per una gestione aziendale vincente e di successo, il che ti consentirà di affrontare munito delle giuste armi le sfide del futuro prossimo.

Come professionisti, dobbiamo tenere presente che ci sono degli elementi fondamentali nella nostra realtà socio economico culturale, i contesti, le dinamiche, la concorrenza, i grandi sconvolgimenti sociali e storici che procurano un costante cambiamento con cui il management deve rapportarsi continuamente; diventa quindi un compito prioritario di ogni leader, formarsi e imparare a conoscere la sua realtà, la sue capacità e competenze, i suoi clienti e se stesso.

Un leader non può fuggire alla sfida del cambiamento, anzi, proprio in essa deve saper trarre la sua essenza e la sua forza.

Un capo deve essere continuamente ispirato dall'innovazione, dal superamento dei vecchi processi, per orientare la sua azienda ad un miglioramento crescente. I grandi capi motivano e costruiscono il cambiamento, ispirandosi proprio alle innovazioni, che sono fonte di informazione e di ispirazione.

In questa specifica era che noi tutti ci troviamo a vivere, l'unica cosa certa nel business è senza dubbio l'incertezza e la totale imprevedibilità , nonostante ciò, alcune aziende ottengono risultati eccellenti nonostante i continui cambiamenti di scenario e le circostanze contrarie. Molto frequentemente questo si verifica perché le aziende migliori sanno porsi obiettivi semplici e chiari e sostenibili e tutti i membri della squadra sono consapevoli degli obiettivi ed implementano le attività necessarie per raggiungerli in maniera accurata e precisa.

Gli elementi di una squadra unita sono animati da fiducia reciproca, soprattutto nei momenti difficili perché la mancanza di fiducia rallenta estremamente i processi ed aumenta i costi.

Nelle fasi complesse, i professionisti di talento sono capaci di offrire più valore con minori costi. E sono capaci di trasformare il timore e la paura in impegno e dedizione, perché l'ansia impedisce di concentrarsi su ciò che è importante veramente. Il business coaching è ciò che offre al professionisti vincenti e alle migliori aziende, la possibilità di perseguire la propria mission, attraverso una strategia in cui si riconoscano e credono, per poter ottenere i loro risultati; per questa ragione questa metodologia aiuta l'imprenditore ed il manager ad avere successo anche nei momenti più complessi e nelle fasi di profondi cambiamenti.

Il coaching ha la capacità di far emergere i talenti delle persone, trasformandone i limiti in eccellenti risorse creative ed estremamente produttive.

Una decina di anni fa a richiedere questo tipo di supporto erano solamente manger di corporations internazionali, adesso ci sono anche tantissime persone che vogliono cambiare, genitori che cercavo un nuovo modello educativo, adolescenti che cercano la loro vocazione e tutti vogliono affrontare la crisi in modo diverso, che rompa con i modelli del passato.

Per questa ragione, io, personalmente mi occupo anche di Life Coaching e Teen Coaching, posso dirti che sono empaticamente coinvolta in ogni vittoria di ogni mio cliente, in campo personale o professionale,partecipo ai loro traguardi ancor più di ogni allenatore sportivo ed ogni volta è una gioia ed un'emozione meravigliosa!

A titolo informativo posso dirti che gli adolescenti che si rivolgono ad un coach sono all'80 % di sesso maschile, mentre invece dai 25 anni in avanti la maggior parte sono donne che si rivolgono a me per la ricerca dell'autonomia, anche psicologica, la relazionalità ed il lavoro.

Noi Coach non siamo guru, non curiamo nulla, mettiamo solo nelle mani dei nostri clienti gli strumenti giusti per ottenere il meglio da se stessi e dalla vita. Il nostro lavoro si è sviluppato in USA ma in verità nasce già nella classicità europea, perché già gli antichi romani e gli ellenici sostenevano uan filosofia molto pratica che invitava a roflettere su ciò che si è realizzato ogni singolo giorno ed a distinguere tra ciò che dipende da noi e ciò che invece non dipende da noi, per allenare il pensiero. Ciò che un coach deve sempre avere è un alto profilo etico, una profonda competenza professionale e che abbia già fatto un serio lavoro di coaching su se stesso.

L'occasione favorisce solo la mente che vi è preparata"
Louis Pasteur

Questo testo si rivela utile e costruttivo perché può cambiare notevolmente la prospettiva attraverso la quale osserviamo noi stessi e gli altri, perché ci mostra che all'interno di ogni individuo c'è molto di più di ciò che pensiamo: c'è un enorme potenziale che attende solo di essere risvegliato, è un libro utile a prescindere dalla posizione ricoperta, per chiunque si relazioni con colleghi, collaboratori, superiori o familiari, e ,senza dubbio attraverso il coaching può farlo in maniera migliore; perché attraverso questa metodica le potenzialità umane hanno un loro percorso di sviluppo. Attraverso questo strumento le nostre risorse, abilità e talenti, potranno finalmente emergere in maniera brillante, essendo il nostro patrimonio migliore, quello che ci caratterizza come umani. Questo è il metodo che ci permette di migliorare le nostre prestazioni nelle organizzazioni, che ci rende motivati all'impegno, che ci fa diventare consapevoli di possedere competenze e capacità e di saperle promuovere. Questo testo vuole offrire una panoramica completa di questa relazione di aiuto il cui obiettivo è favorire la crescita e lo sviluppo personale e professionale di ognuno di voi. Siamo tutti esseri straordinari ma spesso lo dimentichiamo.

Buon coaching a tutti!

Grazie! Grazie! Grazie!

Quanto ho fatto nella vita, in ogni angolo del globo, i risultati e le gratificazioni che ne sono conseguiti e questo testo non sarebbero stati possibili senza:

Grazie ai miei fantastici editori di Eclypsed Word, che mi hanno scoperta e raggiunta, anche se vivo dall'altra parte del mondo, persone di una purezza assoluta che, in questo campo, non è affatto comune; in particolar modo, grazie a Ettore Schena, che ha atteso con infinita pazienza che io terminassi le mie avventurose peripezie e missioni, quasi impossibili e fossi in grado di consegnare il testo completo… e grazie perché sei una persona speciale.

Grazie alla mia famiglia lontanissima, a un figlio eccezionale di cui sono fiera e orgogliosa; ai miei ragazzi adottivi che mi riempiono di gioia in ogni loro gesto. Grazie a un fratello adorabile dal meravigioso sorriso interiore, a una mamma molto originale, che nel suo essere molto poco mamma, mi ha resa mamma più che mai; a un papà impegnativo ed esigente, ma geniale e unico, al quale debbo molto di quello che sono.

Grazie a mio marito, che mi segue ovunque, negli angoli piu reconditi della Terra anche quando affronto missioni davvero complesse, con fiducia e coraggio estremi.

Grazie ai miei maestri americani, che hanno dato il via alla mia passione e al mio interesse; ai miei mentori europei, che hanno arricchito le mie conoscenze e le mie competenze e ai miei guru orientali, che ogni giorno mi rendono una persona migliore e una professionista più completa.

Grazie alla mia intensa e impegnativa vita, che mi tiene sempre lontana dalla zona di comfort e mi regala preziose lezioni quotidiane, dimostrandosi meravigliosa anche nelle sue fasi più complesse.
Grazie ai numerosi amici fantastici che ho e che mi impegno a continuare a meritare per sempre e che sanno stupirmi costantemente con un calore meraviglioso che mi raggiunge ovunque io mi trovi.

Grazie ai tantissimi sconosciuti che mi seguono, sin dal primo momento, con passione ed entusiasmo, trasmettendomi quella energia positiva infinita di cui mi nutro e con cui nutro il mondo che mi circonda.

Grazie e un applauso scrosciante e lunghissimo a tutti i miei Coachee, che hanno reso possibili tutti i miei migliori traguardi e le più belle gratificazioni, nonché la stesura di questo testo.

Grazie infinite a tutti i miei lettori: il vostro affetto, la vostra costanza, il vostro sostegno da decenni mi scaldano il cuore e mi donano sempre più forza interiore; non sempre riesco a rispondere ad ognuno di Voi come vorrei, ma sappiate che le vostre meravigliose parole sono impresse nella mia anima e le porto con me nel mio infinito viaggio nel mondo e nella vita, sempre.

Claudia Di Matteo

Indice

www.ingramcontent.com/pod-product-compliance
Lightning Source LLC
Chambersburg PA
CBHW081458200326
41518CB00015B/2295